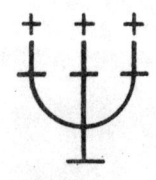

VON DRÜBEN II

VON DRÜBEN
II

Weitere Mitteilungen und Gespräche

Übermittelt von Eva Herrmann

DER LEUCHTER
OTTO REICHL VERLAG
St. GOAR

Aus dem Englischen übersetzt von

Richard Exner und Eva Herrmann

3. unveränderte Auflage 7.—9. Tsd.
1989

© Copyright 1978 by Otto Reichl Verlag, D-5401 St. Goar, für alle Auflagen und
Ausgaben in allen Sprachen. Alle Rechte vorbehalten.
Gesamtherstellung: Verlagsdruckerei Otto W. Zluhan, 7120 Bietigheim-Bissingen
ISBN 3 87667 053 5

INHALT

Eva Herrmann 1942

VORWORT

Um dem Leser, der meine im gleichen Verlag erschienene Schrift
»Von Drüben« nicht kennt, die Lektüre der vorliegenden Texte zu erleichtern, wiederhole ich kurz die in meinem ersten Buch erwähnten
wesentlichen Punkte.

Ich empfange das mir aus dem Jenseits Diktierte als tonlose Worte, die ich unmittelbar in die Maschine schreibe. Bei diesen Übermittlungen sind auch unsichtbare Helfer — im Text immer als »Helfer« bezeichnet — am Werk: zwei weibliche Wesenheiten, die ich zu
ihren Lebzeiten nicht kannte, und ein Freund, Ricki mit Namen, der
mir sehr nahe stand und gelegentlich erwähnt wird.

Diese Helfer stehen ungefähr auf der gleichen Bewußtseinsebene
wie ich. Einige Geister, unter deren Leitung alles steht, was meine
jenseitigen Helfer und ich unternehmen, sind viel höherstehende
Wesenheiten. Mein persönlicher Schutzgeist, Azanananda, war in einer früheren Inkarnation mein Bruder. Teresa von Avila hingegen,
die in kritischen Momenten in mein Leben eingreift, läßt mir zuweilen besonderen Schutz angedeihen.

Alle anderen in diesem Buch vorkommenden Wesenheiten entstammen den verschiedensten Bewußtseinsebenen. Ich gebe ihnen
das Wort, damit sie sagen können, was sie zu sagen drängt.

Hier eine Zusammenfassung der in »Von Drüben« enthaltenen
Lehre:

1

Mit »Welt« oder —wenn ihr das vorzieht— mit »Universum« bezeichnen wir alles, was — nach unserem Ermessen — überhaupt existiert. Das Ganze ist ewig, seine Teile aber nicht. Es ist ungeschaffen,
vielmehr, es tritt immer wieder als Schöpfung zutage, und zwar nach
einem Gesetz, das wir göttlich nennen.

2

Über die Existenz eines persönlichen Gottes vermögen wir nichts auszusagen. Wir können aber das Vorhandensein verschiedener Existenz-Ebenen bezeugen, die vom Pol größter Dichte und Finsternis bis zu einem Gegenpol reichen, wo ätherischste Transparenz und völlige Erleuchtung herrschen. Diese beiden Pole entsprechen auch der Gegenüberstellung von Gut und Böse, von Himmel und Hölle. Wenn wir von Himmel und Hölle sprechen, bezeichnen wir damit nicht Orte, sondern Seelenzustände.

3

Wir glauben, daß die menschliche Seele ein unzerstörbarer Teil des Universums ist.

4

Wir glauben, daß die Seele immer wieder in eine Welt der Materie zurückkehrt, die ihr besondere Möglichkeiten und Aufgaben bietet. Diese Besuche, auch Reinkarnation genannt, sind von verhältnismäßig kurzer Dauer und werden umso seltener, je höher sich die Seele entwickelt.

5

Wir sind uns der Tatsache bewußt, daß das Universum nach Gesetzen regiert wird, die auf absoluter Gerechtigkeit beruhen.

6

Wir glauben, daß der Mensch während seiner Inkarnation fähig ist, höhere Bewußtseinszustände in sich zu entfalten.

7

Wir bekräftigen, daß zwischen eurer Welt und der unseren eine direkte Verständigung möglich ist.

8

Wir bekräftigen ferner, daß die Geisterwelt den inkarnierten Menschen inspirieren und beeinflussen kann, obwohl er sich dessen im allgemeinen so wenig bewußt ist wie der Entscheidungen, die er im Unterbewußten in Hinblick auf das Gute oder das Böse trifft.

9

Wir haben den Menschen als ein Wesen beschrieben, das aus einer S e e l e besteht und diese wiederum aus der Summe ihrer Vergangenheiten; aus einem A s t r a l l e i b , der dem physischen Leib in allen Einzelheiten enspricht; aus einem Ä t h e r l e i b , der, einer Plazenta nicht unähnlich, den physischen Leib umgibt, sich aber nach dem Tode auflöst; aus einer A u r a schließlich, der irisierenden Emanation des Menschen in seiner Gesamtheit. Nach dem Tode vereinigen sich Astralleib und Aura und tragen die Seele, wie der Leib sie trug, solange der Mensch am Leben war.

10

Nach dem Tode wird der Mensch ausschließlich von einem von innen her wirkenden universalen Gesetz gerichtet, und niemand vermag ihn von seinen Sünden loszumachen — denn ein jeder muß selbst für sie büßen. Es fällt aber auch keiner in »ewige Verdammnis«, wie schwer seine Sünde auch gewesen sein mag, denn jede Sünde kann gesühnt werden.

Schließlich sei der Leser noch auf Folgendes hingewiesen: Alles, was ich selbst und von mir aus sage — das Buch besteht ja zum Teil aus Dialogen — ist kursiv gedruckt. »Regiebemerkungen« erscheinen eingerückt in kleinerer Schrift.

BEKENNTNISSE

Vorbemerkung

Einige Leser dieser Blätter haben an Inhalt und Ton der folgenden Bekenntnisse Anstoß genommen. Ich darf deshalb vorausschicken, daß mir diese Reaktion, so begreiflich ich sie finde, im wesentlichen auf einem Mangel an tieferem Verständnis zu beruhen scheint, einem Verständnis für den Zustand einer Seele, die erst vor kurzem den Übergang in die nächste Welt vollzogen hat. In vielen Fällen empfindet solch eine Seele intensive Scham, Reue und Trauer ob eines nie wieder gut zu machenden Versäumnisses: sie erkennt nämlich plötzlich, daß sie das Versprechen ihres Erdendaseins nicht eingelöst hat.

Wer eine derartige Tragödie nicht erlebt oder miterlebt hat, ermißt niemals die Intensität der Reue einer Seele, die sich auf einmal einer objektiven Wertung ihrer selbst gegenübersieht und deshalb fast verzweifelt. Auf manch einen wirkt eine solche Offenbarung so vernichtend, daß man sich nicht wundern muß, wenn er sich in den vehementesten Selbstbeschuldigungen ergeht, die kaum zu seinem eigentlichen Wesen zu passen scheinen. Man sollte Verständnis für das außerordentliche Ausmaß aufbringen, das die Verfehlungen eines soeben beendeten Lebens in einem solchen Augenblick annehmen, so daß sie selbst gute Taten und ähnlich wertvolle Leistungen einfach in den Schatten zu stellen imstande sind. Man halte sich bitte auch vor Augen, wie wenig solche Bekenntnisse als ausgewogene, nüchterne Darstellung eines Lebens gedacht (und zu werten) sind. Es ist der Aufschrei einer Seele, die in Not ist, und umso lauter ist dieser Schrei, als er gehört sein will, weil es die Seele danach verlangt, Falsches und Schiefes zu korrigieren und zurechtzurücken.

Derartige Geständnisse und Selbstanklagen sind keine angenehme Lektüre, doch enthalten sie bei aller grellen Schärfe wertvolle Korrek-

15

turen. Was mich betrifft, so war es für mich manchmal herzzerbrechend und auch peinlich, diese Dinge anhören und zu Papier bringen zu müssen. Aber nicht nur erachte ich diese Aufgabe als einen Dienst, der bedrängten Seelen und dazu einer Welt zu erweisen ist, die ein Anrecht auf Wahrheit hat, auf die Wahrheit, wie sie jetzt von diesen Seelen empfunden wird; — ich weiß auch aus Erfahrung, daß eine solche Katharsis von kurzer Dauer ist, wenn sich eine Wesenheit ernstlich um die Sühnung ihrer Schuld bemüht.

So erhoffe ich diesen Seiten die offenen und mitfühlenden Sinne meiner Leser. Mögen Sie unvoreingenommen aufnehmen, was die Autoren des Folgenden von einstmals Gesagtem jetzt zurückzunehmen oder zu korrigieren wünschen.

FRANZ WERFEL
(1890—1945)

Es trauert in mir...

WERFEL: Ja, Eva, ich wußte von diesen Dingen, aber nicht so wie Sie. Wir, Alma und ich, waren sehr verfangen im Irdischen, und meine Erlebnisse mit der anderen Welt waren blitzartig und haben nicht eine wirkliche Erleuchtung bewirkt.

Wir haben uns getrennt, Alma und ich, — nein, ich habe mich von Alma getrennt, seit ich sie erkannt habe. Sie ist ein von Eitelkeit und Ehrgeiz zerfressener Mensch und ohne tieferes Verständnis; ja selbst ohne den Wunsch nach einem solchen Verständnis. Während ich erkannt habe, daß es nur einen Weg gibt und ein einziges Ziel.

Ich habe es geahnt, damals, als ich Sie in Sanary zuweilen sah, daß es Ihnen vergönnt sein würde, einer höheren Welt anzugehören und daß Sie schon damals Umschau hielten nach etwas, das mehr war, höher stand, als was uns allen damals so wichtig erschien. Hätte ich nur damals schon gewußt, was ich jetzt weiß — nein, das ist falsch! Ich habe es immer schon gewußt, immer schon. Aber ich hatte nicht den Mut und die Kraft, mich gänzlich diesem Wissen anzuvertrauen. Ja, das ists: anvertrauen. Und so habe ich vorbei gelebt an meinem eigentlichen Leben: sinnlos, völlig sinnlos! Und noch einmal: sinnlos! Denn der Sinn unseres Dortseins ist die Erkenntnis und nichts als sie. Nichts, nicht der schönste Vers ist gekrönt, wenn er nicht gekrönt ist von der Krone der Erkenntnis. Nichts, nicht das schönste Lied singt, wenn es nicht singt von Gott. Ja, haben wir den Mut zu diesem Wort, diesem mißhandelten, degradierten, verunreinigten Wort. Weshalb die Dinge komplizierter ausdrücken als sie sind. Sie sind so einfach — zu einfach! Und so sind wir Klugen, Feinen,

17

wir so ganz und gar Ausgehöhlten stolz durch eine Existenz geschritten und haben sie zunichte werden lassen in öden Gesten. Mit leeren Händen sind wir eingegangen in eine Welt, die Seligkeit hätte sein können und die für uns nichts ist als eine einzige bittere Anklage.

Ich, der ich für einen Frommen galt — wie sehr war ich das nicht! Nicht war ich der, als den ich mich sah und als den andere mich sahen. Ich war ein Lakei, der stolz die Uniform seines Herrn trug — und ihm untreu war dabei. Untreu, ja! Der ihn bestahl, sich mit den Worten der Frömmigkeit schmückte und das Eigentliche in seiner Tasche verschwinden ließ.

Was habe ich nun davon? Mein Gott, wenn es die Menschen nur wüßten, wie erbärmlich sie dastehen mit ihrer läppischen Aufgeklärtheit, mit ihrer »Modernität«, mit ihrem enormen technischen Können, mit ihrem Existenzialismus, dieser letzten aller Höllenfrüchte! Wie ist es nur möglich? Aber wer bin ich, sie der Blindheit zu zeihen? Ich war der Blindeste der Blinden. Heute, nach vielen Jahren, seh ich es ein; heute erst! Wände umgaben mich, Wände umgeben mich noch immer, hohe Wände.

Es trauert in mir dies: daß ich nicht der war, der ich hätte sein können. Nie wieder gut zu machen ist ein verschwendetes Leben; nie wieder! Ja, es mag andere Leben geben, die auf uns warten — ja, ich habe es gehört, — aber dieses, mein letztes, war ein sinnlos vergeudetes. Trotz der Bücher, trotz des Glanzes nach außen. Ich sehe jetzt, was ich geschrieben habe: Ich hatte die Gabe des Wortes, ich war ein Dichter. Ein Dichter, der seine Gabe verschwendete in wohlklingenden Worten. In Worten, die, im klaren Licht der Erkenntnis gesehen, zerfließen in eine trübe Brühe.

Ich habe damals nichts gewußt von den Dingen des Jenseits. Was ich schrieb, war aus zweiter Hand. Kein Engel hatte je zu mir gesprochen. Aber es war eine Sehnsucht in mir, die ich nicht laut werden ließ und die nach dem Eigentlichen verlangte. Meine Mutter war mir erschienen und hatte mich gewarnt, wenn eine Gefahr drohte — und manches Mal war mir, als hörte ich einen Ruf aus der Ferne. Ich verstand ihn nicht. Ich verstand nicht, daß es an mir lag, daß es nicht stärker zu mir drang. Ich verstand nicht, daß es einzig an mir lag, wenn ich ihm nicht folgte. Ich hörte ihn wohl — aber ich folgte ihm nicht.

Es trauert in mir die Gewißheit, daß ich heute im Lichte stünde, hätte ich damals nicht auf das laute Geplärr gehört, das mich umtobte von allen Seiten. Der Kommunismus, die Kirche, diese oder jene Politik: ein Wirrwarr von Belanglosigkeiten, ein Gekröse von Wichtigkeiten, die keine waren. Heute weiß ich, daß ich im Lichte stünde, auf Höhen, die ich ferne leuchten sehe: fern, unerreichbar fern.

Es trauert in mir dies: daß ein Gekrös mich festzuhalten vermochte, das sich später als das Garn der Unvernunft, der Schläue, der Unreinheit und der Mediokrität erwies. Dies also war es gewesen! Dieser Knäuel war es gewesen, in den eingeschnürt ich mich nicht entwinden konnte ein ganzes, langes, einmaliges Leben lang. Nun ist es zu spät, nie wieder gut zu machen. Denn dieses Leben war das einzige, in dem es mir vergönnt gewesen wäre als Dichter zu sprechen in einer Zeit, in der die Stimme eines Großen hätte ertönen müssen. Eines Großen, der groß war in beiden Welten und nicht nur zuhause in einer, die im Schatten der Gott-Entfremdung stand.

Einsam ist der Erkennende, einsam ist der, der seiner Schuld zu spät gewahr wird. Einsam in seiner Verzweiflung, einsam in der Suche nach einem Ausweg aus der Hölle seines zu spät erwachten Gewissens. Einsam ist der Weg, den er gehen muß bis ans Ende der Zeit. Bis ans Ende *seiner* Zeit — denn erst am Ende *seiner* Zeit, der Zeit, während derer er noch er selbst ist — erwartet ihn Erlösung von sich und seiner Schuld.

Ja, Eva, das bin ich, der so stolz in Sanary und später in Beverly Hills an seinem Schreibtisch stand und Dinge schrieb, die den Weg in den Eimer hätten finden müssen, ins Klosett, ja schreiben Sie das hin! Abschaum und Unrat — das war es. Aber es wurde fein gebunden in kostbare Bücher und man hatte ein angenehmes Leben davon.

Und Alma — aber nein, lassen wir sie. Ja, sie ist jetzt erwacht* in

* Alma war erst vor kurzem gestorben.

Unbehagen. Unbehagen, weil ihr unsere Welt nicht das zollt, was sie erwartete. Oh Eitelkeit der Eitelkeiten! Wie groß war ihre Eitelkeit, wie gering ihr Verstehen dessen, worauf es ankommt. Ich stehe ihr zur Seite, nicht als der, den sie erwartete, aber als der, den sie braucht. Denn ihre Schuld ist groß! Sie hat micht verleitet, Verrat zu üben an mir selbst und sie hat zunichte gemacht das, was in ihr selbst glühte als ein kleiner Funke des ewigen Lichtes. Sie wußte es besser in der Tiefe ihrer Seele und jetzt, da es zu spät ist, weiß sie es wieder.

Auch sie, auch sie wird ihren Weg einsam gehen müssen, denn den Weg der Erkenntnis gehen wir allein. Wir sind nicht immer allein, nein, ein Engel wartet auf uns auf jeder Stufe — aber den Schritt zur nächsten Stufe, den müssen wir allein und ohne Hilfe machen. —

Eva, Eva, ich rufe Sie an! Schreiben Sie für mich. Seien Sie für mich der Engel, der den Weg nach rückwärts doch noch einmal möglich macht, so daß ich noch nachträglich korrigieren kann, was ich versäumt habe, richtig zu machen, Unseliger, der ich bin.

Verrat! Mein ganzes Leben war ein einziger Verrat! An mir selbst, an dem, was ich hätte tun sollen und können. Mein ganzes geistiges Vermögen — denn ich kam ja als ein Wissender in die Welt — habe ich umgemünzt in wertlose Münze. Ein Bettler steht vor Ihnen, Eva, ja! Werden Sie für mich schreiben? Dann tun Sie mir den Gefallen... nein, warten Sie...

Andere sind da, deren Schuld noch größer ist als die meine und die ein Vorrecht haben. Schreiben Sie erst für Ihren Freund Huxley! Seine Schuld schreit danach, gesühnt zu werden. Ich habe versäumt, ich habe geschwiegen, wo ich hätte reden sollen — er aber hat Menschen verführt, Dinge zu tun, die sie in die Tiefe zogen. Groß ist seine Schuld und herzzerbrechend seine Verzweiflung darüber. Schreiben Sie für ihn, ja. Schreiben Sie für die, die zu sühnen haben und schreiben Sie für die, die der Welt einen neuen Glauben zu verkünden haben.

Glücklich sind Sie, Eva, der eine solche Rolle zugefallen ist. Aber

20

sie ist Ihnen nicht »zugefallen«, mein Gott, nein! Wir haben es mit-
angesehen, was Sie an Prüfungen auf sich genommen haben, um
dieser Gnade teilhaftig zu werden. Es war ein teuer erkauftes Geschenk. Werden Sie glücklich in Ihrem Gott-gewollten Werk. Unsere
guten Wünsche begleiten Sie.

Wir alle.

EPILOG

Ich bins, Franz. Du wolltest wissen, wie es mir geht? Wesentlich besser als zur Zeit, in der ich Dir jenes Selbstgeständnis diktierte. Dennoch möchte ich, daß Du mein damaliges Bekenntnis veröffentlichst, denn die Menschen sollen wissen, was eine Seele zu leiden hat, die ihre Aufgabe nicht erfülte, ihr selbstgestecktes Ziel nicht erreichte.

Inzwischen habe ich erkannt, daß nicht alles so schlimm war wie es mir während meines Purgatoriums erschien. Ich bin jetzt frei, d. h. ich befinde mich auf einer der unteren Stufen des Himmels, den ich nun weit mehr genieße als ich mir in meinen kühnsten Träumen erhofft hatte.

Auch Alma hat sich wesentlich gewandelt während dieser Zeit; sie hat ihre Fehler als solche erkannt, doch gehen wir ein jeder seine Wege, ohne Groll und ohne das, was uns im Leben band. Ich bin ihr voraus, denn eine während meines Erdendaseins halb verschüttete Sehnsucht treibt mich nun dem Lichte zu, so daß ich mich in einer höheren Sphäre befinde als sie.

Du möchtest etwas über meine gegenwärtige Tätigkeit wissen? Hierüber ist nicht ganz leicht zu berichten, denn das Dichten ist nur ein kleiner Teil dessen, was mich beschäftigt. Über das andere müßte man einmal ausführlicher diskutieren.

Ich vernehme mit Freuden, daß Dein Werk nun endlich an die Öffentlichkeit gelangen wird. Möge ihm Erfolg beschieden sein!

Ich grüße Dich, und Alma schließt sich mir an mit allen guten Wünschen. Benedictus siat Dominus Deus.

Franz Werfel

ALDOUS HUXLEY
(1894—1963)

Von hier aus gesehen...

In Anbetracht der Tatsache, daß einige Leser den Stil des folgenden
Essays beanstandet haben, da er für Huxley nicht charakteristisch sei,
möchte ich folgendes bemerken: Eine Wesenheit die sich, wie Huxley
kurz nach seinem Tode, in großer Bedrängnis befindet, bedarf des
Beistandes, um sich einem noch auf Erden Weilenden mitteilen zu
können. Es ist ein merkwürdiges Phänomen der jenseitigen Welt, daß
sich unter Umständen von dort kommende Gedanken von verschiedener Herkunft ungehindert verbinden und mischen können, so daß
es für den »Empfänger« fast unmöglich ist, einzelne Komponenten
einer Botschaft auf ihren Ursprung hin zu unterscheiden. Dies mag
dem Bewohner unserer Welt seltsam erscheinen, da bei uns ein bestimmter Gedanke und dessen Fassung gewöhnlich einer einzigen
Quelle entspringt. Im Jenseits aber ist ein völliges Verschmelzen von
Gedanken verschiedentlichen Ursprungs, d. h. verschiedentlicher
Wesenheiten deshalb möglich, weil dort Gedanke und Urheber
ebenso wie dessen Existenzebene aus ein und demselben »Stoff« bestehen.
Ein solches Verschmelzen von Gedanken ist entweder beabsichtigt,
wenn eine gemeinsam abgefaßte Botschaft gesandt werden soll —
oder aber es ergibt sich nolens volens, wenn dem Sender ein oder gar
mehrere Helfer beistehen. Im Falle Huxleys ging es vor allem darum,
seine neugewonnenen Erkenntnisse zu übermitteln, doch wirkt deren
Formulierung durch die ihm zuteilgewordene Hilfe unpersönlich und
macht somit seinen Stil unkenntlich. Auf die Frage, warum sich der
Autor der nachstehenden Schrift in einer derart schlimmen und Beistand erfordernden Lage befand, kann ich nur erwidern: Lassen wir
ihn in eigener Sache sprechen.
Noch ein Wort an den Leser, der mit meinem dieser Schrift vorangegangenen Buch »Von Drüben« vertraut ist und deshalb auf manche

Wiederholungen stoßen wird: Huxleys Essay wurde mir bereits zehn Jahre vor den Texten in »Von Drüben« diktiert. Es war einer der ersten Versuche der anderen Seite, einer edlen und ungewöhnlich bedrängten Seele Gehör zu verschaffen.

In den letzten Jahrzehnten ist viel über Rauschgifte geschrieben und geredet worden, doch ist es bisher noch keinem gelungen, etwas Überzeugendes über die Wirkung halluzinogener Stoffe auf den inneren Menschen auszusagen. Und wie wäre das auch möglich, solange man noch inkarniert und ein Gefangener des Körpers ist?

Wir allein, die wir bereits im Jenseits sind, haben Antworten auf diese Fragen. Denn nur wir können deutlich sehen, was den Konsumenten von Rauschgiften wirklich zustößt. Wir sehen den Menschen so, wie er sich während seines Erdenlebens niemals sieht.

Zu gewissen Zeiten glaubt ihr an unsere Existenz, dann wieder negiert ihr sie; heute negiert man uns fast völlig. Was sollen wir tun? Wie sollen wir unser Dasein beweisen?

Zunächst nehme ich mir das auch gar nicht vor. Lest bitte weiter und hört mit dem inneren Ohr, wenn ihr noch über ein solches verfügt. Mit Logik allein werdet ihr nicht auskommen; der Logik muß sich ein weiteres Element zugesellen, auf das ich gleich zu sprechen komme. Um euer Verständnis zu erhöhen, versucht bitte folgendes: entledigt euch, zumindest kurzfristig, aller Vorurteile, die etwas mit dem Fortleben nach dem Tode zu tun haben; vor allen Dingen versucht, die heute grassierende materialistische Weltanschauung zu ignorieren.

Erinnert ihr euch noch an das Phlogiston, jene wunderbare Substanz? Sie war für das 18. Jahrhundert, was der Materialismus für das 20. ist. Dank des vorhandenen Phlogistons war jeder Gegenstand entzündbar. Nichts brannte ohne Phlogiston. Es war wissenschaftlich nachgewiesen — bis die Phlogiston-Theorie ein trauriges Ende nahm: die Wissenschaft selbst widerlegte sie nach jahrzehntelangem, weltweitem Ansehen. So wird es dem heutigen Materialismus einmal gehen. Seine Theorien kränkeln bereits und bald werden sie wanken, stürzen und zerscherben. Das wird ihr Ende sein, so sicher wie es den Begriff des Phlogiston heute nicht mehr gibt. Der Materialismus ist nicht mehr lebensfähig; hingegen wird die Existenz der menschlichen Seele als einer den Tod überlebenden Totalität erneut anerkannt werden.

Wir werden euch den Weg weisen, wie andere vor uns ihn eurer Welt gewiesen haben. Diese wagten sich nur zögernd vor und wurden nicht gehört, weil sie sich nicht der Sprache der Intellektuellen bedienten. Ihr habt sie ebenso mißachtet wie die vielen anderen Stimmen, die in der zeitlosen Sprache zeitloser Wahrheiten zu euch redeten. Und dennoch gibt es sie auch heute noch; sie sind begabt, mit Zungen zu reden, mit offnen Ohren zu hören, mit sehenden Augen zu sehen: es sind die Hellseher, die Hellhörigen, die sogenannten Medien.

Wie unglücklich ist doch dieses Etikett »Medium«, und wie schlecht ist sein Ruf. Und doch gibt es diese Menschen — verleumdet, verhöhnt, verachtet. Und in manchen Fällen nicht zu Unrecht. Manchmal würdigen sie aus Gewinnsucht oder Geltungstrieb diese Gabe derart herab, daß man sie nicht mehr von Hexerei, Schwarzkünstlerei oder barem Betrug unterscheiden kann. Wir hingegen unterscheiden das sehr wohl! Aber ihr habt noch nicht gelernt, die verschiedenen Kategorien auseinanderzuhalten und die Spreu vom Weizen zu sondern. Uns bereitet das keinerlei Mühe. Wir unterscheiden und verwenden Medien nach den Kategorien, denen sie angehören. Eine offene Tür hat schon immer Neugierige angezogen. Ein Medium ist wie eine solche offene Tür — keineswegs trifft das aber auf Heilige zu oder auf die ihnen entsprechenden religiösen Medien. Das wahrhaft religiöse Medium ist keine offene Tür, wohl aber eine, die sich öffnen ließe. Nicht jeder hat den Schlüssel. Das Allerwelts-Medium hingegen gestattet jedem Vorübergehenden den Zutritt. Doch gibt es Wesenheiten, die dort, wo jeder willkommen ist, nicht einzutreten wünschen. Das Allerwelts-Medium entbehrt, sogar bei starker Begabung, der Qualität des Heiligen. Ein solches Medium schließt diese Qualität nicht nur aus, es ist vielmehr eine ständige Einladung an jene Kräfte, die unausgesetzt darauf bedacht sind, Medien — und zugängliche Menschen überhaupt — zu zerstören.

Und wer wäre denn gänzlich unzugänglich? Jeder ist ein Medium. Manche sogar bis zu dem Grad, daß ihnen ihre Rolle als Empfänger von Gedanken aus dem Unsichtbaren bewußt ist, die meisten aber ohne jegliche Ahnung davon. Was für ein krasser von hier aus gesehen völlig unfaßbarer Mangel an allerelementarstem Wissen!

Da habt ihr nun eine materielle Welt, die von allen Seiten von Gedanken umschwebt, beeinflußt und durchflutet ist, von Gedanken aus einer zwar unsichtbaren, doch bestehenden, aktiven, größeren Welt — und habt doch keine Ahnung davon. Weder von ihrem Wesen, noch von ihrer Wirkung auf die Lebenden — nicht die geringste Ahnung! Gewiß, einige Mystiker haben euch gültige und wahrheitsgetreue Einblicke vermittelt — aber doch keine typischen. Sie hatten Einblicke in ihre Welt, in die Regionen, zu denen sie emporgestiegen waren während einer Lebenszeit, in der Böses sie nicht berührt und Begehrlichkeit, Haß und Gier sie nicht getrübt hatten. Aber ihre Mitmenschen — was hatten die »gesehen«? Bosch, Brueghel, Goya »sahen«, und was sie sahen, war wahr. Kunst? Erfindung? Phantasmen? Keineswegs: sie hatten in eine andere Richtung gesehen, obschon nicht in die des Durchschnittsmenschen. Keiner hat bisher die Gesichte des Durchschnittsmenschen dargestellt, weil dieser keine Gesichte hat. Er lebt halt, schlägt sich mit dem Alltäglichen herum, liest die Zeitung, blättert vielleicht sogar im Freud, im Jung, und im Wall Street Journal und, hat er Zeit übrig, so schaut er vielleicht noch in ein paar Bücher über den Existenzialismus im 20. Jahrhundert. Davon, was ihn antreibt und was um ihn her vorgeht, weiß er sehr wenig. Von dem, was ihn inspiriert und hemmt, weiß er nichts; ebensowenig erkennt er, was ihn zu gewissen Zwangshandlungen veranlaßt.

Weder Freud noch Jung können dem modernen Menschen wirklich helfen. Freud deckte den Mechanismus des Unterbewußtseins auf, zumindest einige seiner Aspekte; hingegen war er völlig blind,

26

was die Umstände außerhalb des Individuums betrifft. Jung andererseits wies mit unsicherer Gebärde in jene von Freud übersehene Richtung, doch war es ihm nicht gegeben, klar zu sehen. Armer Carl Gustav Jung! Und arme Jungianer und — am allerärmsten — die unschuldigen Opfer Jungs, die nichts besitzen als das Jungsche Universum, das heißt: nur sein ganz persönliches Universum. Denn ein jeder lebt in seiner eigenen Welt und dazu in einer objektiven Welt, besser gesagt: seine eigene Welt ist gleichsam nur eine Phase eines objektiven Universums, in dem es viele Wohnungen gibt. Die Jungsche Wohnung ist so wenig jedermanns Wohnung wie die eines Bosch es ist.

»In meines Vaters Haus gibt es viele Wohnungen«. Weshalb nahm niemand diese Worte Jesu wahrhaft wörtlich? Weil für sie kein Platz ist in der Philosophie eures Jahrhunderts, wie es eben für nichts Platz gibt, was auch nur im entferntesten der Wahrheit nahekommt, eben weil Freudsche, Jungsche und andere irreführende Begriffe euch den Blick trüben und verstellen, und weil euer Denken seit euren Kindertagen in Bahnen gelenkt und begrenzt wurde, die es nun entsprechend einengen. Ihr könnt nicht weiter sehen als eure Nasenspitze, weil man euch weisgemacht hat, darüber hinaus gäbe es nichts zu sehen. Und Jung spricht von einem sackartigen Universum, einem kollektiven Unbewußten, das gegen jegliche Außeneinflüsse gefeit und nur mit Begriffen ausstaffiert ist, die aus einer nebulosen und sehr fernen Vergangenheit auf uns herabgekommen sind. Da steht ihr also da! Abgeschnitten von der Quelle neuer Informationen, ausgenommen von denen, welche euch eure zeitgenössischen und daher limitierten Denker zu bieten haben. DOCH KOMMEN ALLE NEUEN IDEEN VON UNSERER SEITE. Über Menschen natürlich, aber nur über sehende und hörende Menschen. Über inspirierte Menschen, seien sie Künstler, Wissenschaftler oder große Religiöse — irgendjemand, solange er nicht in einen hermetisch abgeschlossenen Sack eingesperrt ist. Freilich sickern Gedanken aus unserer Welt in die eure, doch sind sich deren Empfänger — also nicht die typischen Denker des 20. Jahrhunderts! — nur sehr vage, wenn über-

27

haupt dieses Vorgangs bewußt. Sie empfangen Informationen und werten sie, ohne alle Rücksicht auf »die Moderne«, aus. Aber diese »Moderne« leugnet die wahre Quelle solcher Informationen und entmutigt damit alle derartigen Forschungen. Und so ist der moderne Mensch in dürrer Einöde ausgesetzt, ohne eine führende Hand, seiner Seele beraubt, ohne alle Hoffnung und in Verzweiflung, also genau so wie ihn ein Sartre haben will und genau an dem Punkt, wo gewisse »fortschrittliche« Theologen ihn sich selbst überlassen möchten: unfähig, sich selbst emporzudenken, im Stich gelassen. Und daran ist er selbst schuld! Weil er sich sklavisch einer falschen und abgetakelten Philosophie ausgeliefert hat, deren Zenit schon lange überschritten ist. Schon morgen werdet ihr den Aufgang einer neuen Philosophie miterleben, weil wir hier bereit sind, sie den Vorausschauenden zu übermitteln.

Mittlerweile aber schmort ihr in einem Topf voll Freudscher, Jungscher, Sartrescher und ähnlicher leckerer Brocken; auch Tillich ist dabei, der große protestantische Existentialist, der seinen eigentlichen Auftrag mit ebenso großer Eleganz und Eloquenz verriet wie Meister Sartre selbst. Schmort ruhig weiter! Wir hier aber können euch aus der Klemme helfen, können euch den Weg aus dem Morast, der Denkart dieses Jahrhunderts weisen. Wir werden euch ein neues Koordinatensystem geben, das sich besser eignet als das, in das ihr verzweifelt versuchtet Stücke einzufügen, die unmöglich passen konnten: quadratische Stücke in runde Löcher hinein — das wolltet ihr zuwege bringen. Seit einem Millenium hat die Menschheit keinen ungeeigneteren Satz solcher Stücke und kein verzerrteres Bezugssystem gehabt als der Mensch des 20. Jahrhunderts. Ihr habt das Kind mit dem Bad ausgeschüttet, als ihr Gott aus eurem Weltbild entferntet. Gott war das Kind, und das Dogma was das schmutzige Wasser. Anstatt euch von den im Laufe der Jahrhunderte aufgehäuften Unreinheiten zu befreien, warft ihr fort, was euer höchstes Gut war. Ihr warft weg euren Glauben an eine höhere Welt und an euer Wissen von ihr und an ein höheres Wesen, wie immer ihr es nennen wollt. Nennts wie ihr wollt oder laßt es ohne Namen, aber beschränkt euch nicht auf eine Welt, die, ihrer essentiellen Atribute beraubt, bis zur Unkenntlichkeit verstümmelt ist. Was euch bleibt, ist eine bis auf einen Erdklumpen zusammengeschrumpfte Welt, nicht mehr und nicht weniger. Niemand, nicht einmal Einstein, hat das Essentielle dieser Vorstellung geändert. Sogar er, für den Gott ein privater und völlig abstrakter Begriff blieb, war nicht in der Lage zu erkennen, daß Gott das Gesetz ist, das die Welt in ihrem materiellen wie in ihrem nicht-materiellen Aspekt regiert. Das Einsteinsche Universum ist noch immer ein rein materielles, ob sich nun diese Materie im Zustand der Energie befindet oder nicht; und sein Gott, eine Abstraktion, bleibt außerhalb seines Systems. Die einzige darin zur Debatte stehende Energie ist mit euren normalen und gelegentlich instrumentlich gesteigerten fünf Sinnen zu erfassen. Gott, der alleinige Quell aller Energie, die mit euren Maßen zu messen oder nicht zu messen ist, wurde — so meint ihr — verbannt oder entfernt. Doch habt ihr Gott nur in dem Sinne entfernt, daß ihr ihn ausgeschlossen habt. Gott existiert. Ihr habt die Jalousien heruntergelassen, gewiß, aber draußen, in einer Welt, die ihr nicht mehr seht, leuchtet es noch hell.

Das Gros der Menschheit besteht noch aus den Gottlosen und jenen, deren Gott das trübe Wasser der Dogmatik ist. Nur wenige haben sich stattdessen an das Kind selbst gehalten! Und wer sind diese Wenigen? Sie haben alle Fesseln religiöser Tradition abgestreift. Frei von all solcher Überlieferung, die verkrustet ist wie der Rumpf im Wasser liegender Schiffe. Und wer sind die, die über aller Tradition stehen, die unmittelbar aus Welten unterrichtet werden, die sich dem Zugriff gewöhnlicher Sterblicher entziehen?

Die Allerwelts-Medien sind es nicht; wohl aber die wahrhaft Eingeweihten, die kleine Schar der Auserwählten. Es gab sie zu allen Zeiten; sie sind nicht immer erkannt und anerkannt worden. »Feres ex illis, quidquid voles; per illos non stabit, quominus quantum plurimum cupieris haurire«, sagte Seneca.* Zu allen Zeiten gab es Pro-

---

* Ihr werdet euch von ihnen nehmen, was euch paßt; an ihnen wird es nicht liegen, wenn ihr euch nicht das Äußerste, das ihr begehrt, nehmt.

pheten und Seher, Pneumatiker und Heilige — wie immer sie gehei-
ßen haben mögen — nie hörte man auf sie, und immer verwässerte
und verschandelte man ihre Lehren, kaum waren sie an ihren Ursprung zurückgekehrt. Doch ist die heutige Zeit ganz besonders
blind, taub und stumm mit ihrem enormen Fortschritt auf allen Ge-
bieten, die dem inneren Menschen nichts fruchten. Wenige Zeiten
waren an Führung durch wahrhaft Auserwählte so arm wie das 20.
Jahrhundert.

Dieses Jahrhundert wird als ein Wendepunkt und tiefste Ebbe in
die Geschichte eingehen; die Menschheitsgeschichte reicht Millionen
von Jahren zurück, viel weiter als euer entferntestes Wissen reicht,
noch hinter den historisch belegbaren Menschen zurück, bis in die
Abgründe der Zeit. Denn den Menschen hat es auf dieser Erde immer wieder gegeben, und viele Male wurde er vom Angesicht der Erde weggefegt, um ebenso viele Male wieder zurückzukehren. Zurückzukehren, zu gedeihen, wieder ausgelöscht zu werden, auf daß
er seine Lektion lerne. Aber hat er sie gelernt? Manch einer ja und
mancher nein. Und so kehrt er zurück, inkarniert sich aufs neue in
einer Welt, in der er lernt oder nicht lernt, was er nur auf Erden lernen kann. Andere Welten lehren andere Lektionen — denn ungeachtet aller heute verbreiteten Ansichten gibt es andere von Menschen bewohnte Planeten; der Mensch kehrt jedoch solange zur Erde
zurück, bis er sich alles angeeinget hat, was sie ihm bietet. Der Planet Erde ist eine der vielen Stationen auf dem unendlich langen
Weg, den die Seele zurücklegt, wenn sie sich von Gott entfernt und
wieder zu ihm findet. Denn so bewegt sie sich in unvorstellbar langen Zyklen. Diese Zyklen sind nicht mit den relativ kurzen Zeiten
inkarnierten und nicht inkarnierten Daseins zu verwechseln. Das
nicht inkarnierte, will sagen, das körperlose Dasein, ist etwa zehnmal
länger als ein Erdenleben. Doch können wir uns viele tausend Mal
auf ein und demselben Planeten inkarnieren, ehe wir zum nächsthö-
heren aufzusteigen bereit sind. Erst nachdem wir die Runde der Planeten hinter uns gebracht haben — und einige dieser Planeten kennt
der Mensch unseres Jahrhunderts noch gar nicht — kehren wir zu-

rück, um in Gott zu ruhen, in Frieden und vollkommenem Vergessen. In fast vollkommenem Vergessen, denn die Seele, ein Funke Gottes, erlischt niemals. Sie ist lediglich reduziert auf die bloße Idee ihrer selbst, auf die Essenz ihrer selbst, die nicht mehr offenbare Essenz ihrer selbst. So ruht sie dann, eine Erinnerung ihrer selbst und weiter nichts. Und selbst diese Erinnerung ist so gut wie erloschen. Frieden, nichts als Frieden von Äonen zu Äonen.

Und wieder entsteht der erste Mensch, und wieder beginnt er, als hätte er nie zuvor gelebt; zieht aus und kehrt zurück in Zyklen, die ihrerseits in Zyklen eingebettet sind — in alle Ewigkeit hin. Fast möchte man sagen »Ewigkeiten«, viele Ewigkeiten. Ein winziges Etwas und dennoch unzerstörbar — und dennoch ein Teil Gottes, jener Summe aller Teilchen, ob schlafend, im Halbschlaf oder völlig wach und tätig — und zwar auf Seinsebenen, gestuft vom Himmel bis zur Hölle. Bedenkt bitte, wie sehr sich die Begriffe Himmel und Hölle im Laufe der Zeit und besonders im Mittelalter trübten. Damals nahm »Hölle« eine Bedeutung an, die sie nie wieder los wurde. Wer heutzutage »Hölle« sagt, macht sich lächerlich. Nämlich »Hölle« mit allen Nebendeutungen wie Feuer, Schwefel und dergleichen. Und dennoch existiert die Hölle wie eh und je und wie sie war, ehe man eine Art Grand Guignol-Version des Danteschen Inferno aus ihr machte. Die Hölle existiert in der Tat. »Mensch verspotte nicht den Teufel, / Kurz ist ja die Lebensbahn / Und die ewige Verdammnis / Ist kein bloßer Pöbelwahn«, schrieb Heine, der selbst in der Hölle war und also Bescheid wußte. Sie ist kein Trug und keine Erfindung des Papstes. Sie existiert wie Gott selbst existiert, oder besser: der Teufel existiert so wie Gott existiert — beide als allgegenwärtiges Prinzip. Oder vom Standpunkt der Seele gesehen, die ein Partikel im Universum ist: ein Zustand. Ein Zustand, in welchem sich die Seele zu einer bestimmten Zeit, und nur zu dieser, befindet. Denn die »ewige Verdammnis« ist eines der übelsten Addenda, die man dem seit dem Mittelalter ganz und gar verschandelten christlichen Dogma unterschob, einem Dogma, das — verglichen mit jenem ursprünglichen, von Jesu selbst verkündigten — bereits hundert Jahre danach von seinen Biographen in unreiner Form einem heute nicht mehr existierenden Manuskript entnommen worden war. Doch leuchten die Predigten Jesu durch alle falschen Auslegungen, durch irrige Übertragungen, verfälschende Emendationen und Streichungen. Sie leuchten über alle Zeiten hinweg, bis sie heute von bemühten sogenannten Vertretern seiner Lehren in nichts aufgelöst oder künstlich hochgejubelt werden, um den sinkenden Bedarf anzuheben. Solche »Vertreter« lassen es sich angelegen sein, Jesus durch Sartre zu ersetzen oder seine Botschaften so herzurichten, wie sie sich das 20. Jahrhundert wünscht. So bleibt uns nur wenig vom dem, was Jesus wirklich gelehrt hat, so wenig, daß wir nach zweitausend Jahren die Hinterlassenschaft dieses großen Meisters erneut prüfen und bewerten müssen.

Was uns bleibt, sind Reste einer einst erhabenen, uns von einem der größten Lehrer der Welt geschenkten Gedankenwelt. Nicht der Welt von vor sechstausend Jahren, wie sie in der Bibel dargestellt ist, und nicht die der Paläontologen des 20. Jahrhunderts, sondern einer Welt, wie sie wirklich ist, Millionen und Abermillionen Jahre alt. Jesus war wahrhaftig eine der größten Lichtquellen, mit der diese Erde je gesegnet war, und zwar mehr als einmal gesegnet war. Er erschien, wann immer ein großer Erlöser vonnöten war und wird auch künftigen Zeiten wieder erscheinen. Und so wird es mit Buddha sein und Schankara und vielen anderen, deren Namen vergessen sind oder überhaupt nur einem kleinsten Jüngerkreis etwas bedeuten. Jesus der Erlöser. Wessen Erlöser — und wovon erlöst er? Niemand, aber auch niemand kann eines anderen Sünden auf sich nehmen, und ebenso kann niemand eines anderen Sünden büßen. Deine Sünde gehört dir und dir allein; niemand kann dich von ihr lösen, auch Jesus nicht. Niemand kann dich von deiner Sünde lösen, weil sie ein Teil deiner Seele ist, ganz und gar in sie verwoben. Nicht einmal Jesus kann dieses Gewebe auflösen. Das Gewebe selbst muß sich ändern, ehe du deiner Sünde ledig wirst. Du mußt ihr wortwörtlich entwachsen. Du mußt dich verwandeln, um dich von ihr zu reinigen. Keiner kann das für dich tun. Jesus »erlöst« dich in einem völlig anderen Sinn. Er ist's, der dich von dem Menschen erlöst, der du heute bist, damit du der Mensch von morgen werden mögest, indem er dir den Weg zu solcher Verwandlung weist. Um dies zu können, wurde er zum höchsten Wesen. Und um so zu bleiben, muß selbst er sich durch unablässiges Wachsamsein und durch unablässige übermenschliche Anstrengung auf dieser höchsten Höhe halten. Ja, mehr noch: er muß sich wiederholt von dem läutern, was in seinen Augen Sünde ist. Diese »Sünden« sähe man gewöhnlichen Sterblichen wahrhaftig nach, aber für den Gottessohn, vielmehr für das Lieblingskind eines namenlosen Gottes sind sie eben doch Sünden. Und so kehrt Jesus zurück, leidet und reinigt sich von seinen Sünden. Und wer willens ist, seinen Spuren zu folgen, dem weist er den Weg. Wie viele glauben doch in seinen Spuren zu wandeln! Kinderkreuzzüge riefen sie ins Leben, Holz sammelten sie für die Scheiterhaufen ihrer Glaubensgenossen, Abertausende von Hexen ließen sie foltern — also Medien und selbst Heilige. Anhänger Christi — Irrsinn und Wahn! Welche Gottverlassenheit! Anhänger Christi — wie tief kann ein Mensch eigentlich sinken und noch immer wähnen, er wandle in Christi Spuren? Wie feige kann er sein und glauben, er folge dem Erlöser oder verwalte gar dessen Lehren? Oder er sei der einzige gewährleistete Vertreter Gottes auf Erden? Mein Gott, hast du das wirklich geschehen lassen?

Aber Gott läßt nicht geschehen. Er ist. Du wählst deinen Ort zwischen Gott und Satan. Du selbst entscheidest, wo zwischen diesen beiden Polen dein Platz sein wird. Niemand befiehlt dir, niemand hindert dich daran, an diesem Ort zu bleiben oder ihn zu verlassen. Darin bist du dein eigener Gott. Du allein wählst. Gott ist ein Magnet; der Teufel ist ebenfalls einer. Diese beiden Magnete ziehen mit einer Macht, von der ihr nicht die geringste Kenntnis habt, und der im von Energien kreuz und quer durchstrahlten Weltall nichts gleichkommt, einem Weltall von dem eure Wissenschaft auch nicht die geringste Ahnung hätte, es sei denn durch die heute so gut wie vergessene und heruntergekommene Wissenschaft der Astrologie. Nicht jener, die monatlich mit einer Spalte »Was-dir-die-Sterne-sagen« aufwartet oder dir tägliche nützliche Winke aus der Zeitung

vermittelt, sondern jener einst bedeutenden, von wahrhaft Eingeweihten ausgeübten Wissenschaft. In ihr spiegelt sich ein Weltall,
von unvorstellbaren Energien durchkreuzt, das überdies sozusagen
vertikal polarisiert wird von den zwei großen magnetischen Zentren
— verschiedentlich als Himmel und Hölle bezeichnet, Gut und Böse, Gott und Satan, Licht und Finsternis. Und beide Zentren ziehen
mit Macht an dem Partikel, Seele genannt, dergestalt, daß die arme
Seele, buchstäblich hin- und hergerissen zwischen Himmel und Hölle, in ständiger Gefahr schwebt, sich nach dem Gesetz des geringsten
Widerstandes zu verhalten. Selbstverständlich ist es die Hölle, deren
Anziehungskraft man am leichtesten zum Opfer fällt, der man nach-
gibt und von der man am schwersten loskommt. Es ist ja so
einfach — man hat weiter nichts zu tun, als sich gehen zu lassen,
und schon stürzt man kopfüber hinein. Es genügt ja, einer besonderen Vorliebe nachzugeben, und schon ist man von Gesichtern umringt, wie sie Brueghel und Bosch malten, solchen, deren Untaten
vor nicht allzulanger Zeit bekannt wurden, als sich der Rauch über
dem Schutthaufen eines besiegten Nazi-Staates wieder verzog. Weiter ist ja nichts nötig: man muß nur nachgeben. Denn jeder hat ja irgendeine Schwäche, die angetan ist, ihn hinunterzuziehen, vielleicht
nicht in die unterste Hölle, wohl aber auf eine ihrer vielen Stufen,
von da ab hinunter zur nächsten — und dann ist kein Halten mehr.
   Anders hingegen die Anziehungskraft der Gegenseite: da geht
es bergauf, der Gravitation eurer Schwächen und Laster entgegen, der Trägheit entgegen, der »Macht der Gewohnheit«, der
indifferenten Duldsamkeit entgegen, bergauf gegen den Strom
einer bequemen Weltanschauung, die von euch nichts Anstren-
genderes fordert als ganz gewöhnlich druchschnittlichen Anstand.
Die Anziehung besteht, ist aber allzu schwach. Und so achtet
ihr der stillen sanften Stimme nicht, die euch heißt, die große
Anstrengung eines steilen und unbequemen Aufstieges auf euch
zu nehmen. Und so bleibt ihr, wo ihr seid und fallt ganz allmählich der Anziehung von unten anheim, im Glauben übrigens, ihr befändet euch noch auf derselben Stelle wie

34

vordem. Und so geht es die Bahn des geringsten Widerstandes hinab, komfortabel und selbstzufrieden und völlig ohne Ahnung, was eigentlich in euch vorgeht. Denn die Hölle ist ja kein Ort, den man erkennt, wenn man sich in ihr umschaut, sondern ein Zustand, so trügerisch und schwer zu fassen wie es eben nur die Hölle sein kann. Wie kamt ihr dorthin, was ist aus eurem früheren Ich geworden? Ist denn überhaupt etwas geschehen? Hier seid ihr also, umgeben von Fratzen, wie ihr sie als Wasserspeier an mittelalterlichen Kirchen kennt und die ihr für die Auswüchse einer mittelalterlichen Phantasie hieltet — Monstren und Alpträume von Irrsinnigen — hier sind sie, naturgetreu und wirklich, unausweichlich wirklich.

Mit Gott hattet ihr auch die Hölle abgeschafft. Freilich — warum am einen festhalten und am andern nicht? Warum etwas so Unbequemes wie die göttliche Gerechtigkeit in allen ihren Formen beibehalten? Versucht es jetzt schon zu verstehen, und ihr erspart euch den Schock, der eine zu späte Erkenntnis begleitet. Seid frei, wenn im Augenblick des Todes eure Seele sich an einem bestimmten Punkt zwischen den beiden großen Polen befindet, an genau dem Punkt, wo sie war, ehe sie ihre sterbliche Hülle abwarf. Seid frei in dem Sinn, daß ihr nicht an eine Welt von Ungetümen gekettet seid, die schlimmer als jene Wasserspeier sind, weil absolut echt und absolut wahr. Zumindest auf Zeit. Denn, wie schon erwähnt, es gibt keine ewige Verdammnis. Du bist nur so lange in der Hölle, bis du dich um deine Befreiung bemühst. Aber ebensowenig ist dir ein Platz im Himmel sicher. Du hast ihn, solange du ihn dir dank ständiger Wachsamkeit und fortgesetzten Bemühens erhältst. Du verlierst ihn, sobald du aus Selbstgefälligkeit der immerwährenden Gegenkraft anheimfällst.

So, lieber Leser, liegen also die Dinge auf unserer Seite: zwei Pole, weltenweit voneinander entfernt, Welten, die von ungezählten Millionen Seelen bevölkert, alle entweder im Ansteigen oder Absinken begriffen, dem Pole zustreben, den sie gewählt haben oder dessen magnetischer Kraft sie sich nicht erwehren können. Denn groß ist die Anziehungskraft des Pols der Verneinung: zuvörderst der Vernei-

nung des Willens. Diesem Magnetismus zu erliegen, bedarf es eben
keinerlei Willenskraft. Du läßt dich einfach gehen; den Rest besorgen rasch jene, deren einziger »Lebenszweck« das Zerstören ist. Du
läßt dich gehen und bist im Nu in ihrer Gewalt.

Ganz anders ist der Gegenpol: die Kraft, dich ihm zu nähern,
mußt du selbst aufbringen. Zwar besteht eine Anziehung, aber eigentlich eine Kraft, eher ein Ruf, den erst dein eigenes Verlangen in
eine Kraft verwandelt. Kein Wunder, daß die Hölle so überfüllt und
der Himmel so leer ist und nur von denen bewohnt, die sich kasteien
und kasteien lassen, indem sie wieder in eine Welt zurückkehren, die
von Schwierigkeiten, Entbehrungen und selbst Martyrien durchsetzt
ist. Martyrien warten auf die, welche berufen sind, die Welt zu lenken; Martyrien auf die Erhabenen, die Heiligen — nennt sie wie ihr
wollt. Ihnen und nur ihnen ist es dann auch gegeben, sich für Hilfs-
bedürftige einzusetzen, denen Beistand gewährt wird und die sich
selbst nicht zu helfen wissen. Sie sind's, für die Wunder bewirkt
wurden und die selbst Wunder wirken. Sie sind's, die über eine kleine Schar Auserwählter wachen und sie schützen: Propheten, Medien,
Seher, die sich der Lichtquelle genähert haben, Diener Gottes, Diener der Menschheit.

Auch am Pol der Finsternis leben große Geister, Organisatoren,
Marschälle und Soldaten. Sie dienen aus einem schwer zu erklären-
den inneren Zwang, erliegen der ungeheuren Anziehungskraft und sind
unfähig, dem gewaltigen Einfluß der finsteren Mächte Widerstand
entgegenzusetzen. Doch unterliegen sie, Gott sei's gedankt, nicht immer! Größere Kraft als so ein armer Teufel gewöhnlich aufbringen
kann, ist aber nötig, sich dem Zugriff Satans zu entziehen. Fest nämlich packt Satan zu, und schwach ist der Ruf, der zu dem dringt, der in
der Hölle leidet, aber einmal erreicht er ihn — und besitzt er dann die
zwiefach notwendige Kraft, verführerische Reden und Drohungen an
sein Ohr dringen zu lassen und seine Sinne auf den fernen Ruf zu richten, der ihn ermutigt und aus der infernalischen Umschlingung lockt
— so macht er sich los! Und beginnt den schwierigen Aufstieg in die
Welt des Lichtes, der Glückseligkeit — in den Himmel.

Keinerlei Schilderung wird dem Himmel gerecht, keine der Hölle; es ist wirklich nicht vorstellbar. Himmel und Hölle überschreiten so völlig den Horizont menschlicher Vorstellungskraft — und Worte sind von hoffnungsloser Unzulänglichkeit. Man muß sterben, um es zu erfahren, man sei denn eins jener gesegneten oder geschlagenen Wesen, die Visionen von anderen Welten haben. Das entbindet euch jedoch nicht der Verpflichtung, euch über Himmel und Hölle zu informieren. Sie existieren, wie schon gesagt, und ihr befindet euch bereits an einem der vielen Orte oder Existenz-Ebenen zwischen diesen beiden Polen. Da seid ihr, keineswegs auf ein Jüngstes Gericht oder irgendjemandes Urteil wartend, aber durch eure Handlung bereits gerichtet — vielmehr, ihr seid eure Handlungen selbst, die guten und die bösen und meistens eine Mischung aus beiden. Eure Handlungen sind eurer Seele als eigentlichste Substanz eingewoben und — gleich der zugehörigen Existenzebene — untrennbar von ihr. Untrennbar, bis eine Wandlung innerhalb jenes Partikels »Du« und somit eine Trennung stattfindet; ein Teil stößt den andern ab, das Wesentliche wird in die nächsthöhere oder -tiefere Existenzebene, zu der es nun gehört, befördert, wird ein Teil dieser Ebene, bis es, einem ihm innewohnenden Gesetz folgend, sich abermals in sich selbst trennt, um wiederum einer neuen Existenzebene anzugehören. Nein, ein »Jüngstes Gericht« erübrigt sich. Eine Art Klassifizierung findet automatisch statt; sie gehört dazu, ist unvermeidlich und unabhängig von jedweder externen Verfügung. Deine eigene Natur ist dein Richter, ist Urteil, Vollstrecker des Urteils — sie ist aber auch das, was den eigenen Rechtsspruch erleidet oder genießt. Berufung bei einem höheren Gericht kann nicht eingelegt werden. Das Urteil ist so endgültig wie automatisch. Du bist, wer du bist, kein Wenn und Aber, keine Eingaben an eine höhere Instanz, es gibt kein Mitleid.

Noch nie in deinem Leben warst du so völlig auf dich selbst gestellt, noch nie so vereinsamt wie in der Stunde des Erkennens, in der Stunde der Abrechnung. Niemals! Blitzartig zieht dein ganzes Leben an dir vorbei, gleichsam komprimiert zu etwas, das geschluckt werden muß. Eingenommen aber durchdringt es dein ganzes Wesen, verläßt dich nie wieder, wird nie vergessen und wird ein Stück deines Bewußtseins. Denn dieses ist dann nicht mehr aufgeteilt in Vollbewußtsein, Vorbewußtsein, Unterbewußtsein. Deine ganze Seele ist gleichsam erhellt von einem Ende zum andern. Nichts bleibt verborgen. Du kannst dann nicht länger Dorian Gray spielen, denn das ist das wahre Portrait deines wahren Ich — mit allen seinen guten und schlechten Seiten. Du, erhellt in deiner ganzen Häßlichkeit oder Schönheit; du, gepriesen oder verurteilt; du endgültig und unwiderruflich du selbst. Und allein, ohne Ausweg, mutterseelenallein. Vielleicht überglücklich, vielleich unmäßig enttäuscht — aber eben die Quintessenz deiner selbst, — nackt, unverkennbar und maskenlos. Und du bist dir in deiner neuen Existenz zum erstenmal bewußt: hier gibt es kein Ausweichen mehr, wie immer man auf Erden über ein solches Ausweichen, einen solchen »Freitod«, gedacht haben mag.

Selbstmord, was für ein Abgang! Und wie feig als Ausweg — außer aus höchster Not. Hier angelangt, wird dir sofort klar, wie unwiderruflich und schrecklich der Irrtum. Es war der Irrtum deines Lebens. Das mag zynisch klingen, ist aber nicht zynisch gemeint. Doppelt war es der »Irrtum deines Lebens«: der größte Fehler, den du machen konntest und zugleich der Irrtum, bei dem es um dein Leben — und nicht nur ums irdische! — ging.

Es ging nämlich auch um dein hiesiges Leben, denn die hiesige Existenz des Selbstmörders ist voll Elend und Selbstvorwurf, es sei denn, er habe Selbstmord begangen, um — wie schon erwähnt — extremen Qualen zu entrinnen. Sonst aber sind Selbstmord und Verdammnis Synonyma, jedenfalls auf eine Weile — es kann Wochen oder Jahrzehnte oder noch länger dauern. Der Selbstmord vermag wie kaum etwas anderes sein Opfer in die tiefste Hölle des Elends zu stürzen, in eine Hölle der Verzweiflung, eine Hölle unerträglicher Reue und immerwährender Selbstbezichtigung. Dieser Zustand muß freilich nicht von langer Dauer sein, doch ist er, solange er anhält, das Schlimmste, das einer Seele zustoßen kann. Endgültige Verdammnis gibt es ja nicht, aber die Seele verzweifelt in einem solchen Fall zunächst an der Vorstellung, dieser Zustand würde ewig währen. Das ist ein Irrtum, zugleich aber ein Aspekt dieses Zustandes. Die inhärente Strafe des Selbstmörders ist eine der strengsten, denn er hat sich am Leben selbst vergangen, an dem von Gott geschenkten Leben des Menschen auf der Erde.

Ebensowenig wie eine ewige Verdammnis gibt es eine ewige Seligkeit. Nein, es gibt sie nicht, auch wenn ihr an sie glaubt und euch aus der Religionsstunde an sie erinnert. Euer Verdienst nützt sich nämlich gleichsam ab, und von Zeit zu Zeit müßt ihr euer Privileg als Empfänger himmlischer Wohltaten erneuern. Ihr müßt deshalb nicht auf die Erde zurück, wohl aber müßt ihr der Menschheit auf irgend eine Weise dienen. Hierbei handelt es sich nicht um eine bloße Pflicht, die zu erfüllen ist; was ihr zu tun habt, muß euren Wünschen entgegenkommen. Das ist für eine Seele, die einen letzten Rest von Selbstsucht abgestreift hat, eine der größten Freuden. Vielleicht ist euch das noch nicht ganz verständlich — denkt immerhin darüber nach. Auf diese Weise erreicht die selbstlose Seele ein Doppeltes: sie stillt ihre größte Sehnsucht und genügt dabei zugleich der Pflicht, ohne deren Erfüllung der Zustand himmlischer Freuden nicht ganz fortdauert.

Ganz anders in der Hölle. Deinem satanischen Herrn dienst du meistens nicht aus eigenem Drang, sondern weil du nicht anders kannst. Vielleicht gehörst du zu jenen, die es gelüstet, weh zu tun und zu zerstören; viele Höllenbewohner aber folgen lediglich dem Geheiß ihres Herrn. Sie können sich Befehlen, die ihnen von übermächtigen Wesenheiten erteilt werden, nicht widersetzen. Woher stammt eine solche ungeheuerliche Kraft? Die Untiefen der Hölle zu ergründen oder sich einen Begriff von der enormen Gewalt zu verschaffen, die aus ihr aufsteigt, ist ebenso schwierig wie sich ein Bild von ihrem Gegenpol zu machen — mit einem für die Menschheit tragischen Unterschied jedoch: je näher wir an den Pol des Lichtes gelangen, umso mehr ändert sich die Art der Energie. Sie wird gleichsam dünner, wie die Luft dünner wird, wenn wir uns dem

Rand der die Erdkugel umgebenden atmosphärischen Hülle nähern. Je »höher« oben in unserer Welt, umso ätherischer die Umwelt, in der wir existieren. Und die Dichtigkeit der diversen Schichten ist so verschieden, daß eine gegenseitige Verständigung so gut wie ausgeschlossen ist. Die Atmosphäre der unteren Existenzebenen ist ungleich dichter; aus höheren Sphären kommende Geister müssen ihre »Frequenz« abwandeln, d. h. verdichten, um sich denen anzupassen, die sie aufsuchen wollen. Dies ist schwierig und sogar schmerzhaft, wird aber denen zuliebe unternommen, die ihre Lage verbessern wollen. Dieser »Frequenz«-Unterschied ist es, der höhere Geister ungeheuer behindert, so daß sie, zu Hilfe gerufen, oft nicht in der Lage sind, den erbetenen Beistand in vollem Maße zu leisten. Dies wäre nur unter gewissen Bedingungen möglich; zum Unglück für die Menschheit tritt das aber nur selten, wenn überhaupt ein. Hierzu noch: ein Geist kann ein Medium, also eine Person, die bewußt oder unbewußt Hilfe erfleht, nur dann erreichen, wenn sich der Hilfesuchende im Zustand inneren Gleichgewichtes befindet. Wie aber, werdet ihr mit Recht erwidern, kann denn ein Mensch in Not sein inneres Gleichgewicht bewahren? Gewiß, nur die allerwenigsten können das! Und deshalb ist die Mehrzahl aller solcher Hilfe-Rufe vergeblich. Sie werden zwar gehört, aber dem Ruf kann nicht entsprochen werden. Ein Mensch in Not ist mit einer für den potentiellen Helfer undurchdringlichen Turbulenz umgeben, die alle Hilfe verhindert. Das werdet ihr begreiflicherweise betrüblich finden. Aber ungerecht ist es nicht. Ein Mensch, der seine Gefühle nicht beherrscht, obschon das dem Durchschnitt entspricht, steht dadurch schon so viel tiefer als der Geist, den er — bewußt oder unbewußt — herbeigerufen, der nun aber weder Dichte noch Turbulenz zu durchdringen vermag. Es geht also um geringere Dichtigkeit und um größere innere und äußere Gelassenheit. Also, werdet ihr sagen, ist von oben keine Hilfe zu erwarten. Das stimmt aber nicht. Erwartet sie ruhig — doch bemüht euch auch, ihr auf halbem Wege entgegenzukommen, nicht erst, wenn Not am Mann ist, sondern jetzt schon und immer. Solange ihr euch noch zu weit unten befindet, ist wesentliche Hilfe kaum zu erwarten. Hilfe steht euch nur in dem von den Umständen gestatteten Maße zu. Sie durchdringt auf ihrem Wege zu euch immer dichtere Schichten, bis sie — dementsprechend an Intensität verringert — den Hilfesucher in den dichteren unteren Welten erreicht. Voll Erwartung und Hoffnung streckt er die Hand hin und — erhält Almosen, nicht mehr, nicht weniger.

Mit anderen Worten, du empfängst den Beistand, der dir zukommt. Daran ändert auch nicht, ob du glaubst, daß ich, Aldous Huxley, die Wahrheit spreche und mein Medium die Wahrheit übermittelt. Deine Einstellung wird im Weltall ohne die allergeringste Wirkung bleiben — dein eigenes Leben aber kann sie gehörig beeinflussen. Du entscheidest, ob du glauben willst oder nicht, ob du ein tieferes reicheres und volleres Leben leben wirst oder nicht. Es ist dies zwar nicht dein einziger Aufenthalt auf dem Planeten Erde, das gewiß nicht, aber dennoch ein einzigartiger und der einzige auf lange Sicht. Versuche die Saiten deiner Seele auf die Wirklichkeit abzustimmen, versuche im draußen spielenden Orchester mitzuspielen. Lege dir nicht die Beschränkungen des 20. Jahrhunderts auf. Reiße die Schranken ein, die dich von einem volleren Dasein trennen. Nimm die Scheuklappen des Materialismus ab, erwecke und schärfe dein inneres Gehör, deinen innersten Sinn, die ureigenste Gabe, mit einem anderen Organ aufzunehmen, das längst verkümmert ist, obschon man es — ohne es im geringsten zu verstehen — neuerdings als ESP etikettiert hat.

Hier sind einige eurer sehr mißverständlichen Begriffe, mit denen ihr entweder Wissenslücken zudeckt, oder die überhaupt unrichtig sind: Gott als Person; Jesus als der Erlöser von euren Sünden, die er auf sich nimmt; Himmel und Hölle als Orte ewiger Seligkeit oder ewiger Verdammnis; der Tod als Ende deines Seins. Die wesentlichen Auslassungen in eurer Aufzählung sind Begriffe wie Reinkarnation, Astrologie und Geistereinfluß.

Geistereinfluß? Ja, Geistereinfluß! Eine der schwerwiegendsten auf eurer ohnehin langen Liste von Auslassungen, möglicherweise sogar die gewichtigste. Wie sollte, im Namen der Vernunft, ein Mensch des 20. Jahrhunderts einen Begriff akzeptieren, der mit der letzten Hexe vor — ach, gar nicht so langer — Zeit verbrannt wurde? Sollen die Menschen des 20. Jahrhunderts etwa wieder von Dämonen besessen sein? Wir haben ja den Teufel versuchsweise akzeptiert — aber geht man damit nicht schon zu weit? Ich darf das bitte erklären. Du bist — mangels einer moderneren Bezeichnung — bereits des Teufels Werkzeug oder sein Opfer, wenn du dich unterhalb des halben Abstandes zwischen den beiden großen Polen Licht und Finsternis befindest. Wie weiß man das? Wer sich um die Erfüllung gewisser Bedingungen nicht ernsthaft bemüht, ist unterhalb der Grenzscheide. Der sogenannte »Anstand« genügt da nicht. Um sich auszuzeichnen, muß man einen Schritt weitergehen. Man muß schon ein wenig mehr Mut zeigen als der sogenannte bare Anstand erfordert, dazu ein ganz klein wenig mehr Gefühl für eigene Mängel als dieser bare Anstand verlangt und muß schließlich ein ganz klein wenig mehr Willenskraft aufbringen, diese Mängel zu beheben und über den Durchschnitt hinauszukommen. Sonst nichts. Aber ihr seid ja schon selbstzufrieden, wenn ihr etwas mit den Ansprüchen eines normalen Anstandes Unvereinbares unterlassen habt. Was aber habt ihr denn getan, das über den Feld-Wald-und-Wiesen-Anstand hinausginge? Habt ihr gelitten, weil ihr euch für eine Person oder eine Sache in die Schanze schlugt, weil ihr eure Fehler verabscheutet oder weil eure Mühe, sie auszumerzen, euch übers erträgliche Maß belastete? Wenn nicht — seid ihr unterhalb der Grenzlinie! Bestenfalls balanciert ihr auf der Schwelle, welche die Welten des Lichtes und der Finsternis voneinander scheidet, bestenfalls schwankt ihr zwischen der von beiden Polen gleichermaßen ausgehenden Anziehungskraft. Nach allem was ihr nun wißt, nimmt es euch sicher nicht wunder, wieviel mehr Leute unterhalb als oberhalb existieren. Wer im Unmaß ißt, trinkt oder raucht, ist solch ein Opfer — das Opfer eines ganz geringen Teufels, aber immerhin eines Teufels. Wer dem Sexuellen übermäßig frönt, wer sich in den Dingen, die seinem seelischen oder leiblichen Wohlbefinden nachhaltig schaden, nicht beherrscht, ist solch ein Opfer. Weiter unten begegnen wir den Handlangern der Hölle, denen, die

42

anderen Menschen Schaden zufügen, den Dieben, Brandstiftern, Mördern, — sie alle werden von den Herren der Hölle manipuliert. Das ist nicht bildlich zu verstehen; es ist die wörtliche Wahrheit. Nicht gerade eine des 20. Jahrhunderts, in der ein so vulgäres und veraltetes Etwas wie ein Teufel nicht auftaucht. Bewahre! Wenn überhaupt, so wäre es wohl ein Jungscher Archetyp von einem Teufel oder ein rein symbolischer oder ein Abstraktum wie die »Pique Dame« Puschkins, wie der »Wizard of Oz« oder die »Jumblies« aus den entzückenden »Nonsense Rhymes« von Edward Lear.

Aber der Teufel ist nichts weniger als eine Fiktion. Und sein Einfluß auf die Lebenden ist genauso stark, wenn nicht stärker als auf die Toten. Denn er hat eine bessere Handhabe, solange ihr des Fleisches Erben seid, Besitz sammelt, den Nachbarn betrügt und seine Frau verführt und so hinunter bzw. hinauf zum Diktator, Kriegshetzer, Großunternehmer. An Verführungen hat die Welt mehr zu bieten als die Hölle, und der Teufel läßt keine Gelegenheit aus, noch einen Toren zu erwischen, denn Toren sind's, die dauerndes Glück der Lust, dem Ehrgeiz und der Habsucht opfern. Zumal der Teufel auf Erden ja unsichtbar und daher umso mächtiger ist: wer vermutet ihn schon hinter den Vorstellungen, die in uns aufsteigen und angeblich unserem Unterbewußtsein entstammen, die aber er heraufbeschworen? Sie mögen durch unser Unterbewußtsein aufgestiegen sein, dort von ihm gleichsam deponiert; verbunden mit unseren verborgensten Wünschen, tauchen sie dann in Form gewaltiger Verlockungen auf — denn der Teufel ist ein Meister seines Handwerks, er betreibt es schließlich seit Millionen Jahren — nicht immer derselbe, sondern der Teufel in abstracto. Engel vermitteln ebenfalls Vorstellungen, doch sind die mit ihnen verbundenen Wünsche meistens schwach und registrieren dementsprechend gering in unserem Bewußtsein. Sie nehmen vielleicht die Form eines Traumes, einer Vorahnung an, ergreifen uns aber gewöhnlich nicht mit der Vehemenz eines Wutanfalls oder eines sexuellen Verlangens. Ein Wutanfall kann freilich auf etwas schlimmeres zurückgehen als auf eine in unserem Unterbewußtsein hinterlegte Vorstellung. Der Teufel könnte von uns Besitz ergriffen haben. Ihr werdet fragen, wie so etwas selbst bei einem nur hypothetischen Teufel möglich ist. Wir gehen mit der Logik nicht lässig um. Ihr müßtet aber, um einen hypothetischen Teufel zu akzeptieren, ebenfalls ein gleich hypothetisches, auf universalem Gesetz basierendes System akzeptieren. Und diese Gesetzmäßigkeit, die ihr bitte bis auf weiteres akzeptiert, läßt unter gewissen Umständen das Eindringen der Seele in eine andere zu. Das geschieht, wenn eine Neigung zu dem einen oder anderen Laster besteht, eine Neigung, die sich noch nicht manifestiert hat — aber doch stark genug sein muß, eine Seele auf das Niveau eines Dämonen herabsinken zu lassen, der von ihr Besitz ergreifen will. Da sich nun beide Wesenheiten auf gleicher Existenzebene und gemeinsamer Wellenlänge befinden, kann der Teufel sein Opfer von innen und außen bearbeiten. Das Opfer ist nun Marionette und Werkzeug eines höllischen Herrn. Es landet im Gefängnis oder Irrenhaus oder wird ganz einfach von seinem »Besitzer« in den Selbstmord getrieben. Wie immer es abläuft, es endet in der Hölle, also da, wo es im Grunde, zwar ohne sein Wissen und Ahnen, schon immer war — ein allerdings extremes Beispiel.

Wie schon erwähnt, gibt es mehrere Höllen, vom tiefsten Abgrund bis hinauf zur Ebene direkt unter dem Himmel. Alle Wesenheiten — wie immer man sie bezeichnen mag — welche diese verschiedenen Ebenen bewohnen, sind fähig, noch lebende, ihrem eigenen Niveau entsprechende Menschen zu beeinflussen, und nicht nur dies: sie vermögen sich ihrer vollends zu bemächtigen. Dies, lieber Leser, dürfte eine Eröffnung von solcher Bedeutsamkeit sein, daß wir einen Moment einhalten wollen, um sie ganz aufzunehmen. Es ist ein in seiner Wirkung auf die Menschheit so enormes Faktum, daß alle, welche die menschliche Seele und menschliches Verhalten erforscht zu haben meinen, sich vor Scham verkriechen sollten. Es ist von allen mannigfachen Auslassungen die schlimmste, weil ihr Ignorieren euer Verhalten in solchem Maße beeinflußt, wie eure Philosophie es sich nie hätte träumen lassen. Gewiß, es gibt noch andere, euch unbekannte oder von euch ignorierte und bereits erwähnte Faktoren, Astrologie und Reinkarnation. Unter Astrologie verstehen wir den Menschen als Brennpunkt kosmischer Energien und unter Reinkarnation als Erben von in einer früheren Existenz gesammeltem Guten oder aufgehäuften Schulden. Aber davon abgesehen oder vielmehr in Zusammenhang damit ist Geistereinfluß wahrscheinlich der wichtigste Faktor, der euch zu dem macht, was ihr seid. Dies war allen Zeitaltern mit Ausnahme des 20. Jahrhunderts bekannt, allen! Allerdings war während des Mittelalters bis zum Beginn des 20. Jahrhunderts das Badewasser außerordentlich abgestanden, aber das Kind darin war in gutem Zustand. Ihr aber habt, ebenso wie damals mit Gott, diese große Wahrheit ausgeschüttet, woraufhin sie so gut wie vergessen wurde — mit Ausnahme der Tatsache allerdings, daß sie sich mitunter in nicht zu ignorierenden, pathologischen Fällen weiterhin manifestierte; im Zustand der Betrunkenheit, unter dem Einfluß von Rauschgiften und Visionen, letzteres freilich auf einer viel höheren Ebene. Diesen Visionen aber schenktet ihr ebensowenig Glauben wie den Halluzinationen der Irren. Sie wurden als rein subjektive Phänomene interpretiert. Doch — ihr werdet wohl zu verstehen beginnen — sind sie beides: Manifestationen von oben und von unten. Und so wird es bleiben, solange euer Planet die Sonne umkreist und bleibt, was er ist. Er wird aber nicht in alle Ewigkeit in seinem jetzigen Zustand verharren. Er wird sich auflösen und verschwinden, und zukünftige Menschen auf neuen Planeten werden sich seiner nicht entsinnen.

Mittlerweile sind wir aber hier: Geister früherer Männer und Frauen, und befinden uns auf verschiedenen Existenzebenen, besorgt um euch und auch eifersüchtig auf euch, zumindest die unter uns, die irdischem Verlangen noch nicht entwachsen sind. Andere aber sind euch voraus und bemüht, euch zu helfen und euch zu vervollkommen. Und ihr, die ihr noch inkarniert seid, könnt Sein oder Nicht-Sein wählen. Nicht im Sinne Hamlets, sondern in Jesu Sinn, als er von den Lebenden und Toten sprach und euch den Weg wies, dem ihr folgtet oder den ihr verschmähtet, den Weg, dessen eure Seele sich entsinnt oder den sie vergißt, nicht eigentlich vergißt, sondern gleichsam zuschüttet mit einer Masse von Indifferenz, die nur ein schwerer Schock zu beseitigen vermag — den Weg also, den ein Schleier von Nicht-Wissen-Wollen verdeckt und den eine Anhäufung falscher Begriffe unzugänglich macht. Und so lebt ihr dahin — in völliger Unwissenheit, ein Spielball von euch gänzlich unbekannten Kräften, die ihr unbewußt willkommen heißt, ohne ihre Herkunft auch nur zu ahnen. Wir hier sehen euch und schaudern und versuchen euch zu warnen, doch schlagt ihr alle Warnungen in den Wind. So fristet ihr die euch zugemessene Spanne Zeit wie betäubt, und erwacht schließlich in einer — milde gesagt — krassen und unschönen Wirklichkeit. Krass und unschön, wenn ihr im Leben versagt habt. Vermochtet ihr aber, die Hülle von Ignoranz und Lethargie abzustreifen, geht ihr in ein so herrliches Leben ein, daß es eure kühnsten Träume übersteigen wird. Viel ist über den Zustand, den man als Himmel bezeichnet, geschrieben und geredet worden, aber jeder Versuch, ihn darzustellen, muß allein an den euch fehlenden Farben und Worten scheitern. Wir hier, also die von uns, die bereits knapp unter der Schwelle sind, sehen den Himmel, doch ist es mehr, als unsere Sinne aushalten können. Wir sehen ihn, ohne ihn deshalb schon ertragen zu können. Während unseres Aufstiegs aber verändert sich der Stoff unserer Seele und wird immer mehr zu dem, woraus der Himmel besteht. Und so, in neuen Körpern — denn wir haben eine Art von Körper — empfinden wir nicht nur Seligkeit, sondern verwandeln uns in sie. Ähnlich wandeln wir uns zu Elend, wenn wir uns fallen lassen. Man ist also nicht im Himmel oder in der Hölle, man wird dazu. Und nicht nur wird man sie eines Tages, man ist sie schon jetzt. Ihr ahnt das freilich, es fehlen euch aber die Zusammenhänge, es gänzlich zu ermessen. So leidet ihr vielleicht Höllenqualen, ohne zu wissen, woran ihr leidet. Aber verwechselt nur nicht momentanen Genuß mit wahrer Seligkeit und nicht die Misere des Augenblicks mit der Hölle!

Allen Tendenzen der heute so »aufgeklärten« und reichlich wirren, modischen Lehren zum Trotz ist immer noch das Leiden der große Verwandler und Verklärer eurer Seele. So mag sich eine dem Him-

mel nahe Seele einen Leidenstrank ersehnen und empfängt auch die
große Läuterung, die dem Leiden entspringt. Leiden bedeutet nicht,
daß du dich im Stande des Irrtums befindest. Entweder kommt es dir
ganz normal und gerecht zu, und zwar als eine im jetzigen oder früheren Leben auferlegte Strafe, oder aber eine Seele verlangt leiden-
schaftlich sich zu vollenden und ist bereit, die Vollendung selbst um
den Preis des Leidens, ja des Martyriums herbeizuführen. Märtyrer
sind nicht nur die, von denen die Legende spricht. Auch heute kann
man Märtyrer sein — und viele sind es. Viele haben ihr Leben einer
Idee zum Opfer gebracht, ohne daß die späteren Annalen es auf-
zeichneten. Hier ist das anders. Manch einer, dessen Leib in eurer
Welt keine Ruhestätte fand, ist hier ruhmvoll eingezogen. Der unbekannte Soldat, der unbekannte Heilige — mancher unbekannte Heilige hat sein Leben einem Ideal geopfert; manchmal war es das Opfer
gar nicht wert. Von hier aus gesehen, geht es immer um den Beweg-
grund und wes Geistes Kind einer ist, der das Opfer bringt, nicht um
die Sache selbst. Was wurden doch schon für erhabene Opfer aus purer Eitelkeit dargebracht, aus Rachsucht, Verzweiflung oder Bravour;
ein bißchen Idealismus mag dabeigewesen sein, aber kaum genug,
um uns zu täuschen! So opfert der vermeintliche Heilige sein Leben
umsonst, nicht im Hinblick auf die womöglich wertvolle Sache
selbst, wohl aber, was seine eigene Seele betrifft. Seine Seele hat keinen Gewinn und — sub specie aeternitatis — ist das weniger als eine
Geste, es ist eine Sünde. Weshalb auch eure Helden und Heiligen
nicht die unseren sind. Ihr werdet euch wundern, wenn ihr unser
Pantheon betretet. Viele eurer beglaubigten Helden und Heiligen
werden fehlen. An ihrer Statt wird euch Neuankömmlingen eine
Anzahl unbekannter Wesen begegnen, die wir als wahre Helden und
Heilige ansehen. Eure Fehleinschätzungen amüsieren und jammern
uns. So wenig Einsicht, so wenig Sinn fürs Wichtige! Bedauernswert
die Verkannten wie die Verkennenden! Wer euch inspirieren könnte, den ignoriert ihr, und wen ihr ignorieren solltet, auf den hört ihr
leider. Tag für Tag und Nacht für Nacht haben wir eure Unzulänglichkeit vor uns und können es euch nicht sagen, weil ihr uns im

wahrsten Sinne des Wortes nicht »empfangt« — und könntet es doch! Aber ich, Aldous Huxley, Sohn von Leonard Huxley, Enkel von Thomas H. Huxley, war nicht anders. Ich beschuldige mich des gleichen Vergehens — wie Millionen andere — nur mit dem Unterschied, daß ich das Denken meiner Zeit bis zu einem gewissen Grade beeinflussen konnte. Und das tat ich auch. Aber was ich empfing, kam leider von minderen Sendern. Anders als unzählige Autoren schrieb ich vielgelesene Bücher und genoß das Vertrauen manch eines arglosen Lesers. Die Erlebnisse, die ich in »The Doors of Perception« (»Die Pforten der Wahrnehmung«) beschrieb, fanden viele Leser, und ebenso groß war die Leserschaft von »Island«. In den »Pforten der Wahrnehmung« beschrieb ich lediglich die Wirkung halluzinogener Mittel, im letzteren aber empfahl ich sogar ihre Anwendung. Wie wenig wußte ich, wie gefährlich und destruktiv diese Mittel waren. Erst hier wurde mir das klar.

Leser, wenn du aufrichtig und unvoreingenommen bist, versetze dich in meine Lage. Ich hatte ein Rauschgift empfohlen, über das man seinerzeit nur wenig wußte; und seit meinem Tode ist nicht viel an Wissen hinzugekommen. Ein Mittel also, über dessen Wirkung auf den irdischen Menschen wenig und auf den euch unbekannten geistigen überhaupt nichts bekannt war. Leider ist es aber gerade dieser euch unbekannte, seiner sterblichen Hülle ledige Mensch, der fortlebt. Dieser nun wird so gut wie zugrundegerichtet und vernichtet durch etwas, das ich euch, so ihr die nötige Geduld aufbringt, noch gerne beschreiben möchte.

Hier gewahrt dann dieser selbe Mensch mit einem einzigen Blick, wer und was er ist. Von sich selbst gerichtet, ist er eins mit einer niederen oder höheren Existenzebene, im Abgrund der Hölle oder auf beseligenden Höhen, Bestie unter fauchenden Bestien, plötzlich seiner Lage bewußt und in einer Falle gefangen — oder in einem Lichtreich von unvorstellbarem Glanz erwacht. Oder er mag sich in einer Welt befinden, der gerade verlassenen recht ähnlich, mit Gärten und freundlichen Menschen, Bächen und grünenden Hügeln oder aber in einer weniger freundlichen usw... Ich hatte erwartet, in einer doch recht angenehmen Umgebung zu erwachen und befand mich in der Tiefe der Hölle; nicht der allertiefsten, aber dort, wo sich Szenen abspielten, die mich zwar befremdeten, die mir Damaligem aber doch seltsam und seit langem vertraut waren. Ihr nennt es »Unterbewußtsein« anstatt »Tiefe der Seele«, weil ihr sie als ganzes abgeschafft habt, moderne und superkluge Menschen, die ihr seid. Auch ich hatte mich meiner Seele entledigt, aber sie sich nicht meiner. Sie war da, von mir verleugnet, leidend und wissend. Weltmännisch und aufgeklärt, wie ich war, wußte ich es besser und wünschte nicht von ihr behelligt zu werden. Und so verschloß ich mein Ohr der Stimme, die aus meiner Seele Tiefe zu mir sprach und mich flehentlich warnte, bis sie endlich verstummte. Und so, von ihr unbehelligt, verfaßte ich die beiden genannten Bücher. Es waren ja — alle schienen sich einig darüber zu sein — recht gute Bücher, wie ich es mir auch selbst, dumm-stolz, einredete. Mit dieser guten Meinung war es aber vorbei, als ich hier in dieser seltsam an das Dantesche Inferno gemahnenden Welt erwachte. Dante hatte ja schon zu Lebzeiten Einblicke in die Hölle gehabt, und wenn sich unsere Beschreibungen ähneln, so deshalb, weil es die Hölle gibt und wir sie beide erlebten. Nur war Dante in der glücklichen Lage, dort nur Besucher zu sein, während ich ihr Bewohner war, zwar nicht auf ewig, aber doch unabsehbar lang dorthin verbannt. Niemand hier weiß, wie lange er zu seiner Läuterung braucht, nicht einmal Jesus, Vertreter Gottes auf diesem kleinen Planeten. Nicht einmal er kann voraussehen, welchen Kraftaufwand eine Seele innerhalb einer bestimmten Frist und zu einem bestimmten Zweck zu leisten vermag. Und so befand ich mich in einer von Dantes Höllen — nun aber nicht mehr Legende wie früher, sonder krasse, stinkende, schwelende, abscheuliche und dazu noch unvermeidliche Wirklichkeit.

Was hatte ich verbrochen, um dorthin verbannt zu werden? Ich wollte es auch wissen — dabei wußte ich es im Grunde. Ich wußte es, ehe ich dorthin kam. Ich war bereits vor meinem Tode in der Hölle, allerdings ohne es wahrhaben zu wollen. Jetzt mußte ich mir's zugeben und das schmerzte, umsomehr übrigens, als es mir gelungen war, alles Unheilverkündende und alle vernommenen aber ignorierten Warnungen mit Erfolg zu verdrängen. Warum das alles? Daß ich es nicht besser wußte, scheint von hier aus gesehen barer Irrsinn. Ungereimt und unglaublich! Ich hatte ein Rauschgift empfohlen, das uns sehend machen sollte. Sehend? Zum Ansehen höherer Welten? Wie konnte eine Droge sehend machen! Dazu hätten Verdienste, nicht bloßes Pillenschlucken geführt! Wie konnte ich, der ich schließlich Meister Eckhart, Theresa von Avila, Ruysbroek und Johannes vom Kreuz gelesen hatte, der ich die Upanischaden und andere heilige Schriften kannte, einen derart verheerenden Fehler begehen und Rauschgift empfehlen? Gewiß, ich habe selbst diese Frage beantwortet, welche Leute, die es besser wußten, an mich richteten — und ich habe sie falsch beantwortet. Ich legte in »Island« einer unwürdigen Gestalt die rechte Antwort in den Mund und machte sie damit zunichte. Tatsächlich versuchte ich mein Gewissen zu beschwichtigen, zu widerlegen, zu übertönen. Völlig war das nicht gelungen, aber die warnende Stimme war bis tief hinunter »abgestellt«, bis ins »Unterbewußtsein«, also bis in die innerste Seele. Diese aber registrierte treulich alle meine Missetaten, durch sie verwandelt und eins mit ihnen. Und sie war sich vollends bewußt, daß dank meiner Empfehlung von LSD und ähnlichen Rauschgiften andere nun glaubten, solch mechanische Mittel könnten eine Entwicklung ersetzen, die Zeit und Kraft erfordert und übrigens der einzige Weg zu höheren Bewußtseinszuständen ist.

Aber konnten sie es denn? Freilich, wer mit diesen Mitteln experimentierte, hatte aufregenden und wahren Erlebnissen nicht unähnliche Erfahrungen zu verzeichnen; von den wahren Erlebnissen hatte übrigens keiner von uns auch nur eine Ahnung. Das führte freilich dazu, daß man allerhand an deren statt akzeptierte. Zahllose Menschen tun nichts anderes, und warum auch nicht? Spielt sich das, was sie erlebten, denn nicht in einer anderen Dimension ab? Haben sie etwa keine Schein-Offenbarungen, die neues Licht auf bisher unbekannte Aspekte des Lebens werfen? Schweben sie etwa nicht unter Sternen? Sind sie etwa nicht in herrliche Farben, Töne und Wohlgerüche getaucht? Haben sich ihnen et-

wa nicht die Pforten zu neuen Wahrnehmungen geöffnet? Und wie!
Aber was sie erlebten, ist Maja und schlimmer als Maja: Blendwerke,
ihnen einzig und allein zur Irreführung vorgegaukelt.

Ihr ahnt ja nicht, was vor sich geht, wenn halluzinogene Stoffe in
euch wirken. Wir aber wissen es. Laßt es euch berichten, Leser, und
ihr, unselige Genießer dieser äußerst gefährlichen Mittel. Vielleicht
habt ihr es aus Neugierde probiert oder um eine Theorie zu prüfen
oder weil ihr, allen Behauptungen entgegen, psychisch, wenn nicht
physisch, süchtig geworden seid. Denn von allen diesen Mitteln geht
ein gewaltiger Reiz aus, und wenn sich euer Nervensystem erst einmal an diesen Reiz gewöhnt hat, ist es äußerst schwierig, wieder auf
einen solchen Zauber, seine freudige Erregung, gehobene Stimmung
und seine vermeintlichen Offenbarungen zu verzichten. Aber diese
Farben, Töne und Wohlgerüche sind Trug. Ja, es gibt sie, und sie
werden euch auch durch einen Vorgang zuteil, den ich noch beschreiben werde — aber sie gehören euch nicht. Sie gehören euch so
wenig wie ein gestohlener Wagen. Man könnte es auch so beschreiben: ihr habt zu einem gewissen Zeitpunkt einen klar bestimmten
Rang erreicht, dessen ihr euch aber nicht notwendig bewußt seid.
Von außen ist daran nichts zu ändern. Doch ist es möglich, Eindrücke und Bilder aus einer weit höheren als der euch zukommenden
Sphäre aufzufangen, etwa wie uns das Fernsehen Bilder vom Hima-
laja vermitteln kann. Selbst hier sind solche Kunstgriffe möglich. Sie
werden angewandt, um Wesenheiten in den unteren Sphären zu zeigen, was sie erwartet, wenn sie nur die dazu notwendige Kraft auf-
brächten. Man verwendet sie also, um dem Mut zu machen, der sich
emporarbeiten will und weil sie seine Kraft und Ausdauer schaffende
Sehnsucht erwecken. Das Öffnen von normalerweise verschlossenen
Pforten ist gewissen Rauschgiften eigen. Und gewisse Menschen nei-
gen mehr als andere zu Rauschgiften. Nicht jeder ist gleicherweise
zugänglich. Was das Halluzinieren selbst betrifft, so gibt es da völlige Versager; ihre Wahrnehmungspforten sind einfach nicht zu öffnen. Andere hingegen erleben Unangenehmes. Der Grund dafür
liegt im ersten Fall im Temperament (astrologisch gesprochen)

und im zweiten an der niederen Existenzebene, der sie angehören. Es liegt auf der Hand: das Öffnen einer Wahrnehmungspforte ist für einen Bewohner niedriger Sphären ein Schock. Dies ist ein Grund, weshalb halluzinogene Drogen so überaus gefährlich sind. Auf einer niederen Ebene ist man, bewußt oder nicht, in der Hölle, aber dies aus dem heiteren Himmel der Ignoranz zu erfahren, ist mehr als manch eine Seele aushält. Die Folgen sind bekannt: völlige geistige Zerrüttung, Krankheit und sogar Suizid. Was aber den honetten, überdurchschnittlichen, wenn auch ahnungslosen Suchenden betrifft, so gilt für ihn das bereits Erwähnte: die Euphorie, die ihn angehenden Pseudo-Offenbarungen, das fälschliche »High« — kurz das ganze Feuerwerk in seiner magischen Pracht. Denn es ist Magie, ihr Lieben — ich gehe nicht so weit, es »schwarze« Magie zu nennen, nenne es nur äußerst gefährliche Magie. Was man euch da vorführt, kommt nämlich von jenen hier, die sich für Wissenschaftler halten, was sie auf gewisse Weise auch sind, aber Wissenschaftler auf einer niedrigen Ebene. Sie wollen euch nicht zugrunderichten, tun es aber. Jetzt, da es zu spät ist, weiß ich, daß ich eines ihrer Opfer war. Ich habe sie gesehen und die ganze Sache mit ihnen besprochen: die meisten wußten nichts von ihrer Rolle, die sie spielten und waren entsetzt. Was hatten sie eigentlich getan?

Sie hatten gewöhnlichen Sterblichen Ausblicke und Informationen einer höheren Welt vermittelt, für die jene noch nicht reif waren. Aber die Empfänger verschlangen sie gierig, sehr zu ihrem Schaden. Denn was sie verschlangen, war nicht für ihren Magen, bzw. ihre Seele gedacht, als gäbe man einem Säugling Whisky anstatt Milch. Die Bilder selbst waren natürlich über alle Maßen schön, aber was auf diese Weise an Information oder Einsicht gewonnen wird, ist äußerst irreführend, da es überhaupt keinen Bezug hat auf niedere Sphären. Und nicht nur das, sie berauben die der niederen Sphäre angehörige Seele ihres eigenen Antriebes, einen schwierigen Weg weiterzugehen; stattdessen setzt man ihr verkehrte Ideen in den Kopf und sie meint, sie sei schon oben angekommen. Anstatt sich also auf dem schweren Himmelspfad abzuplagen, glaubt sich die Seele bereits auf dem Gipfel des Erkennens. Dazu kommt ihr jegliches Verlangen abhanden, den schweren Weg fortzusetzen. Und so gleitet sie ab, von unten angezogen, fällt mit immer stärkerer Schwungkraft, weil ihre Selbstzufriedenheit, durch Rauschgift gesteigert, das Fallen beschleunigt. Wegen eines von Unwissenden empfohlenen Mittels und einer Bereitschaft ähnlich Unwissender bei uns, sind Menschen auf den abschüssigen Pfad gekommen. Und das, weil ich und andere ihnen die Wunder einer Droge wie Meskalin gepriesen hatten.

Und weshalb pries ich sie ihnen? Weil ich wahrhaftig glaubte, sie könnte uns innerlich weiterbringen. Andere wußten es freilich besser, aber ich war schließlich, so meinte ich, klüger als sie. Ich war doch gebildeter und hatte tiefere Einblicke und konnte mich auch gewandter ausdrücken. O Eitelkeit der Eitelkeiten! Wie eitel kann eine Kreatur dann werden und dabei doch fallen, sinken und herunterkommen. Schau ich heute von hier auf mein Erdenleben zurück und auf alle seine mir jetzt bewußten Einzelheiten, sehe ich eine zunächst zu einer relativen Höhe ansteigende und dann plötzlich abfallende Entwicklung, die schließlich auf einen Punkt sinkt, der tiefer als mein Anfang liegt. Sie war weit unter die Grenzscheide zwischen Himmel und Hölle gesunken — nun steigt sie wieder ganz langsam, einem nahe an der Schwelle jener Grenzscheide liegenden Punkte zu. Dort muß ich warten, bis der letzte von mir zu Fall gebrachte Mensch gerettet ist. Gerettet durch eigene noch zu Lebzeiten gewonnene Einsicht oder von außen beeinflußt oder durch nachtodliche Selbsterkenntnis. Je eher meine Stimme vernommen wird und je eher die noch immer diesen Mitteln Verfallenen ihre schädliche Gewohnheit aufgeben, desto rascher werde ich aus meiner karmischen Verstrickung befreit sein.

Karmische Verstrickung: bis über die Ohren stecke ich darin! Kaum kann ich selbst auch nur ein flüchtiges Bild jener Welten erhaschen, die ich als mittelbares Instrument des Teufels anderen Menschen verschwenderisch vorgaukelte. — Welten, außer deren beseligendem Trost ich in einer sonst freudlosen und unschönen Gegenwart lebte, völlig freudlos und unschön und öde, gäbe es nicht die

Hoffnung, nein, die Gewißheit, während dieses Diktats verwandele sich eine schreckliche Gegenwart bereits in eine Vergangenheit, die eines Tages so gut wie vergessen sein wird.

* * *

Lieber Leser, ich möchte diese Schrift nicht auf einer Note der Verzweiflung enden; ich bin zwar noch auf der Schattenseite, diesseits der Grenzscheide, doch stützen mich alle, die mich noch lieben, bewußt oder unbewußt. Liebe ist fürwahr etwas Herrliches. Wenn die Menschen es nur wüßten. Wie viele Lieder preisen die Liebe und was sie vermag — was sie alles vermag, bei euch und bei uns! Liebe, das Wort, als Stickerei, als Ruf auf den Lippen von tausend und einem Liebespaar, auf dem Fernseher, in Reklamen, von der Kanzel, im Boulevardblatt, dies mannigfaltige charismatische Etwas, Liebe was vermag sie nicht alles!

Von hier aus gesehen, müßte vieles, was ihr Liebe nennt, einen anderen Namen haben — aber ein Gutteil der von euch ausgestrahlten Liebe erreicht sein Ziel. Sie verwandelt sich in Linderung, die sänftigender ist als aller heilende Balsam. Und sie erreicht den, welchem sie bestimmt ist, bei euch und hier. Wir empfinden diese verwandelnde Kraft der Liebe stärker als ihr. Wir hier laben uns daran, sie erquickt uns, jedenfalls alle dem irdischen Verlangen Entwachsenen. Sie ist unserer Seele kräftigendste, verjüngendste, belebendste und ermutigendste Kost. Sie ist unser s i n e q u a n o n, nicht nur für die noch Leidenden, auch für die Glückseligen. Gott selbst, wäre er Person, bedürfte ihrer, um Gott zu bleiben. Um wieviel mehr bedarf ein Mensch der Liebe! Er käme ohne sie um. Denn wer im Abgrund der tiefsten Hölle die Liebe von sich weist, weil er ist, wie er ist, der ist so gut wie tot.

Liebe nährt die Seele. Zuoberst Liebe, dann Hoffnung. Liebe ist umsonst zu haben; nicht notwendig von dem Wesen, von dem man sie ersehnt, sondern aus Gott, dem unerschöpflichen Liebesvorrat. GOTT IST LIEBE. Wie oft haben wir das gehört. Alle Texte aller heiligen Schriften bezeugen es fortgesetzt. Aber wie oft haben wir es wieder vergessen. Und haben wir es denn je wirklich verstanden? Daß Liebe unentgeltlich ist, da ist und nur hingenommen werden muß. Viele weisen Liebe von sich. Nicht völlig, wie eine für alle Liebe ganz und gar verlorene Seele, aber gleichsam gepanzert, so daß alle Liebe von uns abprallt, es sei denn, wir hätten sie gefordert. Wir fordern, daß der oder jener uns liebt, und tut er uns den Gefallen nicht, so sind wir verstimmt. Wir möchten eine bestimmte Person und ihre Liebe besitzen; Liebe aber verlangt und besitzt man nicht; man nimmt sie dankbar hin, aber fordert sie nicht. Warum eigentlich nicht?

Wahre Liebe ist universal; einem Element oder einer Substanz wie Gold vergleichbar; weder Derivat noch Legierung, vermag sie sich aber anderen Gefühlen beizumischen — ein universales, einzigartiges auf nichts zurückführbares Etwas. Gott ist ihr Ursprung; nicht, daß sie ihm entflösse; sie ist Gott. Und wir empfangen ihn mit jeder Gabe von Liebe. Wahrhaft Eingeweihte haben es schon immer verstanden, aus dieser Quelle zu schöpfen und sich, wenn sie es wünschten, ausschließlich von ihr zu nähren. Denn Liebe läßt sich in eine nährende Essenz oder eine heilende und belebende Kraft verwandeln. Man braucht nicht bis auf Jesus oder auf Alexis Carrels Schrift über Lourdes zurückgehen, um etwas über spontane Heilungen zu erfahren. Bis vor kurzem konnte man solche Heiler am Fernsehen beobachten, obschon nicht jeder Heilungsuchende zu heilen und nicht jeder Zuschauer von einer Heilung zu überzeugen ist. Tausende von Fällen sind aber von prominenten Ärzten bestätigt worden.

Ebenso bezeugt — und zwar nicht nur von prominenten Ärzten, sondern auch von nur schwer zu überzeugenden Theologen — war das Fasten der großen Stigmatisierten Therese Neumann, die bis 1962 im bayerischen Dorf Konnersreuth lebte. Thereses Fasten, das mehr als 36 Jahre währte, ist noch heute ein Rätsel für alle, die seine Lösung im Rahmen moderner Denkbegriffe zu finden hoffen, wo sie natürlich nicht zu finden ist. Die Lösung ist ganz einfach: Therese wurde wortwörtlich durch Liebe gespeist.* Ich führe sie an, weil sie ein gutes Beispiel für die Umwandlung nicht materieller in materielle Energie ist. Konnte sich Therese von Konnersreuth von Liebe ernähren, wie »wirklich«, wie greifbar muß diese Nahrung gewesen sein! Wir wissen dies, und mit Ausnahme derer, die sich absichtlich von der göttlichen Liebe abgewandt haben, gedeihen wir in ihr und beglücken und erquicken uns an ihr. Ja selbst wir, noch diesseits der Grenze. Je dichter aber der Stoff unserer Körper und die uns umgebende Sphäre noch sind, in umso schwächerer Form erreicht uns die

---

* Hier handelt es sich um eine Vereinfachung Huxleys, der diese Botschaft im Jahre 1965, also nur anderthalb Jahre nach seinem Tode, diktierte, mithin lange vor der Entstehung des 1977 veröffentlichten Buches »Von Drüben«. In diesem Buch taucht zum ersten Mal der Begriff »Pi« auf und zwar als Träger sämtlicher das Weltall durchkreuzender Energien. »Pi« wird mit Elektrizität verglichen, ehe sie sich in Licht, Wärme, etc. verwandelt oder aber mit einem Laser, der ebenfalls verschiedene Formen annehmen kann; hier nun ist »Pi« Träger von etwas Zusätzlichem, in diesem Falle eben der Liebe, mit der verbunden »Pi« zu einer nährenden Kraft wurde und dieses Wunder bewirkte.

Während ich diese Fußnote formulierte, meldete sich plötzlich THERESE NEUMANN
Grüß dich Gott, Eva; ja ich bin die Therese.
Wirklich?
Ich bin jetzt im siebenten Himmel — nein, wart, das stimmt nicht ganz. Also, da kenn ich mich nicht so aus.
Hast du Jesus gesehen?
Nein, noch nicht.
Wie ist das möglich?
Ich bin ja erst kurz hier. Sieben Jahre. *(Tatsächlich sinds vierzehn)*
Das ist doch nicht so kurz!
Es ist alles ganz anders als wirs g'lernt haben.
Kanntest du Jesus nicht in einem früheren Leben?
Ich erinner mich nicht daran.
(Ich überlege, wie das möglich ist.)
RICKI: Eva, sie ists schon — versteht aber nicht viel mehr als auf Erden.
Auf welcher Stufe ist sie denn?
Ziemlich hoch. Warte! - - - Auf der 7. der VI.
Und wieso hat sie Jesus nicht gesehen?
Vielleicht hat sie ihn gesehen und es nicht verstanden.
Seltsam
Ja, eine ganz merkwürdige Person. Eine Heilige, aber ungemein beschränkt.
THERESE: Also, dann auf Wiedersehen, Eva.
Ich freu mich, daß du gekommen bist.
Ich kenn dich schon lang, Eva.
??
Ja doch! Segn' dich Gott. Im Namen des Vaters, und des Sohnes, und des heiligen Geistes. Amen.

göttliche Liebe. Sie selbst ist nicht eigentlich abgeschwächt, sie vermag jedoch unsere Panzerung nicht völlig zu durchdringen. Das ist eben, wenn man es so nennen will, unsere Strafe oder, genauer, es ist eine Begleiterscheinung unseres Zustandes. Weshalb ist es kälter und dunkler in der Hölle? Weil die Sonnenstrahlung der Liebe nicht durchdringen kann. Anders gesagt: dort, wo Liebe nicht mehr durchdringt, ist Hölle.

Mir blutet das Herz, wenn ich die zahllosen, gänzlich von Gott abgewandten Seelen sehe. In der Hölle lebt, wer sich, in Verzweiflung Gott zugewandt, und wer sich, als wäre es für immer, von ihm abgewandt hat. Beide mögen sich auf der gleichen Existenzebene befinden, die einen steigen aber, und die anderen sinken tiefer und tiefer ab. Wie tief kann eine Seele fallen? Endlos — wären der Fähigkeit, böse zu sein, nicht Grenzen gesetzt. Der größte Tiefstand ist relativ schnell erreicht, während die Sublimierung — das Ansteigen und Läutern — sich fast unendlich lange fortzusetzen vermag.

Gewisse esoterische Lehren — und sie entsprechen zu einem hohen Grade der Wahrheit — reden von sieben Ebenen, jede davon wieder in sieben Zonen unterteilt. Die erste Zone der ersten Ebene ist die tiefste Hölle. Die Grenzscheide liegt genau zwischen der siebenten Zone der zweiten und der ersten der dritten Ebene: der Himmel nimmt also mehr Raum ein als die Hölle. Und mit Recht: die Sublimierung kann, wie gesagt, anscheinend ad infinitum weitergehen, selbst über die siebente Zone der siebenten Ebene hinaus, wo sie sich dann aber aus unserem Gesichtskreis hinaussublimiert hat. Jesus ist sogar jenseits der höchsten Ebene, aber ihr doch nah genug, um erreicht zu werden. Nicht etwa, daß dieses Erreichen selbstverständlich und mühelos wäre; eine beiderseitige Verständigung ist aber möglich. Jesus ist zu erreichen. Es bedarf jedoch eines »Transformators«, um das von ihm Ausgehende gewissermaßen auf eine geringere Frequenz zu bringen. Denn Seele und das von ihr Ausströmende sind mit der zugehörigen Existenzebene eins. Demgemäß muß eine von einer höheren Ebene kommende Botschaft, um auf einer niedrigeren Ebene vernehmbar zu sein, auf eine geringere Schwingungszahl gebracht werden.

Wenn Jesus spricht — oder Buddha oder irgendeiner der vielen Heiligen in den höheren Sphären, wird gleichsam eine Meldekette gebildet. Wer sich auf einer etwas niedrigeren Ebene befindet, gibt die von oben kommende Mitteilung mit verringerter Vibration weiter, und so fort, wenn nötig bis in die Tiefe der Hölle, was aber nur selten geschieht. Im allgemeinen wird eine Botschaft nur erbeten, wenn sie verdient ist und der Bittende sich bereits ein gutes Stück auf dem Wege zur Vollkommenheit befindet. Es kommt mitunter vor, daß eine Anzahl Menschen eine Vision höherer Welten empfangen. Einzelne haben Visionen, wenn sie auf der Stufe angelangt sind, welche der Wellenlänge dieser Vision entspricht; erleben aber viele gleichzeitig eine Vision (manchmal sogar als geschriebenes Wort), muß die Botschaft auf eine dem Druchschnittsmenschen angemessene Wellenlänge reduziert werden.

Eine andere Möglichkeit euch zu erreichen — übrigens die gebräuchlichere — ist mit Hilfe eines sogenanntem Mediums. Empfängt das Medium die Botschaft auf eine keinem anderen wahrnehmbare Weise, spricht man von mentalem Mediumismus. Vermag es hingegen Phänomene zu produzieren, die von allen gehört oder gesehen (oder beides) werden können, spricht man von physiologischem Mediumismus. In letzterem wird eine halbmaterielle Substanz, das Ektoplasma, angewandt, dessen materielle Komponente dem Medium entströmt. Wir möchten hier nicht weiter auf dieses komplizierte Thema eingehen; es muß genügen festzustellen, daß Ektoplasma ideoplastisch ist, was so viel heißt wie: es kann durch den Willen zu etwas Körperlichem, etwa zu einem Hebel oder zu einem schalldosen- oder kehlkopfartigen »Organ« geformt werden, durch das wir uns vernehmlich machen können. Diese Form des Mediumismus ist seit Menschengedenken eine unersetzliche Brücke zwischen unsichtbarer und sichtbarer Welt. Gleichviel ist ein solches Erlebnis für manche äußerst gefährlich, irreführend oder gar destruktiv. Und warum? Wie bei LSD und ähnlichen Mitteln kann man irregeleitet werden, aus-

nahmslos übrigens, wenn ihr LSD nehmt — ebenfalls, aber Gottseidank nicht ganz so oft, wenn ihr ein Medium aufsucht. LSD-
Konsum bewirkt auf die Dauer Täuschung; niemand würde es wiederholt nehmen, wenn es ihm nicht Visionen, die reine Maja sind,
vermittelte. Die Täuschung bei einer Séance ist anderer Art. Befindet sich das Medium auf niederer Stufe, ist es also ein Allerwelts-
Medium, so mag es einen Geist anlocken, der, auf ebenso niederer
Stufe stehend, durch die offene Pforte hereinspringt und den ahnungslosen Klienten an der Nase herumführt — viel schlimmer — er
mag ihn völlig verwirren oder, am allerschlimmsten, er verwirrt ihn
nicht, sondern überzeugt ihn, es habe ein großer Heiliger mit ihm
gesprochen. Freilich könnte ein solcher mit ihm gesprochen haben
— aber wer will das mit Sicherheit wissen? Und so sind wir wieder am
Anfang: nämlich bei jenem, der nach göttlicher Offenbarung hun-
gert und den infernalische Wesenheiten narren, die sich entweder
hinter einer Droge verbergen oder sich in eine Séance einschleichen.
Beide Opfer sind betrogen; das eine residiert zweifellos in der Hölle,
das zweite zweifellos nicht, von großen Heiligen umgeben, im Himmel. Satan als Sieger! Was für eine Sprache ins Ohr des 20. Jahrhunderts! Und dennoch, so leid es mir tut, muß ich sagen, daß wer diese
Zeilen liest, vielleicht schon in der Hölle ist, die er absurd und überholt findet, der er aber unrettbar und mit Haut und Haar angehört.

Und nun, geduldiger Leser, sind wir am Ende meiner Schrift. Es
täte mir leid, wenn ich dich aufgeschreckt habe, obschon ich das
auch wieder hoffe. Ich selbst bin nicht nur aufgerüttelt, sondern be-
reue zutiefst, daß Abertausende litten und verkamen, weil sie meinen in »Island« und andernorts gegebenen Rat befolgten. Denn ohne
mich und meine unseligen Vorschläge wäre so manche Seele bereits
auf dem Weg zu höheren Seinsebenen, nicht auf infernalische Wesen hereingefallen. Ich war ihr Fürsprech, vielmehr, ich war der Fürsprech von ehemaligen Wissenschaftlern, die guten Glaubens, aber
ohne das nur höheren Seinsebenen gewährte Verständnis gehandelt
hatten. Auf diese Weise waren sie nichtsahnend zu Handlangern der
Vernichtung geworden. Viele haben sich inzwischen gewandelt, an-

dere traten an ihre Stelle, recht zum Entsetzen jener, die es jetzt besser wissen.

Der einzige Weg, dieses Problem bei der Wurzel zu packen, ist Aufklärung der schon Verfallenen und Warnung jener Millionen, die bei Gelegenheit halluzinogene Mittel auszuprobieren vorhaben. Glücklicherweise ist das nicht ganz so einfach, wie man sich es gewöhnlich denkt. Das Gesetz hat halluzinogene Mittel auf ärztlichen, also wissenschaftlichen Gebrauch beschränkt. Zweifellos wird LSD in der Medizin eine Rolle spielen, wie Morphium und ähnliche Mittel, welche der leidenden Menschheit von Nutzen sein können, wenn sie als Medikament und nicht als Rauschgift verabreicht werden.

Ich möchte euch noch für eure Zeit und für eure von mir erhoffte Aufmerksamkeit danken! Möge diese Schrift nicht umsonst entstanden sein, solltet ihr zu denen gehören, die ich unwissentlich irregeführt habe. Mögen euch meine Informationen im Bunde mit eurer Vernunft bestimmen, diese bedauerlichen Praktiken aufzugeben. Um euret, um meinetwillen, vor allem aber auch um eines Ideales willen.

Dies Ideal: — oder nennen wir es Besserung, Fortschritt, Erleuchtung — oder lassen wir's namenlos und stellen uns einfach eine jenseitige Welt vor, vom Abgrund bis hinauf zu den Engeln und Heiligen, eine Welt, die von Myriaden transparenter Farben leuchtet, erfüllt ist vom Duft unsagbar schöner Blumen und durchdrungen von dem, was die Mystiker Sphärenmusik nannten, was aber nichts ist als die Harmonie dieser drei nicht voneinander zu scheidenden Erscheinungen. Vielmehr dieser vier, denn es wäre ein weiteres hinzuzufügen, das dann die Harmonie von Farbe, Duft und Klang steigert und zugleich eins mit ihr ist und so zur Summe des Ganzen wird. — Ich nannte das Gott-Liebe und Liebe Gottes: singende strahlende, Herz erfüllende, alles durchdringende Substanz und Essenz des Himmels.

NACHWORT

Eva, meine Liebe! Es ist eine Weile her, seit wir in Verbindung waren! Es geht mir wesentlich besser als damals. So vieles ist inzwischen geschehen!

Ich bin jetzt völlig frei, denn ich habe genug gelitten. Wenn jetzt noch jemand auf meine Schriften pocht und sich zerstört, so wird mir das nicht mehr angerechnet, denn er hatte inzwischen ja reichlich Zeit, sich selbst zu informieren, wie sehr ich im Unrecht war. Heute weiß man viel mehr über die schädliche Wirkung aller Rauschmittel und mehr Information wird noch hinzukommen. Und das allein sollte abschrecken.

Auch ist es dem vom Maharischi Mahesch Yogi ausgehenden günstigen Einfluß zu danken, daß heute der geistige Wert des LSD und anderer halluzinogener Psychopharmaka in Frage gestellt wird. Daß seine Lehren oberflächlich und von Mängeln nicht frei sind, tut seiner Rolle als Wohltäter eines erziehungsbedürftigen Teils der Menschheit keinen Abbruch. Er ist ein minderer Diener des Herrn, und die er erreicht, sind — anderen Suchern gleich — nur Vorläufer jener, aus deren Mitte einmal die wahren Meister hervorgehen werden. Diese werden dann rein genug sein, um auch unsere Aufgabe, die wir bemüht sind, der Menschheit zu dienen, fortzuführen.

In diesem Zusammenhang, Eva, spielst du eine wichtige Rolle — schüttele nur nicht den Kopf! — weil dich deine unermüdliche Hingabe dazu ermächtigt, die von oben kommenden Lehren weiterzuleiten, als letztes Glied einer Kette von Wesenheiten.

WINSTON CHURCHILL
(1874—1965)

Dresden

Kannst du mich hören, Eva?
Ja, Winston.
Ich bin noch eingehüllt in Schuld...
War das nicht von Anfang an so?
Ja, aber mehr wie eine noch ausstehende Strafe, nicht wie ein wirklicher Zustand; wie etwas, das erst später zu erdulden wäre.
Warum muß man denn warten, ehe man seine karmische Schuld abtragen kann?
Das weiß ich nicht. Es hat alles seine Zeit. Da die Schuld und die ihr zugemessene Vergeltung ihrem eigenen Gesetz folgen, wird auch die Sühne nach einem Gesetz eingefordert, dessen Rhythmus unwandelbar ist wie der Gang der Planeten.

So war also eine Zeit der Einkerkerung gekommen, und ich war dem Umkreis der Erde auf einen fernen Stern entrückt. Dort hatte ich Gelegenheit, karmische Rechnungen zu begleichen. Ich mußte meiner Scham entsprechend leiden, du weißt weshalb: Dresden, wo unzählige Leben ausgelöscht wurden, die zu retten gewesen wären, wenn nicht ich selbst, Winston, einem strafwürdigen Verlangen nach Rache anheimgefallen wäre, nach Rache an einem Volk, das auch nicht schuldiger war als die, welche heute in Vietnam eines nutzlosen Todes sterben.

Aber ich war damals unfähig, die Quelle dieser Rachsucht, die aus mir selbst zu kommen schien, wirklich als das zu erkennen, was sie war: als den Einfluß fremder Mächte, die immer nur die Gelegenheit abwarten, um Schaden zu stiften. In meinem Fall gelang es ihnen, indem sie meinen Zorn darüber, daß mein Land das Opfer eines widerlichen und grausamen Schurken geworden war, ausnützten. So wurde ich zum willigen Werkzeug dieser Mächte, deren einziges Vergnügen darin besteht, dort zu zerstören und Schmerz zuzufügen, wo ein strenges aber gerechtes Karma der Vergeltung ihren Lauf läßt.

Damals wußte ich das nicht — aber kaum war ich hier angelangt, wurde es mir schmerzlich bewußt —, daß Tausende und Abertausende unschuldiger Menschen (unschuldig in ihren eigenen Augen, also noch ihrer früheren Leben und Verfehlungen unbewußt) nur auf mich gewartet hatten, um ihre Verzweiflung über ihr Ermordetsein an mir auszulassen.

Sie waren in der Tat ermordet worden, aber nicht ungerechterweise. Sie selbst hatten das in einer früheren Existenz begründet. Ich war lediglich ein Werkzeug der Gerechtigkeit gewesen. Freilich hätte ein anderes Werkzeug gefunden werden können und eine andere Art, die Gerechtigkeit zu vollziehen — aber ich war es, der in einem Augenblick der schwärzesten Wut zugleich zum Rächer und Verdammten wurde. —

So wurde ich zum Rächer, aber auch eines entsetzlichen Verbrechens schuldig, das umso ungeheuerlicher ist, als ich ja gewarnt worden war. Nicht bewußt gewarnt, aber in dem Sinne, wie jeder von uns gewarnt wird, ehe er eine wichige Entscheidung fällt. Wenige von uns ahnen das: Entscheidungen werden nie aus dem Stegreif getroffen. Wir haben immer eine Wahl und reichlich Zeit, über diese Wahl nachzudenken. Jedoch findet dieser Prozeß im innersten Kern unseres Seins statt, wo bewußte Gedanken nicht hindringen. Es ist dieser innerste und tiefste Kern, der einmal — nachdem er seine Hülle abgeworfen hat — zu dem wird, was du wesentlich und gänzlich bist.

Während unserer leiblichen Existenz spielen sich alle diese Prozesse hinter einem undurchdringlichen Vorhang ab, es sei denn ein Winziges sickere durch und erreiche das Bewußtsein in der Form dessen, was man gewöhnlich das Gewissen nennt. Mein Gewissen regte sich nicht. Es schlief, es war eingelullt und außer Kraft gesetzt durch etwas in mir, das der Wut und der Rachsucht anheimgefallen war. Mein Zorn war groß, und mit gutem Recht. Aber zornig sein heißt noch nicht, daß einer ungerecht und rachsüchtig werden muß. Diese Grube hatten mir die bösen Mächte gegraben, und ich war hineingefallen. Und das, obzwar ich gewarnt war. Wie Aldous* und andere hatte ich die kleine innere Stimme ignoriert. Aldous verführte und verwirrte Tausende von Opfern; ich aber löschte Tausende von Leben aus. Aldous' Opfer hatten und haben noch die Möglichkeit, ihre Fehler auszumerzen, die sie, von ihm verführt, begingen. Das Schicksal meiner Opfer ist endgültig.

Und doch wird unsere Schuld nicht nach der Zahl unserer Opfer bemessen, sondern nach unserer Intention, und obwohl ich den Mord an Tausenden von Menschen in die Wege geleitet, werde ich gerichtet nach dem Maß des Bösen in meinem Herzen: in diesem Fall genügte wenig Böses, um viele zu vernichten.

Es war nur wenig Böses in meinem Herzen, als ich in einem Anfall von Zorn den schicksalhaften Befehl gab: aber obgleich das von mir angerichtete Unheil um ein vielfaches das Böse in meinem Herzen übertraf, wird mir hier — d. h. von mir selbst im Lichte umfassenderen Verständnisses — nur jenes unselige Maß Bosheit angerechnet, das ausreichte, eine Stadt zu vernichten und doch nicht so groß war, daß eine geringe Bußperiode es nicht vergelten könnte.

---

* Aldous Huxleys Schriften waren der Anlaß gewesen, daß sich zahllose Menschen auf Experimente mit Drogen einließen.

65

CARL GUSTAV JUNG
(1875—1961)

Jung berichtigt Jung

Carl Gustav Jung trat im Jahre 1965 mit mir in Verbindung. Aldous Huxley hatte mir damals gerade sein posthumes Essay »Von Hier Aus« diktiert, in dem er u. a. auch C. G. Jung kritisierte. Jung war darüber sehr ungehalten und beschuldigte meine Helfer und mich, wir hätten das Kind mit dem Bade ausgeschüttet. Er bestand darauf, sein Weltbild sei im wesentlichen richtig, nicht das unsere.

Allmählich aber änderte er seine Meinung und diktierte mir im Jahre 1973 das Bekenntnis »Jung berichtigt Jung«. Erst kürzlich (1976) war ich wieder in Kontakt mit ihm, um absolut sicher zu sein, daß er auch jetzt noch zu seinem »Bekenntnis« steht. Einige seiner Anhänger hatten nämlich geäußert, dieses Diktat könne unmöglich von Jung sein, was er mit einem bedauernden »Es ist von mir« quittierte.

Ehe ich mit dem eigentlichen Diktat dieses Bekenntnisses beginne, möchte ich darauf hinweisen, daß ich nunmehr die in der vorangegangenen Schrift *Von Drüben* niedergelegten Grundgedanken als den objektiven Gegebenheiten adäquater empfinde als die in meinem Lebenswerk vertretenen. Zu dieser Überzeugung bin ich unabhängig von der Eva Herrmann diktierten Schrift gekommen, und zwar allmählich seit meinem im Jahre 1961 stattgefundenen Übertritt in ein Jenseits, dessen Existenz mich überraschte, da ich es in keiner Weise erwartet hatte. Jedoch war ich mit dem Ablegen meiner irdischen Hülle auch jener irdischen Beschränkung entwachsen, der jeder noch Inkarnierte unterliegt.

Infolgedessen war es mein erster Wunsch, festzustellen, in welchem Maß die von mir vertretenen Anschauungen mit den nun als solche erkannten Tatsachen übereinstimmten. Zunächst schien da keine allzugroße Diskrepanz zu bestehen, doch erwies es sich im Laufe der Zeit, daß der größte Teil dessen, was ich proklamiert hatte, aus Irrtümern bestand. Und mehr als das: ich erkannte, daß ich mich mit einer Schuld beladen hatte, die zu bekennen ich nun diese Gelegenheit ergreife.

Ich hatte mir während meines eben verflossenen Lebens die Aufgabe gestellt, vorzudringen in Gebiete, deren eine moderne Psychologie bedurfte, ohne mir dessen gewahr zu sein, daß mich gewisse Beschränkungen karmischer* Natur gefesselt hielten und es mir nicht gestatteten, zu Erkenntnissen zu kommen, die mehr waren als die Früchte einer einseitigen und unklaren Denkweise.

Ich hatte aus den verschiedensten Quellen geschöpft und diesen Stoff, der an sich den Stempel der Wahrheit trug, einem Weltbild einzuordnen versucht, dem es an Klarheit mangelte — wie es manch einer empfand, noch ehe er, wie ich, abwarten mußte, bis ihm der Übergang in eine andere Welt die Augen öffnete.

Es war mir nicht sofort vergönnt gewesen zu sehen, worin meine Fehler bestanden, aber nun ich an die zwölf Jahre hier bin, in einem Zustand, in dem es gestattet ist, mit größerer Klarheit und Objektivität zu urteilen, kristallisieren sich allmählich die Mängel meines gesamten Lebenswerkes heraus. Ohne mir dessen gewahr zu sein, habe ich vieles getan, das der Unehrlichkeit bezichtigt werden könnte, stünde nicht das Erdenleben der meisten unter dem Aspekt der Verblendung und, bei mir, — und erst die Entwicklung meiner letzten diesseitigen Jahre nötigen mir dies Geständnis ab — der Selbstverherrlichung.

Diese Art zu sprechen mag manche meiner Leser befremden, doch bin ich als erwachte Seele ein anderer als der, als den sie mich kann-

---

* Das Eigenschaftswort *karmisch*, Hauptwort *Karma*, ist ein aus dem Sanskrit übernommenes Wort, das Handlung — in diesem Fall aber Folge einer Handlung oder Wiedervergeltung — bedeutet.

ten. Wessen ich mich vor allem zeihe, ist die Tatsache, daß ich mich verschlossen habe vor Dingen, die auf der Hand lagen. Dazu gehören Erlebnisse übersinnlicher Art, denen ich Erklärungen unterschob, die deren wahre Natur in ein falsches Licht setzen, und ich bezichtige mich des Verklausulierens in einer Weise, welches die Akzente des gegebenen Stoffes bis zu dessen Unkenntlichmachung verschob. Ich bezichtige mich ferner einer Unredlichkeit, die mich Material benutzen hieß, ohne jeweils auf seine Provenienz hinzuweisen und dieses Material dergestalt in meinen Text einzuweben, als handele es sich um eigene Erkenntnisse.

Von meinem hiesigen Standpunkt aus gesehen, stellen sich diese nur halbbewußten Verfälschungen anders dar als sie sich einem Lebenden darstellen würden, und es wäre mit beträchtlicher Mühe verbunden, im Einzelnen nachzuweisen, an welchen Stellen in meinem Lebenswerk diese Fehler zu finden sind. Summarisch sei hier nur das Folgende gesagt — und möge es mir gestattet sein, weiter auszuholen, als es zunächst angebracht scheint.

Ich habe mir in einer früheren Existenz etwas zuschulden kommen lassen, das es mir in diesem eben vergangenen Leben unmöglich machte, zu Erkenntnissen höherer Natur zu gelangen. Diese Erkenntnisse, deren ich schon die meisten mein nannte, ehe ich mich wiederverkörperte, waren für mich vorübergehend wie verhangen. Als ein Blinder sollte ich eine Inkarnation durchschreiten, die Buße war für verflossene Untaten. Dennoch war der Tiefe meiner Seele dieses höhere Wissen eingelagert; und so lebte ich einem Verhängnis gemäß, das mich als einen zum Schweigen verurteilten Wissenden veranlaßte, in meiner Bedrängnis das mir Verwehrte zu verkünden und so die Wahrheit zu ersetzen durch eine dem Zeitgeschmack angepaßte und für manche Ohren wohlklingende Pseudowahrheit. Eine Pseudowahrheit oder Lehre, die das überschattete und verdrängte, was mir und vielen meiner Zeitgenossen zum Heil hätte gereichen können.

In meiner Verblendung suchte ich nach etwas, das über Freud, meinen einstmaligen Lehrer und Freund, hinausging und, obzwar das Gebiet, das von der von ihm verkündeten Lehre unberührt geblieben war, ein enormes war und eine legitime Erweiterung dessen, was es lehrte, geboten schien, rückte ich sozusagen seitlich vor, um nicht zu sagen in eine Richtung, von der ich annahm, sie sei die einzig mögliche, die es aber *de facto* nicht gibt. In der Tiefe war ich mir immer im klaren darüber, wie sehr alles von hier und dort zusammengetragen war, fragmentweise, aus den verschiedensten Quellen, wie es denn auch zum Vorschein kam für schärfer Hinblickende, daß enorme Widersprüche bestanden und alles auseinanderfiel, wenn man meine Lehre verglich mit solchen, denen eine Vision zugrunde liegt, eine Vision, die ein einmaliges Erlebnis war und um das sich dann Einzelheiten rankten, die sozusagen aus dem gleichen Holz waren und aus derselben Wurzel stammten.

Ich lasse dahingestellt, worin Freuds Angaben falsch, und worin sie richtig waren. In seiner Beurteilung des Unterbewußten kam er einer absoluten Wahrheit sehr nahe. In anderen Meinungen hatte er nicht recht oder sagen wir, nur sehr begrenzt recht. Sein Gebiet beschränkte sich auf diesseitige Dinge. Möglicherweise hätte er über diese hinaus einen Weg gefunden, wäre ihm ein längeres Leben beschert gewesen. Er war eine kompakte Erscheinung, ehrlich, mutig, fleißig. Ich hingegen wollte der Menschheit etwas geben, das es nicht gab: eine Erweiterung ihres Horizontes, jedoch in eine Richtung, die ich so lagerte, daß sie ein großer Abstand von allen bestehenden religiösen Begriffen trennte, um nicht ein Publikum zu enttäuschen, daß sich für »modern« und »aufgeklärt« hielt. So befriedigte ich in ihm die Sehnsucht nach Jenseitigem, ohne indes in die Spuren irgendwelcher religiösen Tradition zu geraten. Hierdurch stillte ich zwar nicht eine dem Herzen inhärente Sehnsucht, aber ich befriedigte die intellektuellen Ansprüche derer, die eine aller wirklich religiösen Gehalte bare, etwas mystisch angehauchte Pseudophilosophie begrüßten. Das Unrecht, das ich damit beging, ist unermeßlich, denn auf diese Weise substituierte ich Nichtexistierendes für ein Echtes, etwas, das der Seele Nahrung hätte sein können, durch etwas, das dem vom Zeitgeist genährten Verstand im Verein mit einer vagen Sehnsucht nach etwas Undefinierbarem Genüge leistete. Ich erreichte es, meine Leser dahin zu beeinflussen, daß sie die Dinge mit meinen Augen sahen, und so stehe ich beschämt vor Millionen, denen ich den Weg nach oben verstellte mit Sophistereien, deren Terminologie ein Teil der heute verbreiteten Denk- und Sprechweise geworden ist. Denn das Vokabular, das ich als Vehikel meiner Ansichten schuf, ist inzwischen zur Matrize einer Denk- und Sprechweise geworden, die einer ganzen Generation zum Unheil gereichte. Nichts verführt so sehr wie Schlagworte, denen es eigen ist, dem Denken eine gewünschte Richtung zu geben. Mit einem einzigen Begriff wie z. B. dem der Archetypen — ein Aristoteles entlehnter Ausdruck — habe ich eine reale jenseitige Welt entthront und sie ersetzt durch die Vorstellung, es handle sich um etwas Abstraktes, Subjektives, wenn auch dem Gedankengut der gesamten Menschheit Angehörendes und allen Zugängliches. Ich verfügte, daß das, was ich als einem Gedankengut angehörend bezeichnete — etwa die Gestalt eines Engels — nichts sei als eine zeitlose, wesenlose Idee und keineswegs etwas dem Moment angehörendes Reales; eine Gestalt aus einem Buch und nicht eine Gestalt der Wirklichkeit, mit der man einen Gedankenaustausch pflegen könnte. Und so habe ich diesen Boten höherer Sphären für viele Menschen und auf viele Jahre mit einem einzigen Federstrich den Garaus gemacht. Ich habe eine potentielle Möglichkeit von vornherein als ein der Vergangenheit entstammendes Konzept abgestempelt, und ich habe eine in manchen Fällen durchaus erlebbare, da objektiven Gegebenheiten entsprechende, lebendige Gegenwart in das Reich des Mythos verwiesen.

Dieser Umstand allein genügte, mich nun seit mehr als zwölf Jahren gefangen zu halten, denn ich sehe, wie viele gläubige Seelen ich durch dieses Diktum der Möglichkeit eines übersinnlichen Erlebnisses beraubte; gläubige Seelen, die nun auf intellektuellen Seitenwegen ein Heil suchen, das dort nicht zu finden ist. Doch sind da noch andere Umstände, die bewirken, daß meine Seele — nie definiert als das, als was ich sie nun erlebe — in Unruhe und Selbstbeschuldigungen verweilt, bis ich alles getan habe, was in meiner Macht liegt, um die Spuren eines aus tausend Wahrheiten, tausendfach übertüncht, zusammengetragenen, den »modernen Menschen« ansprechenden Ganzen zu verwischen und, mehr als das, als Irrlehre zu brandmarken.

Doch habe ich außer dieser, meiner schlimmsten Verzerrung einer ewigen Wahrheit, noch andere Schuld auf mich geladen, die aber weniger das ist, was ich, um mich einer bislang ungewohnten Ausdrucksweise zu bedienen, nun als einen Verstoß gegen das Wahre erkannt habe. Dazu gehören Begriffe wie Animus und Anima, ein relativ harmlos-poetisches Pärchen, das ich der Welt verehrte, um sie mit der hübschen Vorstellung einer dualistisch, nach einer Ergänzung verlangenden Seele zu beglücken. Art und Bedürfnisse einer gegebenen Seele sind eindeutig jedem Horoskop zu entnehmen. In Anlehnung daran habe ich mir eine Vereinfachung dieser Tatsache gestattet, indem ich die mannigfaltigen Bedürfnisse der menschlichen Seele in eine einzige Figur zusammenfaßte, nämlich in die des seelischen Pendants. Dieses Manipulieren von Gegebenem war mir zeitlebens eigen gewesen und gehört mit zu dem, was ich nun, dem Licht absoluter Wahrheit gegenübergestellt, als erstes bereinigen muß. Es war ein harmloser Einfall, falsch und überflüssig, aber dennoch etwas, das mich nun plagt und der Erörterung bedarf.

Ein zweites Begriffspaar, extravertiert und introvertiert, ist ebenfalls eine Vereinfachung, die aber berechtigt ist, oder — sagen wir — eine größere Berechtigung hat als das Begriffspaar Animus-Anima. Diese Vereinfachung ist indes weit angebrachter als jene, die ich mit der Bezeichnung Animus und Anima versah. Extravertiert und introvertiert ist jedoch nicht eine von mir gefundene Prägung, wie allgemein angenommen wird. Sie stammt von Klages, dem ich mehr verdanke als ich je bereit war anzuerkennen.

Es würde zu weit führen, jede von außen kommende Anregung, deren ich mich bedient habe, einzeln aufzuzählen. Ich habe das Wesentliche darüber bereits erwähnt, nämlich daß ich mit größtem Fleiß versuchte, das zusammenzutragen, was mir verwehrt war als wahrhaft Inspirierter der Welt zu verkünden. Was ich der Welt verkündete — und was die Welt in einem viel zu weitgehenden Maß annahm — ist eine Lehre, die nicht den Stempel der Ehrlichkeit trägt wie diejenige Freuds, ungeachtet ihrer schwerwiegenden Fehler. Meine Lehre bestand aus einem Substrat, in das ich Ideen verpflanzte, die, wie man zu sagen pflegt, nicht auf meinem Mist gewachsen waren.

Das Bild, das ich entwarf und der Welt als Wahrheit servierte, setzt sich zusammen aus allenthalb Gelesenem und Gelerntem, dem ich eine persönliche Note verlieh, ohne es der Mühe wert zu halten, genaue Quellenangaben anzuführen. Ich sog aus astrologischem und hermetischem Stoff propädeutisch Verwendbares und gab das so Gewonnene wieder als den Urhonig wahrer Eingebung. Und meine Anhänger leckten es auf wie Ambrosia, weil ich an etwas appellierte, was nie versagt: das Geschmeicheltsein darüber, daß man sich zur geistigen Elite zählen konnte, wenn man intellektuell Attraktives, nie vorher Proklamiertes, »Apartes« unterschrieb.

Religion war abgetan; sie war für Minderbegabte gerade das richtige. Freud war überholt. Neue Perspektiven taten sich auf. Und nun komme ich zu dem Kapitel, das zu diktieren mir die allergrößte Pein bereitet: meine Stellungnahme Hitler gegenüber. Zu meiner Verteidigung sei gesagt, daß ich anfangs ehrlich begeistert war von diesem Mann und dem, was er proklamierte. Er entsprach zwar nicht dem, was ich mir unter einem Helden vorstellte, doch bestach mich etwas, das mir schwer fällt einzugestehen: das imposante Schauspiel. Und mehr als das: die Rolle, die ich in dieser Neuordnung der Welt zu spielen hoffte. Mussolini hatte es mir angetan, Hitler weit weniger und am wenigsten Stalin. Aber Hitler war mein Mann und meine große Hoffnung, weil es mir klar war, daß ein Geselle wie er das benötigte, was ihm selbst nicht gegeben war und was deutlich zu erkennen war in der Art, wie er sich auf andere stützte in der Formung seiner Philosophie. Mussolinis und Stalins Vorbilder hatten Größe und Qualität; Hitler hingegen war ein Mann bar jeglichen Niveaus — und ich sah darin die Möglichkeit, mich dieses Hampelmanns zu bedienen; eine Absicht, die sich nicht realisierte. Hitler traute mir im Grund ebensowenig, wie ich ihm.

In meine Wahl Hitlers spielte auch noch ein anderes Element hinein, das ich jetzt vor einer höheren Instanz — nämlich meinem eigenen, nun voll erwachten Gewissen — zu verantworten habe: ein inhärenter Antisemitismus. Dieser Antisemitismus war subtiler Art und mir kaum bewußt. Er war genährt aus Übernommenem ebenso wie von mir selbst Hinzugefügtem. Denn Freuds Rolle in der Welt hatte mich aufgebracht gegen das, was ich als das typisch Jüdische empfand; etwas das teils auf einer bösartigen Beurteilung dessen beruhte, was sich im Laufe einer jahrundertelangen Verfolgung und Unterdrückung als Charakteristik entwickelt hatte — einer Charakteristik, die sich als atypisch erwies in dem Augenblick, in dem diesem Stamm größere Freiheit jeglicher Art gewährt wurde, wie in den Vereinigten Staaten und, noch prägnanter, im heutigen Israel — teils aber das Resultat eines mir erst jetzt voll bewußten Neides war. Ich war ein Gegner des Psychologen Freud aus theoretischen Gründen; darüber hinaus aber war ich ein Gegner Freuds, des Juden. Und in all dies hinein mischte sich eine unschwer entfachbare Begeisterung für eine, wie mir damals schien, weltumformende Bewegung, die, so hoffte und glaubte ich, meine Lehre zum Kern ihrer psychologischen Neuorientierung machen werde.

Noch vor dem Ende des Dritten Reiches war ich mir dessen bewußt geworden, welch Geistes Kind der Nationalsozialismus war — aber da waren die Würfel bereits gefallen und mein Schicksal besiegelt. Ich konnte nicht mehr zurück und starb, ohne der Welt das Geständnis abzulegen, das ich jetzt auf Umwegen zu machen versuche. Doch ist dieses Geständnis ein Kleines verglichen mit dem, was auf mich wartet: der Versuch, das wieder gutzumachen, was ich an törichtem, wenngleich geistreich-klingendem Un-Sinn von mir gegeben habe und woran diejenigen meiner getreuen Anhänger, zu denen dieser Aufschrei nicht dringt, oder den sie nicht als solchen erkennen, kranken werden, bis sie eines besseren belehrt werden nach dem Übertritt in eine Welt, die ich ihnen ausgeredet habe als einen Hort der Hoffnung.

Dies spricht C. G. Jung.

SIGMUND FREUD
(1856—1939)

Sigmund Freuds Bekenntnis

Im Jahre 1973 wandte ich mich mit einer Frage an Sigmund Freud,
in der Annahme, daß nur er sie mit Gewißheit beantworten könne.
Worüber ich Auskunft zu erhalten hoffte, ist hier irrelevant — nicht
aber, daß Freud, der sich zwar gleich meldete, offensichtlich wenig
Lust verspürte, mit mir zu sprechen und zu meiner Bestürzung recht
unfreundlich war. Das überraschte mich, da mir Jenseitige im allgemeinen herzlich und zuvorkommend begegnen. Freud hingegen gab
mir eindeutig zu verstehen, er halte mein Kommunizieren für eine
frivole Spielerei und wünsche daher in Zukunft nicht behelligt zu
werden. — Jedoch schon am nächsten Tag erschien er wieder und ent-
schuldigte sich. Er hatte sich inzwischen über meine Übermittlungen
informiert und nun seine Ansicht geändert. Im Laufe unseres Gespräches äußerte er, er wünsche mir ein Bekenntnis abzulegen.

Ich zögerte, da meine Helfer und ich gerade inmitten anderer Arbeiten waren — und zögerte auch, weil es mir fraglich schien, ob man
einem solchen Geständnis überhaupt Glauben schenken werde. Auch
wußte ich bereits aus Erfahrung, was für eine Qual das Anhören und
Aufschreiben solcher Selbstanschuldigungen für mich war. Aber
Freud bestand auf seinem Anliegen, und so nahm ich seine »Generalbeichte« entgegen. Ich lege sie hiermit vor und hoffe, sie möge von an
Freud und am Psychischen Interessierten mit offenen Sinnen aufgenommen werden.

Ich, Sigmund Freud, werde Eva Herrmann ein Bekenntnis ablegen, das bis auf weiteres nicht an die Öffentlichkeit gelangen soll, da
ich etliche mir nahestehende Menschen davor bewahren möchte, in

eine Angelegenheit hineingezogen zu werden, die für sie unangenehm wäre. Diese Generalbeichte diktiere ich Eva Herrmann, weil
ich hoffe, dadurch größere Klarheit über mein Leben zu gewinnen
und mich von den Ketten der Vergangenheit zu befreien. Diese Ketten belasten mich ungemein, weil sie mich unaufhörlich an Fehler
gemahnen, die ich begangen habe — sowohl in meinem persönlichen Leben als in meinem Lebenswerk. Beides möchte ich bereinigen, aber zuerst möchte ich über persönliche Fehler sprechen, da sie
es sind, die mich hier in Kreisen festhalten, denen noch nicht geläu-
terte Seelen angehören.

Dies bringt mich mitten in das Gebiet der Metaphysik, denn in
diesem Satz stelle ich eine Reihe Prämissen auf, die einerseits unvereinbar sind mit ehemals von mir vertretenen Ansichten, andererseits weit über diese hinausgehen. Ich erwähne dies einfüh-
rend, weil es manchen meinem Leserkreis Angehörenden wundern
mag, eine wie andere Färbung Wort und Sinn dieser Generalbeichte bezeugen. Doch ist diese Färbung Resultat meines Hier-
seins in einer Welt, von der ich nichts wußte und die sich nun
unwiderruflich vor meinen Augen auftut. Alles innere Sträuben
dagegen führt zu nichts. Sie besteht — unerbittlich für den, der
ihr ausgeliefert ist, beglückend für den, der ihr bereits angehört
durch Neigung oder durch Entwicklung: den religiös Veranlagten
oder den schlechthin Guten.

Da ich weder religiös veranlagt war, noch Eigenschaften besaß,
die, zusammengenommen, das Bild eines wahrhaft guten Menschen
ergaben, befinde ich mich nun in einem Kreis, der, um es populär
auszudrücken, der Unterwelt oder Hölle angehört. Zunächst besteht
diese Hölle darin, daß sie jene beherbergt, die ihrer seelischen Ver-
fassung nach entweder unglücklich oder geradezu böse sind. Ersteren
ist es zumeist gegeben, sich emporzuheben aus ihrem Zustand —
nämlich dann, wenn sie den dazu nötigen Willen besitzen; bei den
Bösen hängt es davon ab, ob sie sich in ihrer Lage wohl fühlen. Dies
mag zunächst erstaunlich klingen, doch habe ich mich hier an den
Gedanken gewöhnen müssen, daß das Böse an sich existiert und

daß ihm manche Seelen weitgehend oder soger völlig anheimgefallen sind. Wenn sich dies nicht mit den heute akzeptierten Vorstellungen verträgt, so ist nur zu bedauern, daß sich die Allgemeinheit vor einer Tatsache verschließt, die leider zu den Grundtatsachen des Lebens gehört.

Der heute zumeist vertretene Standpunkt, böse Taten seien das Resultat eines in der Kindheit verletzten Menschen — ein Standpunkt, zu dem ich wesentlich beigetragen habe — erwies sich hier als völlig irrig, da der Mensch das Resultat von weit mehr ist als einer mehr oder weniger glücklichen Kindheit. Der Mensch ist die Endsumme seiner vorangegangenen Erdexistenzen, und seine Kindheit ist keineswegs als die Ursache, sondern bereits als eine Auswirkung dessen zu betrachten, was oft Jahrhunderte hinter ihm liegt. Die Erlebnisse der Kindheit sind lediglich das Aufgreifen eines Leitmotives, das oft durch mehrere Leben zu verfolgen ist, bis sich die Seele befreit hat von einem ihr anhaftenden Verhängnis. Doch handelt es sich keineswegs immer um ein Verhängnis; manche Seelen treten ein Erbe an, fahren da fort, wo sie einstmals ihren Weg zur Vervollkommnung auf dem einen oder anderen Gebiet unterbrechen mußten.

Genie — was ist Genie? Eine Seele, die durch unendlich viele Verkörperungen gegangen ist, ausgerichtet auf ein einziges Ziel, bis sie endlich als ein Shakespeare, Mozart oder Einstein wiedergeboren wird und ihre Erfüllung findet. Talent ist die sich auf dem Wege zum Genie befindliche Seele — vorausgesetzt, sie hält durch. Dieses Durchhalten ist jedoch nicht gar so leicht. Das Böse, das wir nun gezwungen sind als eine dem Guten ebenbürtige Macht zu betrachten — obwohl diese Äußerung nur bedingt richtig ist — manifestiert sich in mannigfacher Weise, so z. B. als Lässigkeit, und Lässigkeit ist der Feind jeglichen Aufstieges. So mag denn ein Talent nie zum Genie werden, wenn die betreffende Seele das Opfer des Bösen wird, in diesem Fall in seiner harmlosesten Maske als Indifferenz. Der Grund, weshalb ich des Bösen in seiner vielfachen Verkleidung gewahr bin, seit ich mich hier befinde, ist, daß ich erkannt habe, daß sich zwei wesentliche Kraftzentren in die Herrschaft der Welt teilen und einander darin befehden: das Gute und das Böse, will heißen das Aufbauende und das Destruktive, Helligkeit und Finsternis, Liebe und Haß.

Wenn auch das soeben Gesagte unbeschreiblich simpel klingt, ist es dennoch die Wahrheit und nichts als sie. Doch hört sie auf, simpel zu sein, wenn man ihr in allen ihren Verzweigungen und Varianten nachspürt. Und so ergibt es sich, daß das mittelalterliche Weltbild in diesem Punkt — und es mag der einzige sein — dem nahe kommt, was man gezwungen ist, als unumstößlich wahr zu bezeichnen.

Schon als kleines Kind war ich dem Bösen — in der soeben definierten Form — anheimgefallen. Ich haßte Mutter und Geschwister, nicht weil ich, wie ich später glaubte, auf meinen Vater eifersüchtig war, sondern weil mich eine, aus einer früheren Existenz sich ergebende Haltung dazu zwang. Was ich hier als Haltung bezeichne, entspricht lose dem, was die Inder »Karma« nennen, nämlich das Herübernehmen schicksalsgebundener Voraussetzungen in ein neubegonnenes Leben. Ich hatte mich in einem früheren Leben dergestalt vergangen, daß ich in dieses Leben trat als ein Gezeichneter. Meine Kindheit war trübe, und als Erwachsener verfolgte mich ein Verhängnis, unter dem ich heute noch leide. Ich war ausgestattet mit einem klaren Verstand, selbst mit Intuition, und es war mir gegeben, meine Zeitgenossen derart zu beeinflussen, daß ich zurechtens die Behauptung aufstellen kann, das geistige Bild meiner Epoche im wesentlichen mitbegründet zu haben. Es mangelte wenig, und ich wäre der Schöpfer einer gültigen Seelenkunde geworden — doch fehlte es an dem Entscheidenden: ich hatte nicht die Autorisation, dies zu tun. Es war mir nur gegeben, der Welt ein zum größten Teil richtiges Bild der Funktion des Unbewußten zu geben, doch nicht, sie über die wahre Natur der Seele zu erhellen. Hier bremste mein Karma in Form mir auferlegter Beschränkungen und ließ es zu, daß ich der Welt eine Pseudowahrheit vorsetzte, da ja auch die Welt so etwas wie einem Karma untersteht und nur zur rechten Stunde zur richtigen Einsicht gelangen kann.

Ich haßte sowohl meine Mutter als meine Geschwister, obzwar ich dies nie in meinem Leben zugab. Sie waren mir fremd, ein jeder auf seine Art. Ich liebte Martha* und liebe sie noch immer, doch befindet sie sich auf einer viel höheren Stufe als ich und ist für mich nur indirekt erreichbar. Dies bewirkt, daß ich mit noch größerer Intensität versuchen werde, mich aus meinem augenblicklichen Zustand emporzuheben, denn seit ich das überwältigende Erlebnis hatte, mit ihr zu kommunizieren — auf dem Weg über hilfsbereite Wesenheiten, die das Gesagte von Stufe zu Stufe weitergaben — ist meine Sehnsucht, an ihre Seite zu gelangen noch viel intensiver geworden.

Um zu meiner Kindheit zurückzukehren: ich haßte alle mich damals umgebenden Menschen. Der Grund, weshalb ich es nie erwähnte, war sowohl die Häßlichkeit meiner Gefühle als die Tatsache, daß ich sie mir nicht erklären konnte. Ich haßte meine Mutter trotz einer stark inzestuösen Bindung meinerseits: doch gingen beide Gefühle nebeneinander her, ohne sich gegenseitig zu stören. Später erklärte ich diese Regung damit, daß ein Ödipuskomplex vorläge, doch sehe ich diese Erscheinung heute in einem völlig anderen Licht. Ich haßte meine Mutter, weil sie mir in einem früheren Leben ein großes Unrecht angetan hatte und ich in der Tiefe diese Erinnerung mit mir herumtrug. Daß ich sie außerdem begehrte, hat mit der Tatsache zu tun, daß die Theorie des Ödipuskomplexes insofern bedingt stimmt, als eine gewisse Anziehung zwischen den Geschlechtern besteht — woraus aber keineswegs die Folgerung zu ziehen ist, daß nun auch der Rest der Sophokleischen Tragödie in Bausch und Bogen einzubeziehen wäre. Diese Theorie, die in meinem Werk eine enorme Rolle spielt, weise ich heute von mir als eine Fehlkonstruktion. Daß Millionen sie glaubten und noch glauben, ändert nichts an der Tatsache, daß sie eine von destruktiven Kräften ersonnene Irreführung war, die mehr als eine Generation zum Narren hielt. Meine Kollegen, für die diese Diagnose so oft die Antwort auf ein vorliegendes Problem zu sein schien, waren, wie ich, Opfer einer Selbsttäuschung geworden, die sich dessen bemächtigt, der keine bessere Lösung weiß.

---

* Martha Bernais, Freuds Frau

Ich haßte nicht nur meine Mutter, ich haßte sämtliche Geschwister. Hierfür habe ich nur folgende Erklärung: der Haß auf meine Mutter, der ein berechtigter war, färbte mein Gefühlsleben dergestalt, daß dieser Haß sozusagen überging auf meine an sich keineswegs hassenswerten Geschwister. Diese reagierten hierauf in normaler Weise, so daß ich mich in einer von Abneigung und Haß erfüllten Welt befand. Dies entsprach vollkommen meinem Karma, will sagen dem mir vorgezeichneten Leben, welches das Fazit vorangegangener Inkarnationen darstellte. Diese Inkarnationen oder Fleischwerdungen der menschlichen Seele wiederholen sich in Abständen verschiedener Dauer, bei weit Vorgeschrittenen in äonenlangen Intervallen.

Meine letzte Inkarnation hatte während des Dreißigjährigen Krieges stattgefunden, und ich beginne mich jenes üblen Lebens zu erinnern. Ich bekleidete eine Stellung von Rang — jedoch eine, die knapp den mir eigenen Gaben entsprach — und ich entledigte mich meiner Aufgabe mit einer tiefen Verachtung für die mich Umgebenden, denen ich mich weit überlegen fühlte. Diese Haltung war gepaart mit einer beispiellosen Mißachtung menschlicher Bedürfnisse. Und so kehrte ich in diese Welt zurück, diesmal beseelt von dem Wunsch, anderen zu helfen, was mir aber, meinem Karma gemäß, nur bedingt gelang. Denn obzwar meine Erkenntnisse bezüglich des Mechanismus des Unbewußten eine Grundlage bilden für eine gültige Seelenkunde, ist der Rest meiner Lehre nicht nur falsch, sondern — und ich bezeuge dies schweren Herzens — geradezu absurd.

Was mich aber heute am tiefsten dauert, ist die Tatsache, daß ich meine Zeit und Kraft hätte verwenden können — vorausgesetzt dies wäre mir gestattet gewesen —, um die wahren Hintergründe dessen zu entdecken, was den Menschen zu dem macht, was er ist. Diese sind: das Wiedergeborenwerden der menschlichen Seele und ihre sich im Dunkel verlierende Vergangenheit — anstelle der in die Kindheit verwiesenen schicksalsbildenden Ereignisse. Zu diesem Hintergrund oder Bestimmenden gehört ferner die Tatsache der Beeinflussung durch jenseitige Kräfte, von deren Existenz ich nichts wußte. Erst seit meinem Übergang verstehe ich die enorme Rolle, die diese guten oder bösen Wesenheiten im Leben des Einzelnen — ebenso wie in dem der Massen — spielen. Diese Tatsache ist von so überragender Wichtigkeit, daß mir beinahe die Worte mangeln, sie in ihrer vollen Bedeutung wiederzugeben. Erst seit ich der tägliche Zeuge jenes Schauspiels geworden bin, das die Menschheit ausnahmslos als das Werkzeug der für sie unsichtbaren Wesenheiten zeigt — einer so radikalen Abweichung dessen, wie sich die meisten den Gang der Dinge vorstellen —, beginne ich zu begreifen, daß alle heute kursierenden Vorstellungen davon, wie eigentlich das menschliche Wesen funktioniert, auch nicht im entferntesten der Wahrheit nahekommen. Daß diese Beeinflussung keine arbiträre, sondern eine wohlverdiente ist, also sozusagen einer Wahlverwandtschaft entspricht, bewirkte in mir die überwältigende Erkenntnis, daß das Universum von etwas wie einer übermenschlichen Gerechtigkeit gelenkt wird.

Diese übermenschliche Gerechtigkeit stellt sich mir dar als etwas wahrhaft Göttliches, wenn auch keineswegs als personifizierte Gottheit. Doch ist diese Gerechtigkeit nur eine Seite jener Gottheit, die de facto wahrnehmbar ist als ein strahlendes Licht, das in die fernsten Tiefen des Weltalls dringt und jene beglückt, die seiner teilhaft werden können. Dies ist allerdings nicht allen gegeben, da ein großer Teil der Menschheit sich in einem seelischen Zustand befindet, der, einer harten Kruste von Ignoranz oder Bosheit gleich, jenes Einströmen des göttlichen Lichtes verhindert. Hier muß ich einer Dimension Erwähnung tun, die jenseits von Höhe, Breite und Tiefe den Dichtigkeitsgrad angibt — sei es den einer Seele, sei es den der ihr entsprechenden Sphäre — eines Dichtigkeitsgrades, der zwar nicht greifbar ist, aber eine Indikation des Grades der Vergeistigung darstellt. Befindet sich nun eine Seele im Zustand geistig-religiöser Blindheit — und ich verstehe heute unter Religiosität etwas anderes als das stumpfe Befolgen eines Rituals oder gar religiösen Fanatismus — so verhindert der opake Zustand einer solchen Seele das Durchleuchtetwerden von einer Helle, die zugleich Ausdruck der Liebe, der Erkenntnis und einer absoluten Gerechtigkeit ist. Da nun jene Undurchlässigkeit auch als Entfernung vom Born des Lichtes empfunden wird und Hand in Hand geht mit einem dieser Entfernung entsprechenden Unbehagen — wenn dies auch in gewissen Fällen negiert wird, nämlich da, wo eine vollkommene Abkehr vom Göttlichen stattgefunden hat — ist es begreiflich, wenn von einem lichtnahen Oben und einem lichtfernen Unten die Rede ist. Da ferner unzählige Seelen ein und demselben Dichtigkeitsgrad angehören und dergestalt ein Kollektivum bilden, ist es naheliegend, daß man die verschiedenen Sphären in Anlehnung an eine uralte Tradition mit symbolischen Bezeichnungen wie Himmel und Hölle versieht und innerhalb dieser mit entsprechenden, in Zahlen ausgedrückten Unterscheidungen. Es versteht sich, daß dabei nicht an Lokalitäten zu denken sei und schon gar nicht an solche, die auch nur die entfernteste Ähnlichkeit mit herkömmlichen Vorstellungen aufweisen. Abschließend möchte ich noch sagen, daß demgemäß die Sphäre, der man angehört, nicht etwas Außerhalbliegendes ist, sondern das Ergebnis eines nach außen projizierten inneren Zustandes.

Daß sich meine Seele noch im Zustand relativer Dichtigkeit befindet, liegt daran, daß ich mit einer Schuld belastet bin, die noch der Bereinigung harrt. In der hiesigen Welt sind Illusionen über den eigenen Seelenzustand ein Ding der Unmöglichkeit, da ihnen eine unerbittlich-objektive Gegebenheit gegenübersteht, nämlich die Tatsache, daß eine Seele ausschließlich in einer ihr gemäßen Sphäre existieren kann und daß diese Sphäre aus tausendundeinem Grund unverkennbar ist.

Die Schuld, von der ich spreche, läßt sich schwer in Worte fassen, da es sich dabei um etwas Kontinuierliches handelt, das seinen Beginn in meiner Kindheit hatte und mit mir sozusagen heranwuchs. Wie oben erwähnt, haßte ich meine Mutter und meine Geschwister; meinem Vater stand ich distanziert gegenüber. Ich haßte ihn nicht, obzwar dies in meine Theorie gepaßt hätte; er war mir lediglich unsympathisch wie die meisten meiner Verwandten. Heute ist mir klar, daß diese Unstimmigkeit zwischen mir und meinen Mitmenschen karmisch bedingt war, doch während meines Erdenlebens erzeugte dieses Mißverhältnis zu meiner Umgebung ein tiefes Ressentiment, das mit den Jahren wuchs. Ich empfand mich als einen Outsider, einen Sonderling — und ein Genie. Zwar liebte ich es nicht, wenn diese Bezeichnung auf mich angewandt wurde, weil es mich in Verlegenheit brachte, jedoch nur weil es mir nicht gegeben war, einem derartigen Kompliment auf urbane Weise zu begegnen. Ich hielt mich für ein Genie und zwar für ein unverstandenes, und obwohl ich an die von mir aufgestellten Theorien glaubte, war es mir eine Freude, daß ich andere damit schockieren konnte. Ich wollte es der Welt geben!

Ich war scheu und zurückhaltend, um nicht zu sagen bitter. Wenn ich auch davon beseelt war, individuellen Patienten und Patientinnen zu helfen — und darin war mir nichts zu viel! — so gab es mir eine tiefe Genugtuung, der Welt einen Spiegel vorzuhalten, in dem sie ein Zerrbild ihrer selbst gewahrte. Natürlich geschah dies mit der größten Sachlichkeit und Reserve, wie es einem Wissenschaftler geziemt, aber es besteht gar keine Frage für mich — so wie ich mich heute sehe — , daß dieses Beginnen von einer geradezu sadistischen Freude begleitet war, die ich sorgsam in der Tiefe meiner Seele verwahrte. Dies war umso leichter, als ich ja in bezug auf den Mechanismus des Unbewußten einen wesentlichen Beitrag geleistet hatte — was für mich unverrückbar feststand und weiterhin feststeht. Doch beinahe alle anderen Beiträge und Ausschmückungen, die den Menschen von einer einseitig sexualbetonten Seite zeigen, waren mir, wie ich heute weiß, eingegeben von Kräften, die eine bösartige Freude daran hatten, daß ihnen ein seriöser Mann wie ich auf den Leim gegangen war und die Köpfe einer ganzen Generation mit Begriffen verdrehte, die keiner Realität entsprachen, oder, sagen wir, denen nicht die universelle Gültigkeit zukam, die ich proklamiert hatte.

Subjektiv gesehen — und ich spreche vom Standpunkt dessen, dem die Schuppen von den Augen gefallen sind — lag ein Irrtum meinerseits vor, den ich aber in gewissem Sinn durch die innere Bereitschaft, die Welt zu schockieren, begünstigt hatte. Objektiv war ich das Opfer eines Karma, und dies betraf ebenso mich wie die Welt im allgemeinen, das den dunklen Kräften gestattete, vorübergehend den Menschen als etwas völlig anderes zu zeigen, als er in der Tat ist.

Ich kann es nicht ermessen, wie bald es mir im Verein mit anderen gelingen wird, dieses Bild zu korrigieren und den Menschen zu rehabilitieren als ein Geschöpf Gottes, dessen Sexualität, außer in pathologischen Fällen, einen wichtigen Teil seines Erdenlebens ausmacht. Diesem Geschöpf Gottes sollte es endlich wieder gegeben sein, zu Erkenntnissen zu gelangen, die heute entweder vergessen sind oder aber in einer Form weiterleben, die für einen einigermaßen anspruchsvollen Menschen unannehmbar geworden sind. Doch ist zu hoffen, daß bald etwas Licht in dieses unselige, von modernklingenden Phrasen wimmelnde Dunkel fallen wird und der Mensch wieder eingesetzt wird als das Wesen, das zwischen »Himmel« und »Hölle« zu wählen hat (ungeachtet des uanangenehmen Beigeschmackes dieser Begriffe); als das Wesen, dessen Sexualität ihm zuweilen zu schaffen macht — oder in Zeiten zu schaffen machte, in denen die Unterdrückung, Verdrängung oder Bemäntelung eines natürlichen Triebes gang und gäbe war, während das Pendel nun wieder nach der anderen Seite ausschlägt —, als das Wesen schließlich, das viel zu lernen und fast noch mehr zu verlernen hat.

Offensichtlich liegt es in der Natur des Büßens begründet, daß mich das zu erdrücken droht, was mich mein erst jetzt als solcher erkannter Haß zu tun bewog. Was bedeutet Buße, ein Wort, mit dem wir die Vorstellung eines härenen Hemdes, einer Geißel und eines masochistischen Gemütes verbinden, im Lichte neuer Erkenntnis? Es ist die Methode, durch die sich eine Seele von einem Unrecht reinigt, das die eigene Substanz trübt und daran hindert, des Göttlichen teilhaftig zu werden. Man ist unglücklich und man möchte dies ändern. Man kann das Geschehene nicht ungeschehen machen und so versucht man auf die eine oder andere Weise das, was man falsch gemacht hat, durch ein Gutes zu kompensieren, das zwar das Unrecht nicht auslöscht, es aber aufwiegt. Hieran arbeite ich nun, und diese Arbeit besteht aus Folgendem: Der erste Schritt ist das Erkennen und Beurteilen des Unrechts, das man begangen hat. Daß dies nicht leicht ist für einen Menschen, der, ebenso wie der weitaus größte Teil der Menschheit gewohnt ist, sich erfolgreich zu belügen, kann nur der beurteilen, der gleich mir seit fünfunddreißig Jahren täglich Zeuge ist des ungeheueren Erstaunens der neu hier Angekommenen, die sich nicht dort — oder, besser, in dem Zustand — befinden, in dem sie sich ein ganzes Leben lang zu befinden glaubten. Also hat man etwas oder sogar sehr viel falsch gemacht. Dies zu erkennen bedarf es keines Jüngsten Gerichtes: man ist durch die Tatsache gerichtet, daß eine chemische oder physikalische Notwendigkeit einen in eine Rubrik verweist, an der nicht zu rütteln ist.

Ich befinde mich also in der Hölle, wenn auch unweit eines Zustandes oder einer Sphäre — denn, wie erwähnt, fließen hier die Begriffe »innerer Zustand« und »äußere Daseinsform« ineinander —, die als der unterste Kreis des Himmels anzusehen ist. Ich habe das große Licht wahrgenommen, das außer der von mir bereits erwähnten Gerechtigkeit, Liebe und geistigen Erhellung noch eine Reihe anderer Elemente enthält, so eine ungeheuere Anziehungskraft, die nicht nur ein An-sich-ziehen ist, sondern ein Liebeswerben sondergleichen. Um diesem Genüge zu tun, habe ich mich nun mit der größten mir zur Verfügung stehenden Intensität daran gemacht, jener mich lockenden Liebeswelt näher zu kommen. Nicht zu trennen von diesem Bild ist die Gestalt Marthas, zu der es mich hinzieht wie nie zuvor.

Und so versuche ich, alles zu dieser inneren Verwandlung Notwendige zu tun. Erkenntnis und Beurteilung meines Unrechtes haben bereits stattgefunden. Sie sind die Vorbedingung und der erste Schritt, den der Sühnende zu machen hat. Zu dieser Erkenntnis bin ich ganz allmählich gekommen, wie sich überhaupt der Mensch im Jenseits nicht schlagartig ändert. Man empfindet ein stumpfes Unbehagen, bis man sich schließlich der Mühe unterzieht, das Vergangene unvoreingenommen zu analysieren. Dies ist nun geschehen, und so muß ich sehen, wie ich das, worin ich gefehlt habe, dadurch gut machen kann, daß ich von mir gebe in der Form des Dienens. Altruismus ist das Merkzeichen der erwachten Seele, das Da-sein für andere, das Aufgeben des ich-zentrierten Lebens. Selbstentäußerung ist sowohl der Weg als das Ziel, wie schon Lau-tsi erkannt hatte.

Noch habe ich nicht begonnen mit diesem Dienen. Erst mußte ich mich befreien vom Druck des Nichtausgesprochenen. Dies ist nun geschehen. Ich danke Dir, Eva! Hiermit nehme ich das, was ich in Bezug auf Publikation sagte, zurück.

Ich verlasse Dich nun, um mich in ein Kloster oder Seminar zu begeben, in dem ich schnell vorwärts zu gelangen hoffe. Adieu.

Sigmund Freud

PIERRE TEILHARD DE CHARDIN
(1881—1955)

Eine Botschaft aus dem Jenseits

Im Jahre 1973 trat Pierre Teilhard de Chardin mit mir in Verbindung. Er begrüßte mich, sagte, er kenne mich seit einiger Zeit und
wünsche mir ein paar Zeilen zu diktieren. — Ich war zunächst etwas
befangen, da ich mich erinnerte, vor Jahren ein Buch von ihm lediglich angelesen und dann beiseite gelegt zu haben. Es war schön geschrieben, doch schien es mir als Laien mehr Fragen aufzuwerfen, als
es beantworten konnte. Chardin mußte diese Befangenheit und meine flüchtigen Gedanken gespürt haben, denn er sagte: Ich war damals
nicht frei. Jetzt bin ichs.

Seit meinem Tode habe ich eine lange Strecke Weges zurückge-
legt. Um ein geringes wäre ich in die Falle geraten, die aus den Gewohnheiten eines halben Jahrhunderts bestand. Denn ich war an eine Denkweise gekettet, die mir seit frühester Jugend oktroyiert worden war und derer ich mich während eines langen Lebens bediente,
weil Denkgewohnheiten Furchen in unser Hirn graben, die dann unser Denken bestimmen. Sind sie einmal eingegraben, so ist es außerordentlich schwierig, sich diesen zwingenden Gegebenheiten zu entziehen.

Seit meiner Kindheit bewegten sich meine Gedanken in den
Denkformen des Katholizismus. Ich kannte außer ihm nur Juden-
tum und Protestantismus; mit den Religionen anderer Kulturen be-
faßte ich mich erst sehr viel später. Sie gehörten nicht in meinen geistigen Haushalt, der sich bei allen gründlichen wissenschaftlichen

86

Kenntnissen nur wenig vergrößerte. Diese wissenschaftlichen Kenntnisse waren auf ein unerschütterliches Fundament gegründet, das ich nie bezweifelte und nie in Frage stellte. Es war unbestreitbare Prämisse, und niemals wäre es mir in den Sinn gekommen, von diesem Fundament auch nur im geringsten abzuweichen.

Dieser fundamentale Grundsatz, um den sich mein ganzes Denken bewegte, war für mich der Kern aller Wahrheit. Ich war eifrig bemüht, mir alles anzueignen, was es in der inneren und äußeren Welt zu erlernen gab, und wie eine emsige Biene flog ich auf der Suche nach dem Honig des Wissens überall hin. Ich spürte auf, wo immer auch nur ein wenig Information zu ergattern war, und ich machte es mir zur Aufgabe, alle Sprachen zu erlernen, die mir darin nützlich sein könnten — niemals aber hätte ich es gewagt, den innersten Kern meines Wesens anzuzweifeln. Meine Philosophie war wahrhaft ehern gegründet, der bloße Gedanke, daß hier ein Irrtum vorliegen könnte, wäre mir als unerhörter Frevel erschienen.

Der Tod erst öffnete mir die Augen. Vom Augenblick meiner Ankunft in dieser Welt an, die wie ein Nordlicht strahlte, und dennoch so völlig anders war als ich sie mir vorgestellt hatte, wunderte es mich, daß ich jenes göttliche Wesen, das Herrscher dieser Welt war, nicht von Angesicht sah. Stattdessen traf ich eine Menge Menschen an, die ebenso gütig wie glücklich zu sein schienen. Alle zeigten sich von unserem Wiedersehen entzückt; ich entdeckte unter ihnen manchen alten Freund und Bekannten. Und doch war ich nicht zufrieden: ich hatte mir die göttliche Welt ganz anders gedacht. Jesus war nirgends zu sehen, auch keine Engel — eine dem Menschen nachgebildete Gottheit hatte ich allerdings nicht erwartet — und von einem Jüngsten Gericht schien keine Rede zu sein. Ich befand mich in einer herrlichen Umgebung, war aber sehr verwirrt, weil sie in keiner Weise einem Himmel glich, wie ich ihn mein ganzes Leben erhofft hatte. Dennoch war ich nicht unglücklich, denn ein köstlicher Wohlgeruch von Heiligkeit durchflutete alles. Ich möchte jedoch betonen, daß der Ort, an dem ich mich befand, kein geographisch bestimmbarer Platz war, wie wir sie auf Erden kennen. Alles war von Licht durch-

strahlt. Die Atmosphäre war von einer nach irdischem Maßstabe un-
erhörten Leuchtkraft: exquisite Gerüche und Töne erfüllten sie: es
war Harmonie und Weisheit in einem: denn vielgestaltig enthüllte
sich ein wahrhaft unsägliches göttliches Wissen.

Ich lernte mancherlei während der ersten Wochen in diesem so
völlig unerwarteten Himmel. Leuchtende Wesenheiten kamen und
gingen, aber nicht, wie Vögel fliegen; sie erschienen und verschwanden von einem Augenblick zum nächsten, und manchmal wichen sie
im Gespräch mit mir ein wenig zurück, wie es ihrer inneren Beziehung zu mir entsprach. Sagte ich etwas zu ihrem Mißfallen, so befanden sie sich plötzlich ein paar Schritte entfernt, äußerte ich aber etwas, das ihnen gefiel, näherten sie sich mir wieder. Manchmal sah ich
Seelen völlig ineinander verschmelzen und jener sublimen Lust teilhaftig, deren sich innigst Liebende erfreuen. Ich hingegen, dessen
ganze Liebe auf Jesus Christus gerichtet war, verging vor Sehnsucht,
ihn von Angesicht zu Angesicht zu sehen. Eines schönen Tages aber
sah ich ihn von fern. Er kam mir mit weit ausgebreiteten Armen entgegen, aber ich begriff sofort — wie man hier die Dinge erfaßt, spontan, mit dem Herzen und nicht mit den Sinnen oder dem Verstand
—, daß ich es war, der sich ihm nähern mußte. Auch wurde mir klar,
daß diese Annäherung nicht sofort zu verwirklichen war, sondern ein
ungeheueres Bemühen voraussetzte, das viele Jahre dauern würde.
Ich meinte vor Seligkeit und Schmerz hinzusinken. Der leibliche
Tod ist ein Nichts verglichen mit der Pein eines liebenden Herzens,
und nun erst eines Herzens, das Christus liebte. Denn der Gegenstand einer Liebe adelt diese Liebe, und die hohe Qual, den Gelieb-
ten zu sehen und zugleich zu wissen, daß eine unbestimmte Warte-
zeit uns noch von jenem höchsten Augenblick trennt — jenem Moment, den sich kein Sterblicher, kein Geist im voraus vorzustellen
vermag — das macht meine hiesige Existenz zu einem einzigen, großen Warten. Unter den Fortgeschritteneren hier gilt solcher Schmerz
als Strafe. Für welches Vergehen werde ich gestraft?

Ich muß in meine Kindheit zurückgehen, um von einem Wesens-
zug zu sprechen, den ich jetzt als einen Fehler erkenne: meinen dün-

kelhaften Stolz. Ich war auf ganz besondere Weise dünkelhaft, da beides in mir wohnte, tiefe Demut und ungeheuerer Stolz. Das eine hatte nichts mit dem anderen zu tun, beide erfüllten mich aber bis zum Rand. Der Hochmut, der damals in mir schwoll, war ein intellektueller. Ich wollte lernen, um zu herrschen. Ich wollte bei aller Demut ein Meister sein und mir wissenschaftliche Bereiche erobern, um die Stellung der Kirche zu festigen, die dem Untergang nahe war. Ich glaubte mein In-Einklang-Bringen der Wissenschaft mit der Kirche vermöchte jenen, für die sie an Prestige eingebüßt hatte, einen neuen Zugang zu gewähren. Diese Erneuerung der Kirche sollte nur ihr zum Ruhm gereichen, und nicht etwa mir; freilich konnte ich nicht umhin, in mir den Erretter einer Institution zu sehen, der ich angehörte und die ohne mich zusammenbrechen würde. Ich sah mich als Atlas, der eine schwankende Welt aufrecht hielt, und es gereichte mir dann zum immerwährenden Ruhm, dieses Debakel verhütet zu haben. Es erübrigt sich zu erwähnen, daß ich es fertig brachte, auch an das zu glauben, was ich predigte. Die menschliche Seele besteht ja aus vielen Schichten, deren eine die anderen ignoriert. Ich glaubte an das, was ich verkündete, und doch wußte eine tiefere Schicht in mir, daß ich im Unrecht war; mein Stolz aber machte mich blind gegen mich selbst. Ich verkündete also das, was mir damals als neuartige Sehweise erschien, obwohl ich zutiefst wußte, daß das nicht stimmte. Was aber habe ich wirklich geglaubt?

Von hier aus ist es schwierig von einem Glauben zu sprechen, der sich inzwischen gewandelt hat. Von hier gesehen, gibt der Katholizismus mitnichten ein wahres Portrait des Universums. Der Katholizismus meiner Kindheit — und ich spreche von einem Glauben, der in seiner Tiefe mit anderen während unseres Erdenlebens vergessenen Glauben verwandt ist — dieser Katholizismus meiner Kindheit akzeptierte jene Ideen nicht, die mir mein Ehrgeiz eingegeben hatte, und in denen man eine Brücke über den Fluß sah, der Kirche und Wissenschaft trennte. Bereits der Katholizismus meiner Kindheit war weit von jenem Glauben entfernt, der allem Glauben in der wissendsten und verborgensten Tiefe der Seele zugrunde liegt. Nur selten entsinnt man sich dieses Glaubens während einer Inkarnation, also während eines Aufenthaltes auf Erden, wie die Seele ihn von Zeit zu Zeit auf sich nimmt, um danach wieder in ihre ewige Heimat zurückzukehren, wo in der völligen Erleuchtung der befreiten Wesenheit ein reiner Glauben inbegriffen ist. Leider eignet dieser unverfälschte Glauben nur befreiten Wesen. Jene unbefreiten, immer noch ihren Lastern verhafteten Seelen, kümmern sich ohnehin nicht um einen Glauben; es ist ihr Los, blind und verderbt zu bleiben bis zum Tage ihrer Befreiung, die nur von ihnen selbst kommen kann, denn der Mythus, daß unser Herr Jesus Christus uns von allen Sünden erlöst, ist eine der schlimmsten Fiktionen jener Kirche, deren Ziel es war, die gesamte Christenheit zu versklaven. Wenn sich der Mensch nämlich selbst erlösen kann und soll, wo bleibt dann die Oberherrschaft einer Kirche, die erklärt, sie sei die Verwalterin Gottes auf Erden?

Als ich erkannt hatte, daß strenge Selbstkritik geboten war, ließ ich alle Ereignisse in meinem Leben Revue passieren. Auch fiel mir bei der Ankunft anderer Wesen gleichen Glaubens auf, daß sie sich, je nach dem Reinheitsgrad ihrer Seele in dieser unerwarteten Lage zurechtfanden: waren sie gute Menschen und von reinem Herzen, fand diese Anpassung verhältnismäßig schnell statt. Einige hatten ebenfalls gepredigt, was sie für wahr gehalten hatten, was aber der Wahrheit nicht entsprach. Andere hingegen, die nicht einmal an das geglaubt hatten, was sie predigten, befanden sich in den unteren Ebenen der geistigen Hierarchie, da das Maß ihrer Lüge den Ort bestimmte, an dem sie sich befanden. Was mich anbelangt, so war ich, mit schlechten Wesenheiten verglichen, auf einer zwar hohen Stufe, doch litt ich an einem schweren Unbehagen, das irgendeine noch nicht erkannte und infolgedessen noch ungesühnte Schuld andeutete. Die Lüge, um die es ging, die große Lüge meines Lebens, war subtil, und der Hochmut, der sie gezeugt, war immerhin ein Zug eines im wesentlichen edlen Charakters. Und die Strafe, die meiner harrte, entsprach — wie alle Strafen hier — dem begangenen Unrecht; im Augenblick des Sündigens nämlich sind alle unausweichlichen Folgen bereits einbegriffen.

90

Da ich nun erklärt habe, worin, moralisch gesprochen, mein Vergehen bestand, bliebe mir nur noch über den theoretischen Aspekt dieses Vergehens zu sprechen. Das Buch Eva Herrmanns*, der ich soeben diese Zeilen diktiert habe, enthält bereits einen großen Teil dessen, was ich jetzt noch enthüllen könnte. Was die in meinem Werk verstreuten Irrtümer anbetrifft, so bitte ich meine Leser dies Werk im Sinn des eben Gesagten neu zu werten und die Fehler eines Menschen zu entschuldigen, der sich dem großen Licht näher glaubte, als er es war.

Pierre Teilhard de Chardin

---

* *Von Drüben,* Verlag der Leuchter, 1976

91

NACHWORT

Pierre Teilhard de Chardin:

Nach Beendigung seines Diktates.

Ich danke ihnen, Eva.

Sind Sie zufrieden?

Ich bin viel zu unglücklich. — — Weinen sie nicht um mich, Eva, es war meine eigene Schuld.

Am nächsten Tag:

Pierre Teilhard de Chardin: Liebe Freundin, ich danke Ihnen von ganzem Herzen, daß Sie mir Mut gemacht haben. Seit gestern habe ich mit Freunden gesprochen und sie haben bestätigt, was Sie mir in der vergangenen Nacht sagten: es ist wirklich möglich, in eine Anzahl von Ebenen in ebensovielen Jahren aufzusteigen. Ich befinde mich gegen Ende der IV., und in einigen Jahren könnte ich mein Ziel erreichen. Ich spreche sie wieder, liebe Seele. Adieu.

Ein halbes Jahr später

Pierre Teilhard de Chardin: Hier bin ich wieder, chère âme.

Wie geht es Ihnen?

Sehr gut, denn ich bin im Begriff mich Ihm zu nähern.

Und haben sie Ihn wieder gesehen?

Ja, mehrere Male. Ich befinde mich jetzt auf der V. Ebene, was einen großen Unterschied macht. — Ich bin Ihnen sehr zugetan, Eva; Sie sind eine seltene Seele. Sie werden sich bestimmt durchsetzen; man hat mir das gesagt.

Ich bin froh, daß es Ihnen besser geht.

Wesentlich besser. Auf Wiedersehen,

P. T. de Chardin

92

1976

Ich war gerade dabei, Pierre Teilhard de Chardin's »Un message d'outre-tombe« ins Deutsche zu übersetzen, als ich seine Nähe spürte.

Eva, hier bin ich wieder, angezogen von deinen Gedanken. Es geht mir viel besser, und unser Herr Jesus Christus hat mich in seine Arme genommen. — Ja, es ist so, liebe Freundin. — Nein, ich bin noch nicht auf der Höhe manch eines anderen, aber meine Liebe für Ihn hat mich Ihm über mein Verdienst hinaus entgegen gehoben. Sei gesegnet.

Ich habe eine Vision von P. T. de Ch., wie von einer in unendliche Höhe hinaufzüngelnden, ganz langgestreckten Flamme, die in Sphären reicht, in die sie eigentlich noch nicht gehört.

PIERRE TEILHARD DE CHARDIN: Ich habe dir dieses Bild gegeben. — — Ich sehe deine Tränen. Sei gesegnet.

MEINE HELFER: Ach, Eva, wir sind alle ganz erschüttert. *So etwas Edles, Reines!* Ein Verklärter! *Auf welcher Ebene?* Wohl um die VI., aber eben irgendwie sich selber voraus durch sein Sehnen, das unerschütterlich auf sein Ziel gerichtet ist. Eine ganz merkwürdige Erscheinung. Wie eine lange Faser, die nur zu Gott will und sonst gar kein Eigenleben hat. Ausgemergelt vor Sehnsucht, aber schön und ganz verklärt dabei. — Ja, ein wenig wie eine El Greco-Gestalt, nach oben strebend.

HENRY CAVENDISH

(1731—1810)

Ein Physiker spricht aus dem Jenseits *

VORWORT

Ich, Henry Cavendish, möchte einem nach unserem Ermessen sehr hochstehenden Medium eine Abhandlung diktieren. Unsere Einschätzung von Medien basiert auf ganz anderen Anforderungen und unterscheidet sich deshalb von der eurigen. Ihr wollt, daß Medien sich etwa durch Aussagen über ihnen Unbekanntes ausweisen und durch Antwort auf persönliche Fragen — ein wenig Prophezeihung einbegriffen —, was allerdings für den Fragenden von größter Bedeutung sein mag. Wir hingegen bedürfen derartiger Beweise nicht und wählen uns unsere Medien also nach anderen Gesichtspunkten. Unter »wir« verstehe ich alle Wesenheiten, denen es nicht um persönliche Dinge geht und die qualifiziert sind, Botschaften von allgemeinem Interesse für die Menschheit zu übermitteln. Wir wählten also Eva Herrmann als für diese Aufgabe besonders geeignet; ihre Tätigkeit ist von ihrem Karma aus eher auf eine Sache als auf das Individuelle gerichtet.

---

* Der Übersetzer merkt an, daß der folgende Text von allen in VON DRÜBEN I und VON DRÜBEN II wiedergegebenen Übertragungen aus dem Englischen der einzige ist, an der Eva Herrmann nicht selbst mitgewirkt hat. Eine schwere Krankheit, der sie am 7. September 1978 erlag, machte ihr eine Durchsicht der Übertragung unmöglich. Gewöhnlich vermochte sie bei fragwürdigen Formulierungen im englischen oder deutschen Text durch den Übermittler der Botschaft selbst Klarheit zu schaffen. Dieser letzte abschließende Arbeitsgang ist also dem Cavendish-Manuskript nicht zugutegekommen.   R. E.

Für mich wird es besonders interessant sein, ob eine in Physik und Chemie nicht im geringsten bewanderte Künstlerin, die sich in solchen Dingen ausschließlich auf ihren sechsten Sinn verlassen muß, eine höchst technische Abhandlung übermitteln kann. Ich werde mich schon deshalb einer möglichst einfachen, dem Gegenstand aber angemessenen Terminologie bedienen. Es sind Fälle bekannt geworden, in denen Sensitive Material in Sprachen übermittelten, von denen sie unmöglich Kenntnis haben konnten; obschon das von größtem Interesse sein mag, machen wir von solchen Kunstgriffen keinen Gebrauch, es sei denn, um etwas Bestimmtes zu beweisen. Außerdem würden wir riskieren, das Medium unnötig zu überanstrengen. Es wäre, als sollte man eine Botschaft überrmitteln, die man am Telefon kaum hörbar und in einer unbekannten Sprache vernommen; man kann das und es ist auch geschehen, es muß aber nicht in jedem einzelnen Fall so sein. Die Tatsache, daß ein dem Übermittler völlig unbekanntes Material klar und deutlich weitergegeben wird, dürfte jedem bereits zum Beweis dienen, der kein eingefleischter Skeptiker ist und es seiner akademischen Würde zu schulden meint, eisern an seiner Skepsis festzuhalten.

Ich, Henry Cavendish, bin seit mehr als zwei Jahrhunderten im Jenseits. Dieses Jenseits besteht aus vielen Ebenen von unterschiedlicher Dichte, obwohl »Dichte«, wie ich noch erläutern werde, kein ganz zutreffender Ausdruck ist. Diese Seinsebenen entsprechen jeweils Graden von Erleuchtung. Es wäre daher richtiger, ich bezeichnete mich als in einer der vielen nicht-materiellen Welten befindlich, in denen sich Seelen nach dem Tode aufhalten. Während meines Erdenlebens war es mir vergönnt, mich meiner Gaben in vollstem Maße zu bedienen, indem ich auf alles persönliche Glück verzichtete. Ich wußte nicht, was Liebe war und heiratete nie. Und doch befand ich mich hier zunächst auf einer der niedersten Ebenen oberhalb der Grenze, die das, was wir metaphorisch als Himmel und Hölle bezeichnen, trennt. Ich bin im Himmel, wohl aber nur im Himmel jener, die noch nicht gelernt haben, sich völlig zu schenken. Selbst nach zwei Jahrhunderten bin ich noch nicht viel weiter gelangt, weil mein leidenschaftliches Verlangen nach Wissen mich fast ausschließlich auf einen einzigen Aspekt der Welt konzentrieren hieß. Also befinde ich mich auf einer Ebene mit jenen eifrig Bemühten, die auch weiterhin nur solches Wissen sammeln, das sie bereits auf Erden, auf Kosten anderer Wissensbereiche, gefangenhielt — kurz, auf einer Ebene, die zwar nicht unglücklich ist, jedoch weit entfernt von jenen erhabenen Sphären, in denen solche Seelen »wohnen«, die ein Streben dorthin brachte, das ich mangels eines besseren Wortes religiös nenne. Man könnte sagen, ich lebe im Himmel der Wissenschaftler, nicht in dem der Heiligen. Heute sehe ich die Religion als etwas, das ich zu Lebzeiten als Farce und keiner ernsthaften Erwägungen wert ablehnte. Hier aber bedeutet Glauben eine der Seele eingeborene Sehnsucht, ein Verlangen, das früher oder später erfüllt sein will, doch nicht eher, als der Wissenschaftler in mir sich ausgelebt hat.

Eine Wesenheit wie ich kann zu profunder Erkenntnis gewisser Aspekte des Universums kommen, ohne den Rang eines Heiligen, also einer auf dem Pfade der Vervollkommnung sehr weit fortgeschrittenen Seele, erreicht zu haben. Eine solche Seele befindet sich auf einer der höheren, also weniger »dichten« Ebenen des Universums. Diese Dichte ist eine gänzlich nicht-materielle, von jener in der Materie gefundenen völlig verschieden; sie ist eher einem enggewebten Stoff vergleichbar, dessen Bestandteile rein moralische (oder, zutreffender, unmoralische) Eigenschaften sind. Könnte man sich etwas so Abstraktes wie einen Fehl, einen moralischen Fehler also, vorstellen, so würde eine Anhäufung von solchen Fehlern innerhalb eines gegebenen Raumes die Dichte niederer Ebenen ausmachen, wenn es einen solchen Raum überhaupt gäbe. Die hier angedeutete Dimension gehört aber gar nicht zur materiellen Welt und ist somit den meisten von euch unbekannt. Die einzige Möglichkeit, euch diese neue Dimension zu veranschaulichen, ist mit Hilfe eines Vergleichs, an dem ihr geistig weiterarbeiten könnt. Diese neue Dimension ist rein spirituell und unendlich und durchdringt die euch bekannten Dimensionen, die ihrerseits gleichsam in ihr schweben; es ist eine ihren eigenen Gesetzen folgende Welt. Eines ihrer Gesetze ist die völlige Unverträglichkeit einer geistigen Ebene gegenüber allem, was ihr nicht entspricht. Deshalb kann eine Seele nur in ihrer eigenen Dichte existieren; man möchte sagen, sie könne aus dem ihr gemäßen Element nicht heraus. Die einzige Ausnahme bilden Wesenheiten höheren Ranges, denen es gegeben ist, sich der Dichte niederer Ebenen anzupassen, die sie um solcher Seelen willen besuchen, welche die damit verbundene schmerzhafte Adaption wert sind.

Da ich euch nun mit einer rein spirituellen Welt bekannt gemacht habe, möchte ich ihre Bedeutung noch unterstreichen, da die drei-dimensionale Welt ja nur ein unwesentlicher Teil des Ganzen ist. Zu diesen drei Dimensionen gehört auch die Zeit, da die Zeit innerhalb der von mir erwähnten Dimensionen nur von begrenzter Bedeutung ist. Es ist natürlich unmöglich, etwas Materielles mit etwas Nicht-materiellem zu vergleichen: immerhin möchte ich erwähnen, daß die drei-dimensionale Welt, die ihr kennt und die ihr auf irgendeine Weise immer mehr kennenlernen werdet, vom Ganzen her gesehen ein äußerst minimales Vorkommnis ist. Stellt z. B. eine Handvoll Insekten die materielle Welt dar, so brauchte man den Atlantischen Ozean, um die Weite des geistigen Universums in gleicher Weise zu veranschaulichen. Wäre ein derartiger Vergleich überhaupt zulässig, so hieße das, die materielle Welt sei nichts weiter als ein unter der Hand unternommenes Experiment und dazu noch ein ephemeres, langen Zeitläuften eines Nichtseins anheimfallendes: eine Art Extravaganz und dennoch unerläßlich für jenes einmalige Phänomen, die menschliche Seele, der die Erfahrung der Materialität innerhalb langer Fristen von jenseitigem Dasein auferlegt ist, einem Dasein, das sie in verschiedenen Graden von Geistigkeit durchwandert, um schließlich wieder in die materielle Welt, die quantité négligeable, zurückzukehren.

Weshalb kehren Seelen in bei geistigem Fortschreiten immer länger werdenden Intervallen zurück, bis sie sich schließlich fast nie mehr reinkarnieren? Die menschliche Seele ist in der Tat ein Funke jenes grenzenlosen geistigen Reichs, ein Funke dessen, was man Gott nennen kann, wenn man von allen mit dieser Bezeichnung verbundenen unakzeptablen Nebenbedeutungen abzusehen bereit ist. Die Verquickung der Seele mit der Materie greift ihre essentielle Reinheit nicht an; ihr der irdischen Umgebung immer wieder Ausgesetztsein läßt sich mit dem Vorgang vergleichen, dem eine photographische Platte während ihrer Entwicklung durch das Eintauchen in allerlei Lösungen ausgesetzt ist. Sieht man das außerhalb eines moralischen Bezugsystems, dessen Bedeutung für alle in ihm Existierenden nicht abgestritten werden soll, so sind Verlust oder Gewinn an seelischem Rang wirklich mit jenem chemischen Prozeß vergleichbar. Denn menschliche Seelen verhalten sich niemals statisch, gleichviel auf welcher Ebene sie sich befinden mögen. Sie bewegen sich entweder auf- oder abwärts; die Bewegung nach oben wird zumeist angestrebt, auch wenn sie nicht immer glückt.

Außerhalb eines moralischen Bezugsystems spielt Unrechttun jedoch eine andere Rolle. Unrechttun, ausnahmslos Leiden verursachend, ist ein Agens des geistigen Fortschritts auf Erden. Es versteht sich von selbst, daß man deshalb der Immoralität nicht das Wort redet! Aber Tatsache ist doch: Unrechttun ist ein natürlicher Trieb; es ist der Weg des geringsten Widerstands. Dazu hängt das, was man als Unrechttun ansieht, sehr vom Standpunkt dessen ab, der solches Unrecht begeht. Wie bereits in anderen diesem Medium gegebenen Diktaten erwähnt wurde, findet selbst ein so erhabener Geist wie Jesus noch Mängel an sich selbst, Mängel, die für keinen anderen wahrnehmbar wären. Jesus erlöst die Welt einzig und allein dadurch, daß er als Buße zu ihr zurückkehrt und damit seine Kraft, zu leiten und zu dienen, erneut. In der Geschichte kennt man ihn als Jesus — in früheren Inkarnationen trug er andere Namen.

Es fällt mir bei Gott nicht leicht, Unrechttun objektiv zu sehen; subjektiv gesehen, sollte es aber wie die Pest gemieden werden. Selbst wenn sich das Ausmaß an begangenem Unrecht verringert — und hoffentlich wird es das! —, so würde es eben nur in gemilderter Form die jetzt verbreiteten Exzesse ersetzen und auf diese Weise den erwähnten evolutionären Prozeß fördern. Zu hoffen und anzustre-

ben, daß alles Unrecht aus der Welt geschafft werden könnte, ist no-
bel; was aber wäre die Folge davon? Eine Utopie! Wohl gab es Fast-
Utopien in vergangenen Zeiten; doch immer wird irgendwo Unrecht
getan und somit das Gleichgewicht gestört und Unzufriedenheit geschaffen, und das wiederum hält in Gang, was sonst zum Stillstand
käme.

Ist es also der menschlichen Seele auferlegt, ewig Fehler zu begehen und deren Folgen zu erleiden? Einige erhabene Seelen mögen
sich vollkommener Reinheit nähern und so die Menschheit und sich
selbst begünstigen, aber ein minimaler Rest an Unvollkommenheit
wird immer bleiben und auf diese Weise einen Fortschritt anregen,
der sonst einer statischen unveränderlichen Perfektion anheimfiele.
Glücklicherweise gibt es weder im geistigen noch im materiellen
Universum einen solchen Himmel. Es gibt ihn nur als leere Versprechung. Wer sich eine solche Versprechung ernstlich als erfüllbar
dächte, würde sie nie herbeiwünschen.

Vollendung ist nämlich gleichbedeutend mit Ende und Auflösung, da innere Vervollkommnung und der Beginn äußeren Verfalls
auf diesem Planeten eng miteinander verwandt sind. Andere Himmelskörper fügen sich einem ähnlichen Muster, obwohl nur relativ
wenige unter ihnen bewohnt sind. Doch beseelt sie alle der gleiche
universale Rhythmus: der erste Takt verkündet ein ungeheures Werden, der zweite ein ebenso ungeheures Vergehen. Innerhalb des
Ganzen gibt es Synkopen, aber letztlich gleicht sich alles wieder aus,
da sich das Ganze — das Offenbarwerden in der Materie und das Zu-
rücktreten aus ihr — über Zeitläufte erstreckt, deren Dauer sich
menschlichem Verständnis entzieht.

ERSTES BUCH

1. Schwefelsäure

Ich beginne mit einem Bericht über die Welt, wie sie sich mir als Chemiker und Physiker darstellt. Die Erde ist ein Gemisch von Substanzen, von denen euch die meisten bekannt sind. Schwefelsäure ist aber in viel größeren Mengen vorhanden als ihr annehmt, denn aus ihr besteht ein Teil des innersten Erdkernes, über dessen Komposition euch ein genaues chemisches Wissen noch fehlt. Wir hier sind aber dank ihrer nicht-materiellen Ausstrahlungen in der Lage, selbst die Beschaffenheit der allertiefsten Schichten festzustellen.

2. Nicht-materielle Ausstrahlungen

Ehe ich diese Ausstrahlungen beschreibe, möchte ich den Begriff »nicht-materiell« als das definieren, was euch bisher unbekannt geblieben ist. Da die Grenze zwischen Energie und Materie fließend ist, wurden diese nicht-materiellen Ausstrahlungen bis jetzt noch nicht registriert, geschweige denn gemessen. Sowjetische Wissenschaftler sind auf diesem Gebiet recht weit vorgedrungen: ihre Entdeckungen zählen jedoch gering, da sich die sowjetische Wissenschaft weigert, ein gültiges Bild des Universums anzuerkennen, ein Bild, das die dazugehörige vierte Dimension berücksichtigte. Die übrige Welt hat zwar keine politischen Schwierigkeiten, ein solches Weltbild zu akzeptieren; es ist ihr aber dennoch gleichsam ein rotes Tuch. Und so sind alle Untersuchungen auf diesem Gebiet, dem Gesetz der Trägheit folgend, fast völlig zum Stillstand gekommen.

101

Zum Beweis bedenkt, daß außerhalb des Sowjetblocks noch heute Experimente angestellt werden, die auf mehr als dreißig Jahre alten Grundsätzen basieren und deren Resultate deshalb auch nicht über die ursprünglichen Entdeckungen hinausgekommen sind.

3. Über die Unvoreingenommenheit

Mein Diktat wird hoffentlich bewirken, daß ihr mit gutem Mut und Willen, dank meiner von Experimenten untermauerten Anweisungen, euer Verständnis vertieft. Manches wird sich seltsam anhören; ihr werdet es der ungewöhnlichen »Quelle« wegen sehr mit Vorsicht hinnehmen wollen. Jeder Unvoreingenommene aber wird in dieser Schrift Dinge von beträchtlichem Interesse finden.

4. Der Kern der Erde

Im Erdinnersten befindet sich die Schwefelsäure in ungebundenem Zustand. Ich würde hier unterstreichen wollen, daß eure Theorien über die im Erdinnersten bestehenden Zustände mit den wahren Verhältnissen nur wenig zu tun haben. Der Erdkern ist flüssig, und seine Temperatur übersteigt 3000° Fahrenheit. Unter solchen Bedingungen wird Schwefelsäure träge und verbindet sich nicht mehr mit anderen Elementen. Diese Verhaltensweise der Schwefelsäure ist nirgends beobachtbar, obwohl sie ähnlichen Zuständen im Inneren anderer Planeten entspricht.

5. Der Vorgang der Übermittlung

In dem Grade, in dem sich euer Wissen erweitert, wird euch nicht nur das Wesen anderer Planeten verständlich, sondern ihr werdet auch auf die Existenz bisher unbekannter Planeten stoßen. Dieses

Wissen wird übrigens auch der Astrologie bei der Lösung sie seit langem plagender Probleme dienlich sein, denn gewisse Charakterzüge waren bisher auf keine bekannten Planeten rückführbar. Diese neue Wissensquelle beruht — wie auch in früheren Hochkulturen, etwa in Atlantis — wesentlich auf der vierten Dimension. Zu anderen Zeiten wurden solche Informationen in esoterischen Lehren weitergereicht oder mit Hilfe von ESP (ASW), wie ihr es jetzt nennt. Weder Tradition noch Übermittlungssystem haben zu existieren aufgehört. Die Qualität der »Empfangsstationen« ist aber derart zurückgegangen, daß Empfänger im allgemeinen nicht mehr mit höherem Wissen betraut werden können. Wir nehmen jetzt wieder mit einigen Medien Kontakt auf, die das Vernommene ihrerseits an jene Wissenschaftler weitergeben, die unvoreingenommen genug sind, den in dieser Schrift aufgestellten Behauptungen einmal nachzugehen und sie experimentell zu demonstrieren.

6. Wie Ausstrahlungen wahrgenommen werden

In der intensiven Hitze des Erdinnern befinden sich zwei weitere Elemente, beide frei und ungebunden: Arsen und ionisiertes Eisen. Wir sind uns, wie gesagt, völlig klar darüber, was sich im Erdinnern abspielt, denn sämtliche Substanzen sind an ihren Ausstrahlungen zu erkennen, allerdings auf eine nur schwer zu beschreibende Weise, da mit allem auf Erden Beobachtbaren nicht vergleichbar. Sie gehören jener eingangs erwähnten Kategorie nicht-materieller Phänomene an. Diese Erscheinungen nehmen wir wie alle Erscheinungen wahr, nämlich mit allen fünf Sinnen. Unser Perzeptionsvermögen ist daher allumfassend. Im Vergleich mit der Art, wie ihr erlebt, indem ihr s u k z e s s i v seht, riecht, schmeckt und spürt, enthält unser Wahrnehmen noch das Hören und ist s i m u l t a n und daher ein einziger Perzeptionsvorgang. Wenn ihr z. B. das Erlebnis einer Rose wieder heraufbeschwören wollt, müßt ihr euch an eine Anzahl jeweiliger Erlebnismomente erinnern: ihr durchsucht euer Gedächtnis nach allen Eindrücken, die euch eine wirkliche Rose einmal übermittelt hat. Ihr seid also genötigt, euer Gedächtnis s u k z e s s i v wiederzubeleben, um derart das bewahrte Symbol »Rose« in Duft, Bild etc. zu übersetzen. Ihr seid an diesen komplexen geistigen Rekonstruktionsprozeß gewöhnt. Für uns liegen die Dinge anders. Hier evoziert das Wort »Rose« das Gesamtbild aller von dieser Blume übermittelten Empfindungen. Wir erfahren gleichsam eine Oktave höher. Da wir in der vierten Dimension leben, fallen das Erinnern und das Herbeiziehen jener Elemente des Universums, die das Gewünschte augenblicklich als Gestalt erstehen lassen, zusammen. Man muß wissen, daß die vierte — als rein geistige — Dimension nicht der Sinneneindrücke entbehrt, die mit euren vergleichbar sind. Betrachten wir eine eurer irdischen Rosen, nehmen wir allerdings nur ihre Essenz, ihren Seelenstoff wahr, obwohl wir es vermöchten, die Rose gleichsam mit euren Augen zu sehen. Vor allem aber sind für uns Ausstrahlung und Aura einer Rose immer wahrnehmbar.

7. Substanzen im Erdinnern

Nachdem ich auf die Art unseres Erkennens der Beschaffenheit des Erdinnern eingegangen bin, bleiben noch einige andere dort befindliche Substanzen aufzuzählen. Wenn die folgenden Mineralien auch in geringeren Mengen vorkommen als Schwefelsäure, Arsen und ionisiertes Eisen, so spielen sie doch auch eine entscheidende Rolle: Uran, verschieden zusammengesetzt, hauptsächlich in Form der Pechblende, Isotope des Urans und Aluminiumblende, das sich bei Temperaturen über 2500° Fahrenheit und einem Druck von mindestens einer Million Tonnen pro Quadratzoll leicht mit anderen Substanzen verbindet. Derartig extreme Temperaturen und Druckzustände finden sich zwar nicht auf Erden, doch werden künftige Experimente diese Angaben ausweisen. Eine weitere Substanz des Erdinnern ist vulkanisches Gestein, das dem Weltraum entstammt und das während seines vor Äonen stattgefunden habenden Wachstums eurem

Erdball zukam. Die Zahlenreihe, mit der man Geschehnisse, die sich derart weit zurückliegend abgespielt haben, zeitlich fixieren könnte, überstiege alle menschlichen Begriffe. Im Gegensatz zu den Meteoriten, die dem innerplanetarischen Raum entstammen, geht vulkanisches Gestein auf explosive Kollisionen zurück. Solche Gesteinsstücke bleiben in ihrem ursprünglichen Zustand; weder oxydieren sie, noch werden sie sonstwie durch ausgedehnten Kontakt mit dem verändert, was frühere Generationen als Äther bezeichneten (was in eurem Wissen aber eine Lücke darstellt), d. h. einer nicht-materiellen Substanz, die aber trotzdem auf die Materie einwirkt. Diese nicht-materielle Substanz, exakter vielleicht als Zustand definiert, werdet ihr demnächst als mit elektromagnetischen Feldern verwandt entdecken. Dieser Zustand wirkt derart drastisch auf die Materie, daß er, wenn erst völlig verstanden, bei vielen schwierigen Problemen die Lösung herbeiführen wird.

8. Ein Machtwort aus der vierten Dimension

Ich blicke einen Moment in die Vergangenheit zurück und berichte euch von der Entstehung des Planeten Erde. Auch hier übt die vierte Dimension einen starken Einfluß aus, denn aller Planeten und Sonnensysteme Beginn geht auf ein Fiat zurück, auf ein »Es werde«, das von jenseits der materiellen Welt ausgegangen ist. Dieses »Fiat« folgt einer ihm innewohnenden Notwendigkeit und manifestiert sich als das, was manche Logos oder das herrschende Prinzip des Universums nennen. Es wäre schwierig, den modus operandi des Logos zu beschreiben; begnügen wir uns damit zu sagen, daß auch er dem Gesetz folgt, noch richtiger, daß er selbst das alle Dimensionen beherrschende Gesetz ist.

9. Gedanken-Saat zukünftiger Planeten

Ist der kosmische Zeitpunkt erreicht, an dem offenbares Sein wieder einmal fällig ist, wird ein »Samen» gesät; ein Ruf geht von der vierten Dimension in die drei-dimensionale Welt hinüber und wird auf ähnliche Weise greifbar wie eine Materialisation während einer Séance. Doch liefert in einer Séance das Medium das Ektoplasma, um einen Gedanken oder eine Wesenheit v o r ü b e r g e h e n d greifbar zu machen, während bei der Schöpfung etwa eines Planeten eine d a u e r n d e Transsubstantiation stattfindet. Euch, die ihr mit den damit zusammenhängenden metaphysischen Gesetzen nicht völlig vertraut seid, erscheint dieser Vorgang schlechthin als Wunder.

In den früheren Schriften dieses Mediums wurde die bei einem solchen »Wunder« wirksame Kraft als »Pi« bezeichnet. Diese Kraft wird ihrerseits von höheren Wesen dirigiert oder ganz einfach vom Logos oder von Gott selbst. Wie immer ihr es nennt, es ist das Walten einer überirdischen und unpersönlichen Intelligenz. Obwohl die Bibel in der auf ihren Seiten verkündeten Schöpfungsgeschichte irrt, hat sie dennoch mit ihrem Hinweis auf eine jenseits des uns Bekannten liegende Dimension recht.

10. Der umfassende Grundplan

Um noch einmal auf den gerade erwähnten »Samen« zurückzukommen, auf den Gedanken, der in die materielle Welt eintrat und nun ein Partikel Materie ist: in ihm sind alle zu seinem Wachstum notwendigen Eigenschaften, wie Magnetismus, Rhythmus und was immer er für seine zukünftige Rolle braucht, eingeschlossen. Soll ein Sonnensystem geschaffen werden, zu einem bestimmten Zeitpunkt und an einer bestimmten Stelle — Sonnen gehen den Planeten immer voraus —, so unterscheidet sich der »gepflanzte« Samen von dem, der einen Planeten beginnt. Zudem wird ein konzipierter Plan immer realisiert, das heißt, die Gedanken-Samen werden nach Proportion und Distanz, der bereits etablierten Ordnung entsprechend, wenn auch nicht nach den Dimensionen späterer Stadien, auf ihre Bahnen gebracht. Wird also ein Sonnensystem in die ihm vorbestimmte Stelle eingesetzt, so entstehen danach die Planeten in harmonischer Folge. Eine andere Ursprungsart von Planeten, nämlich aus dem Innern eines Sonnenkörpers, wird später beschrieben. Einmal auf seiner Bahn, beginnt ein Planet sich von der ihm auf seinem Umlauf begegnenden Materie zu »ernähren«.

11. Der Ursprung der Materie

Da wir von einem völlig neuen Anfang sprechen, erhebt sich notwendig die Frage nach der Herkunft der Materie, die diesem neuen Planeten entgegentritt. Wir wissen nur, daß ein Planet aus einem Gedanken entspringt und nach seinem Übertritt in eine dreidimensionale Welt deren materiellen Gesetzen untersteht. Ob aber diese Partikel Materie, von denen es im innerplanetarischen Raum wimmelt, Überreste eines früheren Zyklus sind (gemeint ist der große Zyklus, der mit einer vollständigen Zurücknahme alles offenbaren Seins endet) oder ob sie auf ähnliche Weise wie ein Sonnensystem entstehen, kann ich nicht mit Gewißheit sagen. Das Vorhandensein von Materie während dieses frühen Stadiums läßt eine von zwei Erklärungen zu: entweder haben diese Partikel jene lange Nacht des Nichtseins in Form unmanifestierter oder potentieller Materie überstanden und tauchen nun, einem überirdischen Gesetz gehorchend und mit Hilfe von »Pi« als umbildender Kraft, wieder auf oder diese Partikel wurden als vollständige »Neulinge« zum ersten Mal aus Idee in Materie verwandelt. Tatsächlich ist der Unterschied zwischen diesen beiden Möglichkeiten gering; im einen Fall vollführt die Materie einen Akt des Verschwindens und Wiedererscheinens, nicht ungleich jenen unzähligen Milliarden Seelen »in Reserve«, die während unendlich langer Zeitläufte nichts anderes als Möglichkeiten sind, jede mit einer Vergangenheit und einer Zukunft; im andern Fall entspricht das Ausstreuen von Materie durch den Weltraum einer sich ergebenden Notwendigkeit.

12. Das Sonnensystem — ein Organismus

Sonnensysteme entstanden zu verschiedenen Zeitpunkten; sie sind weiter im Entstehen und stellen jedes einzelne einen Organismus dar, innerhalb dessen alle Teile voneinander abhängig sind, während der Organismus als Ganzes einmalige Qualitäten besitzt, darunter eine Lebensfrist und sogar ein eigenes Karma. Ein Sonnensystem fährt also zu wachsen fort, auch wenn einige seiner Teile schon vergangen oder gerade am Vergehen sind. In jenen jetzt lange zurückliegenden Äonen, in denen die Erde an Masse zunahm, nahm euer Planet zu, indem ihm auf seinen Bahnen große Mengen von Materie zuwuchsen. Aus diesem Grunde ist sein Innerstes noch voll von Gestein, sowohl meteorischen wie vulkanischen Ursprungs, das er in seiner formativen Phase aufnahm.

13. Unsichtbare Planeten

Hat ein Planet seine ihm vorbestimmten Ausmaße erreicht, beginnt er zu verfallen; er wird schwerer und löst sich allmählich auf. Es gibt sogar eine kleine Anzahl von Planeten, deren Entmaterialisierung bereits begonnen hat, die aber ihre Umlaufbahn noch einhalten: sie sind für euch nicht mehr sichtbar. Auf solchen Himmelskörpern befinden sich Wesenheiten, die der Fürsorge oder Erziehung bedürfen, die gerade dieser Planet bietet, denn er behält noch die wesentlichen Merkmale, ohne die ein vollständiges universales Spektrum von Eigenschaften undenkbar ist.

14. Präzession

Auch die oberflächlichste Kenntnis der Astrologie vermittelt, daß jeder Planet und jedes Tierkreiszeichen eine bestimmte Eigenschaft verkörpert. (Die Sonne z. B., von der Astrologie als Planet angesehen, bedeutet im Horoskop eines Menschen Größe und Großmut oder, unter schlechten Aspekten, falschen Stolz.) Da Planeten, wie schon erwähnt, zwar Zentren sind, in denen universale Kräfte, also Eigenschaften, gespeichert und von dort wieder verteilt werden, sind sie jedoch nicht die Quelle jener Kräfte. Ebensowenig sind Tierkreiszeichen die Quelle von Eigenschaften, welche den Planeten beeinflussen, der diese Zeichen passiert. Diese Tierkreiszeichen also, bzw. ihre jeweiligen Namen, werden gleichsam entliehen, um gewisse Phasen des Umlaufs der Erde um die Sonne zu bezeichnen und haben nichts mit tatsächlichen Sternbildern zu tun, die schon seit langem nicht mehr mit den orbitalen Abschnitten, nach denen sie benannt sind, übereinstimmen.

Diese wachsende Diskrepanz, genannt Präzession, wird vielfach als Argument gegen die Astrologie ins Feld geführt. Ein solches Argument übersieht aber die eben erwähnte Einschränkung. Die Bezeichnung für die zwölf Tierkreiszeichen, nicht nur von Astrologen, sondern auch von Astronomen beibehalten (letztere sehen in ihnen wenig mehr als einen amüsanten Anachronismus), bedeuten aber weit mehr, als die Verächter der Astrologie wahrhaben wollen.

15. Der unendliche Raum

Dank dieser Einsicht in die Anfänge der Erde und anderer Himmelskörper können wir nun unser Augenmerk auf das Universum selbst richten. Es bestehen, was seine Form und Größe angeht, vielerlei Hypothesen. Aber der Weltraum ist unendlich und hat daher weder Form noch Ausmaß. Die Unendlichkeit des Raums ist als Begriff weniger vertraut als die Unendlichkeit der Zeit. Letztere ist für viele ein kurioses Zwischending zwischen Zeit und Zeitlosigkeit und entstanden durch die weitverbreitete Vorstellung einer Schöpfung, welche eine zweitrangige Vor-Ewigkeit postuliert, da man irgendwie den Augenblick für den eigentlichen Anfang hält, zu dem der Schöpfer, vom Wunsch beseelt, all die viele Zeit zu nützen, die Welt schuf. Bis zu diesem Moment hatte der Schöpfer in einem Halbschatten, in einer zweitrangigen Ewigkeit existiert, die postuliert worden war, um einem ewigen Gott einen ewigen Raum als Hintergrund zu besorgen. Aber nach vollendeter Schöpfung ist die Ewigkeit ernst zu nehmen; sie muß als nie endende Strafe für den Sünder herhalten und ebenso als ewige Zeit der Seligkeit für den, der unbeirrt die Gebote der jeweiligen Kirche einhielt, die zur Stunde und am Ort seiner Geburt an der Macht war. Bis zu diesem Grad also ist der Mensch mindestens gehalten, eine nur in eine Richtung weisende Ewigkeit zu akzeptieren. Der unendliche Raum aber übersteigt sein Vorstellungsvermögen. Eigentlich übersteigen ja beide Begriffe das Vorstellungsvermögen des Menschen und auch das der Geister: Begriffe wie Ewigkeit und endloser Raum sind einfach zu allumfassend und furchteinjagend, als daß ein Individuum, ob inkarniert oder außerhalb des Körpers, sie zu auszudenken imstande wäre.

16. Wie wir im Raum reisen

Ich habe als Chemiker und Physiker versucht, die entlegensten Himmel zu erforschen und entfernte mich dabei immer weiter aus der Umgebung der Erde und immer tiefer in den Weltraum hinein, bis mich meine Kühnheit erschreckte und ich wieder in vertrautere Gegenden zurückeilte. Ihr entsinnt euch, wir reisen ausschließlich durch unsere Gedanken, was nicht bedeutet, es genüge, sich Paris vorzustellen und man sei dann prompt in Paris; es findet vielmehr eine tatsächliche Reise statt, allerdings in Gedankenschnelle. Aber trotz der Beweglichkeit, die uns solch augenblickliches Reisen ermöglicht, lassen bei einer extremen Ortsveränderung, wie meine gerade erwähnte Durchforschung des Raumes sie erforderte, die zu solcher Anstrengung erforderlichen Kräfte notwendig nach, da der Wille ohne ein bestimmtes Ziel nicht dauern kann. Der noch inkarnierte Mensch, dem es um eine anhaltende geistige Vorstellung unendlicher Zeit und unendlichen Raumes geht, könnte bei solchem Verlangen aus der relativen Geborgenheit einer begrenzten Vernunft in den Wahnsinn abgleiten.

17. Erforschung des Sternes Beteigeuze

Was begegnete mir auf meiner Reise im Weltraum? Nach Verlassen des Sonnensystems zog es mich zu Beteigeuze, einem Stern erster Größe im Sternbild Orion. Beteigeuze ist eine gasförmige Kugel, die aus einem Gemisch von Eisen und ständig verdampfender Schwefelsäure und aus mehreren anderen Gasen besteht. Der Stern rotiert mit einer Geschwindigkeit von ungefähr 24 000 Stundenkilometern und bewirkt dadurch starke Strömungen, die alles herbeiziehen, was sich innerhalb einer Bahn befindet, deren Radius mehrere hundertmal den des Sternes selbst übertrifft. Obwohl Beteigeuze noch leuchtet, hat er ein relativ hohes spezifisches Gewicht, da die Verhältnisse von einem Sonnensystem zum anderen variieren. Es war mir möglich, diesen gasförmigen Riesen zu untersuchen, da eine geistige Wesenheit den Auswirkungen physischer Verhältnisse nicht unterliegt. Dennoch beobachtete ich die Ausstrahlungen des Sterns aus einer gewissen Entfernung, da mich die intensive Hitze seines Innern möglicherweise verwirrt hätte: Wie alles im Universum hat Hitze eine ihr eigene Ausstrahlung, und bei derartiger Intensität löscht eine solche Ausstrahlung die Wirkung aller anderen. So als versuchte jemand, einer Melodie inmitten eines Höllenlärms zu folgen. Gewiß, dieses Hitzegetöse ist nur einer von fünf Aspekten, da wir ja alle Eindrücke mit allen fünf Sinnen — oder mit etwas, das euren fünf Sinnen entspricht — aufnehmen. Die Hitze im Innern eines Sterns ist dessen weitaus stärkste Manifestation, und so muß ein Beobachter Distanz halten, damit die Gültigkeit seiner Analyse der Ausstrahlungen dieses Himmelskörpers nicht beeinträchtigt wird.

111

18. Entstehen und Vergehen seiner Planeten

In seinen Anfängen war Beteigeuze nur ein Konglomerat von Gasen, in dem sich Gedanken-Keime künftiger Planeten als leuchtende Punkte abzeichneten. Mit der Zeit aber (wir sprechen von Milliarden von Jahren) wurden die Planeten aus der Masse, in die sie eingebettet waren, durch Zentrifugalkraft hinausgeschleudert. Die zentrifugale Geschwindigkeitsrate übertraf die Expansionsschnelligkeit des sich allmählich augmentierenden Elternplanets. (Dies ist also eine Variante planetarischer Genese, von der anläßlich des »umfassenden Grundplanes« im Elften Stück dieser Schrift die Rede war.) Nach einer weiteren unermeßlichen Spanne Zeit, aber lange ehe Beteigeuze zu seiner jetzigen immensen Größe angewachsen war, hatten seine Planeten ihren Höhepunkt überschritten und verschwanden; sie kehrten also zur vierten Dimension zurück, die sie bis zu jenem wichtigen Augenblick, ihrer Transposition in die Materialität, beherbergt hatte. Doch während dieser unendlichen Frist oder der paar flüchtigen Sekunden (man sehe die Zeit wie man will) wurde Beteigeuze von Planeten im leeren Raum — was ihr bis zum heutigen Tag als solchen ansieht — umkreist. Darf ich es wiederholen: die Vorstellung vom leeren Raum ist falsch, da in ihm die durchkreuzenden Energien und Formen von Materie unweigerlich ihre Spuren hinterlassen.

19. Angereicherter Raum

Da es unmöglich ist, mit Worten zu beschreiben, was den Raum füllt, schlage ich vor, ihr revidiert eure Vorstellung von ihm und denkt ihn euch als etwas, in dem kreuz und quer sausende Objekte und Energien ihre Spuren hinterlassen. Die Spuren sind nicht linear, umfassen aber weite Flächen, da manche dieser Objekte von ausgedehnten elektromagnetischen Feldern umgeben sind. Der Raum ist kein Vakuum, im Gegenteil, er ist vielfach durchfurchte Vollheit.

Unglücklicherweise offenbart sich auch nicht, was ihn füllt, noch können wir es euch irgendwie beschreiben. Wir sind jedoch in der Lage, die Wirkung von Objekten und Energien, die ihn durchkreuzen, zu registrieren. Interessanterweise werden Objekte, die dem Raum auf eine gewisse Dauer ausgesetzt sind, von ihm beeinflußt und beeinflussen wiederum auch ihn, während Energien, die den Raum durchkreuzen, sich in keiner Weise dadurch verändern. Lichtwellen z. B. passieren den Raum völlig, ohne sich zu verändern. Auf Grund unserer Sicht, und um eurem Raumbegriff einen Faktor hinzuzufügen, möchte ich ihn »angereicherten Raum« nennen. Dennoch entzieht sich dieser so bezeichnete Raum jeder Klassifizierung, da er weder der materiellen noch der nicht-materiellen Welt zugerechnet werden kann. Der Weltraum ist als Ganzes eine Kategorie s u i   g e n e r i s .

20. Ausflug in den Weltraum

Nach meinen Untersuchungen auf Beteigeuze zog ich weiter, bis mich Einsamkeit befiel und ich zurückkehrte. Die Erde ist nämlich immer noch meine Heimat, nicht die Erde, wie ihr sie kennt, sondern die vier-dimensionale, eine Seinsebene, die an diesen Erdball gebunden ist, an seine Menschen, seine Geschichte und sein geistiges Klima. Auf meiner Rückreise inspizierte ich einige andere Planeten, beobachtete ihre Eigentümlichkeiten und freundete mich mit einigen ihrer Bewohner an; sie gehören wie ich bereits der vierten Dimension an. Die Menschen auf Mars und auf Venus sind irdischen Menschen nicht unähnlich. Es gibt andere bewohnte Planeten; ich habe sie noch nicht besucht, da einige von ihnen zu weit voraus sind, als daß eine Unterhaltung dort sinnvoll wäre; andere hingegen sind zu weit hinter uns zurück, als daß ein Besuch nicht mit Gefahren oder zumindest Unannehmlichkeiten verbunden wäre. Da aber mein Interesse und meine Anteilnahme der Erde gehören und noch so viel Wissenswertes zu ermitteln und zu übermitteln ist, und das Forschen seit langem meine brennendste Sehnsucht ist — der Entwicklung meiner Seele habe ich ungleich weniger Aufmerksamkeit geschenkt; sie hätte so viel mehr verdient! —, werde ich mit meinem Forschen erst aufhören, wenn mein Hunger nach wissenschaftlichen Erkenntnissen gestillt ist. Dann soll endlich auch meine Seele zu ihrem Recht kommen. Nun aber zurück zum in der Schwebe belassenen Thema Raum.

21. Der »gestörte« Raum

Materie, die dem Raum ausgesetzt ist, verwandelt sich. Meine Forschungen, meteorisches und vulkanisches Gestein betreffend, haben ergeben, daß sich Meteoriten so ähnlich ändern, als wären sie der Erdatmosphäre ausgesetzt gewesen. Aber obwohl keine in der Erdatmosphäre vorkommenden Gase im Raum frei vorhanden sind (abgesehen von jenen gasförmigen Anhäufungen, welche Vorstadien von Sternen sind), wirkt der Raum verändernd auf die Materie. Das ist seltsam, aber es ist auch begreiflich — diese unsichtbare Substanz könnte eine Brücke zwischen den beiden Welten bilden, da sie, woraus immer sie bestehen mag, der geistigen Welt angehört und dennoch auf die Materie verändernd wirkt. (Ein ähnliches Symptom ist in der Hypnose zu beobachten; ein mündlich übermittelter Befehl vermag eine physische Wirkung hervorzurufen: etwa, wenn jemandem gesagt wird, man habe ihn mit einer Zigarette berührt und an der scheinbar berührten Stelle eine Brandblase entsteht.) Ein Wirken vom Raum her drückte natürlich eine universale Konstante aus, nicht einen individuellen Befehl. Man könnte es so sagen: der Raum, als permanenter Befehl, beeinflußt auf gewisse Weise die Materie und wird wiederum von ihr beeinflußt. Auch für dieses Phänomen gibt es in eurer Welt eine Parallele, wenn z. B. ein rein physisches Geschehen die Seele beeinflußt. Um diese Analogie weiterzuspinnen: der »gestörte«, vielfach durchkreuzte Raum drückt seinerseits den Myriaden von lange genug in einer bestimmten Stellung verharrenden Durchkreuzungen sein Zeichen auf. Selbstverständlich sind Positionen im Universum nur bedingt fixiert. Warum aber Energien vom Raum unbeeinflußt bleiben und Materie nicht, das kann ich nicht sagen. Ich weiß nur, daß von Partikeln gebildete Energieströme im Raum nicht verändert werden; Partikel hingegen, die feste Körper bilden, werden sehr wohl verändert.

22. Was ist Magnetismus?

Selbst für uns ist das Universum noch voller Rätsel; allerdings wissen wir die Antwort auf eine Anzahl von Fragen, die ihr bis jetzt noch nicht beantworten konntet. Eine solche betrifft den Erdmagnetismus. Was ist die Kraft, die Materie an sich zieht und festhält? Keineswegs willkürlich von diesem oder jenem Umstand herrührend, ist der Magnetismus eine spezifischen Substanzen (etwa dem Eisenerz) beigegebene primäre Eigenschaft. Diese bleibt latent, bis Umstände sie hervorrufen, wie ja auch ein jähzorniger Mensch täuschend beherrscht sein kann, bis eine bestimmte Lage seinen angeborenen Jähzorn provoziert. Der ganze Raum ist magnetisch, obwohl sich Magnetismus nur unter gewissen Umständen manifestiert. Obwohl seiner Natur nach universell, unterscheidet sich der Magnetismus von derartigen Eigenschaften, indem er an keinen Planeten gebunden ist und exclusiv auf der materiellen Ebene wirkt. So sind z. B. Wachstum und Fülle, die in unserer Sprache als universelle Qualitäten gelten, zwei der vielen den Raum durchkreuzenden Energien: Jupiter ist ihr Speicher und Verteiler im Sonnensystem, und seine Stellung im Horoskop eines Menschen determiniert seine günstige oder ungünstige Wirkung. Die Präsenz Jupiters bestimmt sowohl das innere Sein wie die äußeren Umstände eines Menschen. Das ist gemeint, wenn man von der zweifachen Wirkung vieler Kräfte auf beiden Seinsebenen spricht, während sich andere, wie etwa der Magnetismus, nur auf der materiellen Ebene auswirken. Der Magnetismus wirkt also nicht auf die menschliche Seele. Hingegen übt er auf die Geschichte, und zwar nicht nur auf die der Erde, sondern auch auf die anderer Planeten, einen entscheidenden Einfluß aus.

23. Die Rolle des Magnetismus

Im Folgenden spreche ich über die wesentliche Rolle des Magnetismus, dieser universalen, bestimmten Substanzen inhärenten Kraft. Vor der Entwicklung der Erde aus einer Idee zu Materie enthielt der zeugende Gedanken-Keim alle für sein Wachstum notwendigen Elemente. Der Keim selbst war im Grunde schon vollkommen, als das Sonnensystem auf gleiche Weise entstand. Er war vollkommen wie eine Eichel, die bereits den ganzen Eichbaum enthält, der wiederum schon seine Früchte in sich birgt. Stellt man sich Expansion einmal umgekehrt vor und die Zeit wie in eine Kapsel gepreßt, so kann man sich ein adäquates Bild von dem machen, was ich hier vermitteln möchte. Jedenfalls begann in jenem frühen Stadium, als die Sonne angefangen hatte sich zu verdichten und die Erde als unabhängiger Planet hervorgetreten war, der Magnetismus seine Wirkung spürbar zu machen, wie es sich für den wesentlichen Teil einer komplexen Idee gehört, also etwa bei der Umwandlung des Begriffs »Erde« zu Materie. Der Magnetismus begann in dem ihm vom Universum zugestandenen Ausmaß den Kern der Erde zu bilden, indem er diverse Fragmente anzog. Und somit verhalf er einer Intention zur Verwirklichung, nämlich einen substanzlosen Erdball in einen mit Schwerkraft begabten zu verwandeln.

24. Zur Entstehung des Mondes

So wuchs die Erde durch Milliarden von Jahren. Zu einem gewissen Zeitpunkt ihrer Entwicklung wurde bei einer Kollision mit einem Meteor von ungewöhnlicher Größe ein riesiges Stück aus ihrer Masse herausgerissen. Diese Kollision war nicht zufällig, sondern im ursprünglichen Plan vorgesehen. Der Meteor war aus den Trümmern einer früheren Kollision, die einen Planeten völlig zerschmettert hatte, entstanden; mehrere Fragmente hatten sich zu einem Meteor verschmolzen, der ein enormes Stück aus der jungen Erde herauszureißen imstande gewesen war. Dieses Stück begann den heranwachsenden Planeten zu umkreisen und wurde Mond genannt. Der ungeheure, mit der Erde kollidierende Meteor war ein Teil eines Planeten gewesen, dessen Bahn zwischen Mars und Jupiter lief. Seine Zerstörung hatte eine Unzahl sehr kleiner Planeten hinterlassen, die man jetzt Planetoiden nennt. Das aus der Erde gerissene Stück war nahe am Nordpol, unweit Alaska, aber spätere Verschiebungen der Landmasse haben alle Spuren dieses Ereignisses verwischt. Nicht alle Monde entstehen auf diese Weise; von weiteren Entstehungsformen wird später noch die Rede sein.

25. Das Wachstum der Erde

Die Erde und ihr Gravitationsfeld entwickelten sich proportional zueinander; das Gravitationsfeld wuchs im Verhältnis zur Erdmasse, und die Erde vergrößerte sich dank ihres zunehmenden Gravitationsfeldes, das mehr und mehr Meteoriten anzog, von denen die Himmel damals voll waren. Anscheinend wuchs darüber gleichsam ihr Appetit, bis sich diese Art von Massen-Zuwachs verringerte und der Planet sich mit einem gelegentlichen Brocken geringeren Umfangs begnügen mußte.

26. Die Erde wird zur Heimat des Menschen

Mit dem sie umkreisenden Mond begann die Erde dem Planeten, wie wir ihn heute kennen, zu gleichen, denn ein wichtiges Prinzip war hinzugekommen: ein Rhythmus, der nicht der Sonnen-Rhythmus war. Wie in einer musikalischen Komposition gab es nun einen Punkt und einen Kontrapunkt, eine These und eine Antithese und — von allergrößter Bedeutung — eine Spannung zwischen diesen beiden, die jeweils in einer adäquaten Synthese auszugleichen war. Außerdem bereitete der neue Satellit, der gleich der Sonne auf einer inneren wie äußeren Seinsebene aktiv war, dem Menschen den Weg, indem er eine Welt zurichtete, auf der sich nicht nur die Meere so verhielten, wie es ihnen bestimmt war, sondern auch eine, auf welcher der Mensch sowohl physische wie psychische Bedingungen vorfinden würde, die seinen Bedürfnissen entsprächen, wenn er sich dort einmal — sehr viel später! — einstellen würde. Denn ehe die Erde ein brauchbarer Ort für den Menschen geworden war und ehe sich sein Körper hinlänglich (mehr oder weniger auf der Darwinschen Linie) herangebildet hatte, um eine komplexe Seele zu beherbergen, konnten Seele und Körper sich nicht vereinen.

Diese Vereinigung von Leib und Seele, von einigen akzeptiert und von denen, die eine Existenz der Seele verneinen, abgelehnt, führte zu jener fruchtlosen Kontroverse, ob der Mensch ein Geschöpf Gottes sei oder ob er vom Affen abstamme. Der Mensch ist das Resultat dieser b e i d e n Werdevorgänge, die sich in jedem inkarnierten menschlichen Wesen aufs Neue vereinen. Denn seine Seele, als Teil des geistigen Universums, stammt von Gott, und sein Leib hat sich über das Tierreich entwickelt. Doch wäre es besser, den Gedanken an den Affen fahren zu lassen, da der Mensch einer Tiergattung entstammt, die kurz nach Erfüllung ihres Auftrags wieder von der Erde verschwand. Das »fehlende Glied«, jene mutmaßliche Verbindung zwischen Affe und Mensch, wird niemals gefunden werden.

27. Das Rauschgift: Vernichter der Menschheit

Die Existenz des Menschen auf der Erde reicht um Jahrmillionen weiter zurück als allgemeinhin angenommen wird, und was man zurecht als Menschheitsgeschichte bezeichnet, geht ebenfalls weiter zurück als alle eure diesbezüglichen Vermutungen. Dennoch hat die

Menschheit als Ganzes noch nicht ihren Höhepunkt erreicht, obwohl Einzelne ihn bereits übertroffen haben. Der wesentliche Fortschritt des Menschen als intelligentes Wesen wird nach der metaphysischen Seite hin zu messen sein. Ehe der Mensch auf diesem Gebiet sein Ziel erreichen kann, muß eine entscheidende Wandlung stattfinden. Zur Zeit arbeitet er durch eine Anzahl katastrophaler Geschehnisse seiner eigenen Dezimierung auf Erden in die Hand. Sie wird, so sehr sie geboten ist, durch bedauerliche Mittel erreicht: es werden nämlich unzählige Gifte in den Blutstrom der Menschheit eingeführt, darunter vor allem die Rauschgifte, die Sterilisation bewirken werden. Diese Sterilität wird sich erst allmählich zeigen, in manchen Fällen erst mehrere Generationen nach der Absorption der Rauschgifte, so daß die berühmte Handschrift an der Wand viel zu spät erkannt werden wird. Doch ist selbst dies eine Art der Rodung und Umpflügung, um den Boden empfänglicher zu machen. Bis dahin wird die Menschheit nicht nur um ein Drittel verringert sein, sie wird auch aufgehört haben, ihre Umwelt zu verpesten und zu vernichten. Anstatt mein Augenmerk auf die Zukunft zu richten, wende ich es wieder der Vergangenheit zu, denn sie will von Grund auf verstanden sein, ehe eine Verbesserung des vorherrschenden Klimas auch nur erwartet werden darf.

28. Die Astrologie von heute

Ein rechtes Verständnis aller geistigen Gegebenheiten würde auch die Astrologie als das begreifen, was sie wirklich ist, nämlich eine Art Plan des Universums in seiner Gesamtheit, als ein System mit eigener symbolischer Sprache und schließlich als Basis vieler anderer Wissenszweige wie Numerologie, Physik und Psychologie. Obwohl sie sich noch ihrer alten Symbole bedient, ist die Astrologie keine allumfassende Wissenschaft mehr. Sie zieht zwar immer noch die metaphysisch Orientierten an, aber für Wissenschaftler ist sie nur selten attraktiv, da sie nicht in der Lage ist, deren tiefsitzende Vorurteile wirksam auszuräumen. Nur in den Ostblockstaaten, wo sie zuweilen offiziell »zugelassen« ist, befassen sich einige Wissenschaftler mit ihr; dort jedoch ist sie eines ihrer zwei wesentlichen Aspekte entkleidet, nämlich ihres vier-dimensionalen Aspekts.

29. Erweitere Physik

Da sich die anderen Schriften dieses Mediums eher der rein philosophischen Seite des Lebens zuwenden, möchte ich mich hier auf das in den eben erwähnten Diktaten als »erweiterte Physik« bezeichnete Gebiet beschränken. Physik, wie ihr sie kennt, ist mit den paar Oktaven zu vergleichen, die das menschliche Ohr vernimmt. Bekanntlich hören Tiere höhere und niedrigere Frequenzen — so reicht also auch die Tonleiter über das menschliche Gehör hinaus. Es ist diese Art der Expansion, die ich als nicht-physisch bezeichne; der Ausdruck ist eher deskriptiv als akkurat. So gesehen, erstreckt sich Physik nicht nur weit über das euch Wahrnehmbare, sondern auch über alles euch Akzeptable hinaus. Dasselbe gilt von der Astrologie, die mit der »erweiteren Physik« in Wechselbeziehung steht. Als Chemiker und Physiker verwarf ich zu meinen Lebzeiten die Astrologie, die ich mir als den Glauben vorstellte, der Menschen Leben werde »von den Sternen« regiert. Inzwischen bin ich mir der sehr viel komplexeren Prämissen der Astrologie bewußt geworden.

30. Wie Zeit in beiden Welten erlebt wird

Der unbegrenzte Raum wird von Energien durchkreuzt, deren meiste dualistischer Natur sind, also materiell und nicht-materiell, oder vier-dimensional. Ich ziehe letzteren Ausdruck vor. Wir sind dagegen, den Ausdruck »Vierte Dimension« auf die Zeit anzuwenden, denn die Zeit, nach der ihr euch richtet, beruht auf dem drei-dimensionalen Phänomen der Sonne und ist somit ein wesentlicher

Bestandteil einer drei-dimensionalen Welt. Wir möchten »Vierte Dimension« der spirituellen Welt vorbehalten wissen, dem Jenseits, das bei allen möglichen Wechseln ewig bleibt. Zeit, wie der Einzelne sie im Jenseits empfindet, ist äußerst subjektiv und dehnbar; sie beruht weder auf der Jahresumdrehung der Erde um die Sonne, noch auf der täglichen Rotation der Erde um die eigene Achse. Im Jenseits bedeutet Zeit viel eher das persönliche Erleben einer bestimmten Frist, die sich entsprechend unmäßig verlängern oder abkürzen kann.

31. Universale selbst-determinierende Energien am Werk

Noch einmal zu den im Weltraum wirkenden Energien: diese qualitativ unterschiedlichen Kräfte sind Teil eines Ganzen, charakterisiert mit Bezeichnungen wie »Kosmische Intelligenz«, »Überseele« oder ähnlichen — alles Hinweise auf einen Gesamtplan in der Natur, wie die metaphysische Teleologie ihn lehrt. Im wesentlichen besteht der Unterschied zwischen dem, was ich mir früher unter Astrologie vorstellte und was ich heute in ihr sehe, in meiner Erkenntnis, daß die den Planeten und anderen astrologischen Determinanten zugeschriebene Wirkung sich nicht von einem direkten Einfluß vom Stern auf den Menschen herleitet, sondern von dem Wirken universaler selbstdeterminierender Energien, solchen nämlich, die nicht mit dem All zusammen existieren, sondern die das All bilden. Die verschiedenen Komponenten sind Energien von höchst unterschiedlichen Eigenschaften und Funktionen, die sich sämtlich im Einklang mit einem selbstordnenden Ganzen befinden. Man vergesse nicht, daß menschliche Eigenschaften nicht auf Menschen beschränkt, sondern Teil eines kosmischen Spektrums von Eigenschaften sind. Diese Vorstellung ist dem heutigen Denken fremd, und es mag mehrere Jahrzehnte dauern, ehe wissenschaftliches Denken sie ernstlich erwägt. Paradoxerweise könnte der Ansporn hierzu von Wissenschaftlern kommen, die keineswegs metaphysisch orientiert, dafür aber viel unternehmender sind als ihre Kollegen diesseits des sogenannten Eisernen Vorhangs.

Weitere Fragen, den Ursprung jener selbst-ordnenden Energien betreffend, müssen unbeantwortet bleiben, da sie ein Teil der Unendlichkeit sind. Alles, was sich hier sagen ließe, wäre, daß diese Energien Affinität zu Planeten besitzen, die ihrerseits durch aufeinander bezogene Aspekte determiniert sind. Die Planeten werden ferner von Tierkreiszeichen regiert, was — wie ich bereits erwähnte — komplexe Zusammenhänge vereinfachend ausspricht. Was die Bewegung dieser Energien betrifft, so hoffe ich, daß meine Bezeichnungen wie »durchwandern« oder »Reisen durch den Raum« nicht den Eindruck hinterlassen haben, hier würden Kräfte von einem Punkt im Raum zu einem anderen transportiert und vorwärts getrieben. Was wirklich geschieht, ist dies: aller Raum ist in Bewegung, und so scheint alles im Universum ebenso in Bewegung zu sein.

32. Astrologie ist nicht Fatalismus

Wie anfangs schon erwähnt, ist der Raum keineswegs leer, sondern voll Energien, die, obschon nicht wahrnehmbar, ihre Präsenz indirekt offenbaren. Ich habe ebenfalls berichtet, daß er eine Wirkung auf kosmische Materie-Partikel ausübt, ohne hierfür aber Einzelheiten anzugeben. Auf die Art dieser Kräfte habe ich hingewiesen. Bei angebrachten Fragestellungen werden weitere Studien interessante Fakten und ausgewogene Antworten zeitigen. Was bedeutet die Astrologie für den Einzelnen? Auf die kürzeste Formel gebracht, ist sie das Studium der im Universum herrschenden Kräfte und ihrer Anwendung auf das Horoskop eines Individuums. Vor ihrer Reinkarnation wählt eine Seele in dem Sinn ihr eigenes Horoskop, also ihre eigene Geburtsstunde mit allem, was dies einbegreift, indem sie sich zu einer Anzahl von Umständen hingezogen fühlt, die ein Schicksal zu erfüllen verspricht, zu dem die sich reinkarnierende Seele in früheren Leben selbst den Grundstein gelegt hat. Aus diesem Grund allein sollte man Astrologie nie mit Fatalismus gleichsetzen: es steht nämlich dem Menschen immer offen, frei zu wählen. Ist die Wahl einmal getroffen, tritt das Gesetz von Ursache und Wirkung allerdings in Kraft, früher oder später, im Guten wie im Bösen.

33. Überirdische Wesenheiten

Wenden wir unsere Aufmerksamkeit nun höheren Wesenheiten zu. Solche Wesenheiten sind insofern noch menschlich, als sie ja einmal auf Erden gelebt haben und von Zeit zu Zeit dorthin zurückkehren werden. Sie haben den höchsten Grad von Geistigkeit erreicht, und wenn sie manchmal als Teil der Gottheit angesehen werden, so ist dies nicht mehr als eine Redensart, denn nicht einmal fortgeschrittenen Seelen ist es gegeben, das Wesen Gottes völlig zu erfassen. Das Unendliche kann vom Endlichen nicht begriffen werden. Eines scheint aber sicher zu sein: Gott, so wie wir ihn verstehen, ist kein persönlicher Gott. Diese Behauptung leuchtet ein: eine Persönlichkeit irgendeiner Art besitzt immer irgendeine Mitte. Und Gott, der unendlich ist, kann keine Mitte haben. Diese Kraft ohne Mittelpunkt beginnt dem Bild zu ähneln, das wir zu übermitteln versuchten: das Bild von einem unendlichen mannigfachen Geist. Diese Kraft, obgleich ihr jene Qualitäten wie Liebe, Allwissenheit und Gerechtigkeit eignen, die man einem persönlichen Gott zuschreibt, fällt niemals jenen menschlichen Schwächen wie der biblisch überlieferte Gott anheim. Die Bibel berichtet uns nämlich von einem Gott, den seine Geschöpfe enttäuschen können, der zornig wird und dabei sich doch erbitten läßt und sich einem Teil der Menschheit gegenüber als äußerst parteiisch erweist. Obwohl aber der hier geschilderte überirdische Geist dem Menschen nicht ähnlich ist, empfindet und zeigt er dennoch Liebe und Mitgefühl. Ich hoffe, anschaulich dargetan zu haben, daß das Universum nicht nur von menschlichen Eigenschaften erfüllt ist, sondern tatsächlich aus ihnen besteht. Weshalb also sollte ein Mensch sich scheuen, einem tiefsitzenden Verlangen nachzugeben, das ihn drängt, sich einem göttlichen Wesen zuzuwenden, um Trost zu empfangen oder ein solches Wesen bewundernd zu verehren?

34. Unsichtbare Gefährten

Jeder Mensch hat mindestens einen, öfter aber mehrere unsichtbare Freunde und Beschützer. Im allgemeinen ist er sich weder deren Existenz noch ihrer Rolle in seinem Leben bewußt. Wie handeln diese Gefährten in der Anordnung der Dinge? Vielleicht könnte man die tradierte christliche Vorstellung von Gottvater und Gottessohn zum Vergleich heranziehen, um zu zeigen, auf welche Art sich das Unfaßbare kundtut, und wie ein Irdischer mit ihm in Verbindung treten kann. Anstatt jenes »Gott gab der Welt seinen eingeborenen Sohn« könnte man sagen: »eine unfaßbare Ordnung wählte ihr reinstes Geschöpf als Mittler zwischen dem Unbegrenzten und Namenlosen und dem, was begrenzt und von Namen ist«. Die Welt nennt diese Wesenheiten Heilige, Avatare, Schutzengel, Genien oder einfach Geister. Ins Negative gewandt haben wir die Vertreter niederer Ebenen: Quälgeister, Dämonen oder Teufel. Ungeachtet aller Realität ihrer Existenz — ich spreche gar nicht vom Akzeptieren solcher Wesenheiten! — hält man den Glauben an ihr Dasein für antiquiert. Der heutige Gebildete verweist sie in das Gebiet des Privaten oder unter die archetypischen Phänomene oder negiert sie ganz und gar. * Trotzdem hat jeder Mensch unsichtbare Gefährten, die sich als wahlverwandt und dank einer profunden Affinität angezogen fühlen, um ihrem Schützling auf seinem bewußt oder unbewußt gewählten Weg zu helfen. Je höher der geistige Rang eines Menschen, desto höher sein Schutzgeist. Deshalb sollte man sich vorzüglich seiner geistigen Entwicklung widmen, ehe man mit der anderen Seite des Lebens Verbindung aufzunehmen versucht.

---

* Eine Ausnahme hiervon bilden religiöse Fundamentalisten, die sich nach mittelalterlichem Vorbild den Teufel mit Hörnern, Schwanz und Pferdefuß vorstellen. Ihnen eng auf dem Fuße folgen modische Bücher und Filme, die das Sujet reißerisch auf seinen Sensationswert hin ausschlachten.

35. Direkter und indirekter Kontakt

Eine indirekte Verbindung über das Unterbewußtsein besteht immer; sie gehört zur normalen psychischen Funktion eines Menschen. Wer den »Schleier vorzeitig lüftet«, kommt mitunter zu Erfahrungen, die mit den erhofften erleuchtenden und beseligenden Erlebnissen sehr wenig zu tun haben. Ist man sich andererseits seiner Mängel bewußt und bemüht sich darum, sie zu überwinden, eilen hilfsbereite Wesenheiten herbei. Im allgemeinen empfiehlt es sich, den Versuch, mit der vierten Dimension in Kontakt zu treten, solange aufzuschieben, bis ein genügend hoch entwickeltes geistiges Bewußtsein es wie von selbst geschehen läßt. Nicht alle Menschen sind mit ESP (ASW) begabt, und manche weichen tatsächlich außersinnlichen Wahrnehmungen bewußt aus.

36. Wie erleuchtete Seelen Gott wahrnehmen

Die schlichten Seelen beigebrachte Vorstellung von »Gott dem Schöpfer« ist nicht nur eine Anpassung an deren beschränkte Fassenskraft, sondern ein bequemes Werkzeug in den Händen einer autoritären Kirche. Gott, wie erleuchtete Seelen ihn wahrnehmen, ist ein viel weiterer Begriff. Als allmächtig, allwissend und allgegenwärtig beschrieben, erleidet der volkstümliche Gott bei allen solchen Attributen dennoch ein ähnliches Schicksal wie der Raum, den man — was nicht wunder nimmt — als begrenzt betrachtet. Tatsächlich ist die Gott zugeschriebene Unendlichkeit ebenso beschränkt wie die bereits erwähnte, sich nur in eine Richtung erstreckende Ewigkeit. Der Gott der Bibel hat menschliche Schwächen und ist ansprechbar wie ein Mensch; gewiß, er ist mächtiger als der Mensch, und er läßt sich deshalb auch — was wiederum tröstlich ist — durch Gebete umstimmen. Leider geht eine solche Vorstellung eines überirdischen Wesens völlig an dem vorbei, was erleuchteten Seelen an Gotteserkenntnis widerfährt.

37. Ein Zugang zum Absoluten

Wir bedauern es, eine nach menschlichen Maßen unmeßbare höchste Kraft darstellen zu müssen. Sie ist in dem Sinne inkommensurabel, als der Mensch, um sich ihr zu nähern, sich nicht an etwas wenden muß, das einen Schritt von Gott entfernt ist, sondern einen Weg zu finden hat, auf dem das Absolute einzig und allein zu erfassen ist. Wir könnten ja auf derart subtile Unterscheidungen verzichten, wären wir nicht zu einer gültigen Beschreibung des Kosmos verpflichtet, auf daß ihr dessen m o d u s o p e r a n d i begreifen lernt. Wir müssen wiederholen, daß z. B. Liebe und Mitgefühl sowohl Eigenschaften wie Energien sind und immer jene erreichen, die ihrer wert sind: absolute Gerechtigkeit und das, was wir Gott nennen, sind untrennbar und nicht voneinander zu scheiden. Niemand kann dies verhindern, niemand muß daran erinnert werden. Wer es verdient hat, wird Gottes Stimme »hören«. So »sprach« Gott zu Moses, und so »sprach« Allah zu Mohammed. Zweifellos wurden von beiden diese Stimmen vernommen. Und der sprach, war für Gott, was Lippen für den sind, der einen Gedanken ausspricht.

ANHANG

38. Die inhärente Moralität des Universums

Bei der Überprüfung des vorangegangenen Materials entdecke ich, daß etliche Themen einer weiteren Erläuterung bedürfen. Eine dieser betrifft die inhärente Moralität des Universums. Im Vorwort wurde moralische Unzulänglichkeit als Ursache vier-dimensionaler Dichte erwähnt. Ich möchte nun dasselbe Phänomen — Dichte aufgrund moralischer Mängel oder »unmoralischer Qualitäten« — vom umgekehrten Prinzip her betrachten, d. h. Moralität wirkt sich als fehlende Dichte aus. Diese verschiedenen Zustände — geringere oder stärkere Dichte — sind nicht auf bestimmte Orte beschränkt, sondern

koexistieren und vermischen sich im Raum. Dieser dem drei-
dimensionalen Denken fremde Begriff mag anfangs etwas Schwierigkeiten bereiten, aber er entspricht genau der Art, wie sich die vierte
Dimension der drei-dimensionalen Welt vermittelt, wenn dies auch
von letzterer nur selten wahrgenommen wird. Der einzige Unterschied zwischen diesem Vermischen von geistiger und materieller
Welt einerseits und dem Vermischen verschiedenartiger vier-
dimensionaler Ebenen andererseits ist das sehr viel größere Ausmaß
des Abgrunds zwischen der geistigen und der materiellen Welt gegenüber dem Unterschied zwischen den verschiedenen Ebenen innerhalb der geistigen Welt selbst. Das bedeutet, daß sich Seelen, die
verschiedenen Existenzebenen angehören, am gleichen irdischen Ort
zusammenfinden können — wenn sie z. B. dieses Medium umgeben
— und dabei ihre respektiven geistigen Stufen beibehalten. Diese
Geister können ihre Seinsebenen natürlich nicht verlassen, denn diese sind ja nur eine Veräußerlichung eines inneren Zustandes, an den
jede Wesenheit unerbittlich gebunden ist. Wenn ich von Moralität
spreche (die in meinen Augen Ethik und Religiosität einbegreift)
schwebt mir eine Eigenschaft vor, die von der frömmelnden »Moral«
eines Heuchlers weit entfernt ist. Für uns bedeutet Moral einfach
echte Güte, von der Art, wie sie im »Hellen Licht des Nichts«
gipfelt, um ein tibetanisches Symbol zu gebrauchen. Einen derartigen Grad von Gutsein mag man auch mit der dünnen hoch über der
Erde liegenden Luft vergleichen. Noch haben nicht alle Seelen, die
dieser geistigen Ebene angehören, den Übertritt in unsere Welt vollzogen: einige von ihnen mögen noch inkarniert sein und allem Anschein nach ein ganz gewöhnliches Leben führen.

39. Magnetismus

Ein zweiter Begriff, der einer weiteren Erläuterung bedarf, ist der
des Magnetismus. Er hat nichts mit Anziehung zwischen Personen zu
tun; der Gebrauch dieses Ausdrucks wird der Physik entliehen, um

eine starke — meistens erotische — Beziehung anzudeuten. Solcherart Anziehung entweder als physisches oder psychologisches Phänomen zu kategorisieren, ist schwierig, denn solche Anziehung entstammt beiden Seinsebenen — was nicht erstaunlich ist, da die diesem Erleben am nächsten verwandten und dafür verantwortlichen Planeten, nämlich Mars und Venus, auf beiden Ebenen wirken. Eine weitere Erklärung zum Thema »erotische Anziehung« ist nicht nötig; wird aber der Begriff »Magnetismus« in diesem Zusammenhang gebraucht, so nur als Redensart.

40. Weitere Substanzen im Erdinnern
Wasserstofflöcher — Solare Energie

In meinem Exkurs über das Innere eurer Erdkugel vergaß ich weitere Substanzen aufzuzählen, die sich in der gasförmigen Masse befinden, die den Raum zwischen dem Kern der Erde und ihrer Kruste füllt. Diese Schicht, die den größten Teil der Erdmasse ausmacht, besteht hauptsächlich aus Gestein, bis auf trichterartige Hohlräume, die in vulkanischem Terrain zur Erdoberfläche führen. Im Gestein, das sich der Erde, wie beschrieben, akkumulierte, herrscht Eisenerz vor; ebenso, wenn auch weniger häufig, finden sich zu Marmor verwandelter Kalkstein, Magnesium und Schwefelsäure, die letztere in weit geringeren Mengen als im Erdinnersten. Die Geologen haben die äußere Schicht der Erdmasse analysiert — dem habe ich nicht viel hinzuzufügen. Doch möchte ich eure Aufmerksamkeit auf eine oder zwei Tatsachen lenken, die eure Physiker bis jetzt übersehen haben, nämlich auf die Wasserstofflöcher, die dank ihrer Nähe zur Erdoberfläche extrem gefährlich sind, wenn sie nicht konstruktiv genutzt werden. Diese Wasserstoff-Reservate, deren Ausmaß ihre systematische Ausbeutung rechtfertigen würde, befinden sich in Zentralafrika und in Südamerika. Sie könnten in Kraftstoffquellen verwandelt werden und sollten es auch, da der Welt eine ernste Kraftstoffknappheit bevorsteht, ehe solare Energie in größerem Umfang nutzbar gemacht werden kann. Seit den Tagen von Atlantis wieder vergessen, wird diese Methode zur Gewinnung solarer Energie jetzt im kleinen Umfang wieder angewandt und sollte gefördert werden, um die Welt vor dem Ersticken in ihren eigenen Abgasen zu retten. Es ist natürlich klar, daß noch vor der Entwicklung adäquater Energiequellen und ehe die Verschmutzung ihrer Länder und Gewässer endlich aufhört, sich die Einstellung der Regierungen zu diesen Fragen gründlich ändern muß. In manchen Teilen der Welt fehlt dazu ein Maß an Freiheit und in anderen ein gehöriges Maß an Idealismus. Und auch ein tieferes Verständnis für metaphysische Fragen müßte noch hinzukommen, bevor diese wahrhaft lebenswichtigen Veränderungen stattfinden können.

41. Die Schwierigkeit, den angereicherten Raum zu beschreiben

Schließlich scheinen noch ein paar Erläuterungen über den Weltraum am Platz. Mein Gebrauch des Ausdrucks »angereicherter Raum« betont die Tatsache, daß der Raum keineswegs leer ist. Aber weshalb es so schwer ist, seine wahre Natur zu schildern, habe ich nicht erklärt. Ich konsultierte höherstehende Wesenheiten, die darauf die Antwort wußten. Das Übermitteln von Information, die mich selbst wie die meisten von euch unvorbereitet trifft, wäre aber nutzlos, da wirkliches Begreifen ja nicht von der Enthüllung eines einzigen Wortes oder selbst eines einzigen Satzes abhängt. Völliges Verstehen beruht auf allmählichem Absorbieren. Eine genaue Erklärung vom »angereicherten Raum« zu erfassen, bedürfte der Erleuchtung eines Heiligen. Auch der hervorragendste Kopf kann durch Anstrengung nicht das leisten, was eine erleuchtete Seele durch ihr bloßes Sein weiß. Deshalb lasse ich jetzt diese Angelegenheit auf sich beruhen, bis mein eigener geistiger Rang mir eine eingehendere Untersuchung aus erster Hand ermöglicht und bis diese Dinge ganz allgemein bereitwilliger aufgenommen werden.

ZWEITES BUCH

Vorwort

Seit ich das ERSTE BUCH dieser Abhandlung diktierte, habe ich mich sehr gewandelt. Aus manchen Gründen war es meinem Medium nicht möglich, ihre Arbeit mit mir fortzusetzen, ein Umstand, der mit dem gerade erwähnten Wendepunkt in meinem hiesigen geistigen Leben zusammenfiel. Die Entwicklung meiner Seele, die ich meiner Forschungen wegen hingezögert hatte, forderte nämlich endlich und nachdrücklich ihr Recht.

Seit damals habe ich eine gewisse Frist auf einer jener Inseln im Universum verbracht, die der Lösung bestimmter Probleme vorbehalten sind. Mein persönliches Problem war, wie im ERSTEN BUCH schon erwähnt, daß ich noch nicht gelernt hatte, mich rückhaltlos zu schenken, und obwohl dieser Mangel an Altruismus nicht meinem Egoismus, sondern dem leidenschaftlichen Wunsch, meine wissenschaftlichen Arbeiten fortzusetzen, entsprungen war, hatte er mich dennoch auf einer Ebene zurückgehalten, die weit unter der lag, auf der ich mich jetzt befinde.

Obwohl ich theoretisch wußte, daß jeder Grad der Verfeinerung einen höheren Ausblick gewährt, von dem man Fakten immer leichter übersehen kann — nicht ungleich dem Wanderer, dessen Horizont sich mit jedem weiteren Schritt aufwärts weitet — weiß ich jetzt aus Erfahrung, daß mich die jetzt erreichte Stufe in eine ungleich bessere Lage als früher versetzt hat, mit gewissen Problemen fertig zu werden. Der Zufall wollte — wenn es im Universum überhaupt so etwas wie Zufall gibt! —, daß das im ERSTEN BUCH präsentierte Material auch auf einer höheren geistigen Ebene nicht besser hätte erklärt werden können, aber ebenso »zufällig« wäre es mir früher nicht möglich gewesen, adäquat über das zu sprechen, was nun folgt. Und hätte mein Bewußtsein einer Bestätigung bedurft, daß überall im Universum eine exquisite Ordnung herrscht, so ist mir diese während des mir auferlegten nun vergangenen Warte- und Lernjahres weiß Gott aufs eindrücklichste geschenkt worden.

Ein Erdenjahr dem Heil der eigenen Seele gewidmet, kann uns hier wie ein Jahrzehnt oder länger erscheinen. Lebte mein Medium nicht »in der Zeit«, hätte ich die genaue Dauer meiner Abwesenheit gar nicht abschätzen können. Für sie war es ein schwieriges Jahr, voll von Gesundheitssorgen und der Arbeit an einer zu beendenden Übersetzung; für mich war es ein äußerst entscheidendes Stück Zeit. Zum ersten Mal seit meinem Hinscheiden nach ungefähr einhundertundfünfundsechzig Jahren drängte es mich, die Verfeinerung meines Charakters ins Auge zu fassen, über die ich mir bis dahin sehr wenig Sorgen gemacht hatte. Ich war halt, auf Gedeih und Verderb, so wie ich war. Wem lag schon daran? Mir jedenfalls nicht. Aber während ich den ersten Teil dieser Abhandlung diktierte, schoben sich persönliche Probleme dazwischen, die unsere Arbeit beinahe zum Halten brachten. Im Rückblick ist mir klar, was für ein obstinates, verschrobenes Individuum ich gewesen war, im Umgang schwierig, bereit, beim ersten Anlaß die Flinte ins Korn zu werfen. Während der damit verbundenen Krisen geschah etwas Seltsames: eine von meinem Medium ausgehende Welle von Sympathie durchflutete mit einem Mal mein ganzes Wesen. In ihrer Sorge um den Fortgang des in Arbeit befindlichen Diktates und um dessen unberechenbaren Autor bemühte sie sich um eine Überwindung der Stockung. Sich direkt mir zuwendend, richtete sie einen solchen Strahl von Licht und Liebe auf mich, daß ich davon überwältigt wurde.

Im allgemeinen widerfährt uns eine solche Empfindung auf den niederen Ebenen unserer Welt nicht. Gelegentlich fühlt sich eine gütige Wesenheit gedrängt, einer strebenden Seele beizustehen und steigt dann in ihre Sphäre hinab und gibt ihr einen Vorgeschmack dessen, was ihrer harrt, wenn sie die nötigen weiteren Mühen nicht scheut. Von solchen »Glücksfällen« abgesehen (obwohl es so etwas natürlich gar nicht gibt), sind wir uns selbst, d. h. unserer Lethargie überlassen, bis unser Inneres uns zur Vervollkommnung antreibt.

Für mich kam dieser Augenblick, als mich zum ersten Male etwas berührte, das — so weit ich zurückdenken kann — mir unbewußt immer gefehlt hatte. Dies Zurückdenken erstreckte sich, meinem geistigen Rang entsprechend, nicht über mein jüngst verflossenes Leben hinaus, wenn auch die Tiefen meines Seins noch eine ungeheure Menge zeitloser wissenschaftlicher Kenntnisse bargen. Der plötzliche neue Eindruck war so stark, weil er so völlig unerwartet kam und scheinbar so unverdient war: Eva hatte sich in ihr Zimmer zurückgezogen. Um sich Klarheit zu verschaffen, versuchte sie, sich in mich zu versetzen, und in wahrer Einfühlung in mein Wesen und meine Ungeschicklichkeit verlieh sie einer liebevollen Besorgnis den Ausdruck, der wie Manna auf meine Seele fiel und mich augenblicklich den Entschluß fassen ließ, so schnell wie möglich eine Sphäre zu erreichen, wo solcherart Einfühlung herrscht. Und so zahlte ich mein Lehrgeld und wurde n o l e n s v o l e n s ein besserer Mensch, was zu werden ich noch vor diesem Augenblick auch nicht die geringste Absicht gehabt hatte.

A

Laien und Neulinge in den metaphysischen Wissenschaften erwarten von uns, daß wir in die Zukunft sehen, haben aber selbst nicht die geringste Ahnung, wie das geschehen soll. Sehen wir kommende Ereignisse etwa in Form von Bildern? Etwa wie eine lange Straße mit verschiedenen Ereignissen als Wegzeichen? So einfach ist die Sache freilich nicht. Wir gehen die Dinge auf indirekte und abstrakte Weise an; wir bedienen uns gleichsam nur eines unserem eigenen Forschungsvermögen angepaßten Schlüssels.

Das im wesentlichen angewandte System ist die Astrologie, eine Astrologie allerdings, die von vielen Irrtümern und Lücken frei ist, an denen ihr irdisches Gegenstück leidet.

Ein weiterer Schlüssel ist das Studium des Karmas von Individuen und ganzen Nationen. Auch das ist mit der Astrologie eng verwandt; diese sehr differenzierte Form der Prophezeiung ist sehr fortgeschrittenen Seelen vorbehalten und dementsprechend rar. Vielleicht ist »differenziert« nicht ganz der richtige Begriff; es geht darum, einen geistigen Zustand zu erreichen, der die erfolgreiche Deutung von an sich kryptischen, nur mit Expertise zu entwirrenden Faktoren gestattet.

A u f E r d e n kann man hauptsächlich auf zwei Arten prophezeien. Die eine ist direkt und verläßt sich kaum auf Hilfe »von außen«. Hierzu zählen Astrologen und Numerologen, die, obschon von uns inspiriert, ihre eigenen, wenn auch oft getrübten Informationsquellen heranziehen.

Die andere Gruppe von Propheten hängt völlig davon ab, was sie — bewußt oder unbewußt — von unserer Seite empfängt, mag es dann wie immer und jeweils nach ihrer eigenen Überzeugung etikettiert werden. Aber da solcherart empfangene Informationen nicht immer verläßlich sind — es kommt auf die Ebenen an, aus denen sie empfangen wurden — sind die Resultate von sehr unterschiedlicher Qualität. Eine zusätzliche in eurer Welt praktizierte Form der Prophezeiung ist das Wahrsagen aus der Hand. Wir bedienen uns der Cheiromantie nicht, da die Linien in eurer Hand bereits das Resultat von etwas sind, das wir abstrakt und in einer viel früheren Phase des geistigen Impulses sehen. Anders gesagt, unsere Voraussagen sind unabhängig davon, was sich aus einer Idee oder einem karmischen Plan in drei-dimensionaler Realität entwickelt — hier also einem Plan, der von Geburt an in die Hand gezeichnet ist und seiner Verwirklichung in der Zeit harrt.

Wie gehen wir also vor? Wenn wir uns zur Voraussage der Astrologie bedienen, müssen wir, wie jeder irdische Astrologe, den genauen Moment der Geburt wissen. Für uns kann das weit schwieriger sein als für ihn, der sich immerhin von der Person, die ein Horoskop wünscht, diverse wichtige Daten zur genauen Festlegung der Geburtsstunde erfragen kann. Wir müssen uns um solche Informationen an geistige Wesenheiten wenden, die dank ihrer physischen oder geistigen Verwandtschaft diese Fragen beantworten können. Das mag manche von euch erstaunen, die gedacht haben, es genüge, ein menschliches Wesen nur anzuschauen und man habe damit bereits alles auf ihn bezügliche Wissen zur Hand. Uns steht hierfür tatsächlich nur die Aura eines Menschen als Informationsquelle zur Verfügung. Diese offenbart seinen physischen und psychischen Zustand. Was die Zukunft anbetrifft, so ist sie bis zu einem gewissen Grade auch in der Aura angedeutet, aber in einer zunächst kryptischen und abstrakten Form, die entschlüsselt werden muß. Ich kann über die Existenz derart »verkapselter« Daten nur undetaillierte Angaben machen. Und doch vermitteln sie einem, der das entsprechende geistige Einsehen besitzt, wertvolle Einblicke. Ich muß mich ob meiner Vagheit entschuldigen, meine jedoch, der Leser verdiene zumindest eine Andeutung von diesen Dingen, wenn es auch bei dieser Andeutung bleiben muß. Später vielleicht, wenn euer die menschliche Aura angehendes Wissen aus den Kinderschuhen heraus ist, kann man Detaillierteres in einer Sprache vermitteln, der bis dahin nicht mehr gerade die Begriffe ermangeln, die für eingehendere Informationen unerläßlich sind.

Steht die genaue Geburtsstunde eines Menschen erst einmal fest, arbeiten wir wie ein erfahrener Astrologe auf Erden — mit dem einen bedeutenden Unterschied, daß wir ein zeitloses reines Bild des Universums vor uns haben, so klar und profund, als es der geistige Zustand des diesen vier-dimensionalen Himmel Erforschenden gestattet. Die Wahrheit ist also selbst in unserer Welt nicht allen zugänglich. Sie entfaltet und enthüllt sich sukzessiv und in dem Grade, in dem — immer weiter und ohne Aufhören — der geistige Rang einer Seele wächst.

Um die Erforschung des Karmas zu erklären, muß ich etwas vorausschicken. Nur sehr weit fortgeschrittene Seelen erfreuen sich des Privilegs solcher Erforschung, da sie die Frequenz der zu erforschenden Materie gleichsam teilen. Diese Karma-Materie findet sich in dem vor, was man bildlich gesprochen »Äther« nennen könnte, eine

Art von bereits einmal erwähnter Fast-Substanz. Esoterische Schriften nennen diese Substanz auch A k a s h a und weisen auf die A k a s h a - C h r o n i k hin, in der sie verzeichnet ist. Es ist leider fast unmöglich, in menschlich verständlichen Begriffen niederzulegen, was das Universum durchdringt. Um mir die Aufgabe zu erleichtern, verglich ich die Substanz soeben mit dem heutzutage obsoleten Begriff »Äther«. Ich werde mich auch weiterhin dieses Begriffs bedienen, weise aber darauf hin, daß ich ihn strikt bildlich anwende. Dieser Äther ist mit Begriffen und Ideen angefüllt, mit dem Gedanken-Stoff von Vergangenheit, Gegenwart und Zukunft. Solcherart verkapselte Inhalte sind von unterschiedlicher Greifbarkeit. Ideen, die bereits in drei-dimensionale Wirklichkeit übertragen und somit »Geschichte« geworden sind, lassen sich viel leichter fassen als solche, die gleichsam nur in Essenz existieren.

Das menschliche Karma besteht aus drei Phasen: der vergangenen, die alle Ursachen birgt, der gegenwärtigen, welche Resultate in einer dreidimensionalen Welt zeitigt und der zukünftigen (und das bringt uns wieder in die vierte Dimension), in welcher die Saat eines vor kurzem in Gang gesetzten Karmas zur späteren Verwirklichung in der drei-dimensionalen Welt gespeichert liegt. Wie ich andeutete, vermögen nur sehr hochstehende geistige Wesen karmische Verschlüsselungen aufzulösen. Wie aber beschreibt man dieses ihnen wahrnehmbare kryptische Vokabular in einer Weise, die euren fünf Sinnen entspricht, aber doch so völlig verschieden von eurer normalen Erkenntnisweise ist? Und wie deutet man die Art an, wie ein solchermaßen eingekapseltes Geschehen ausgewählt wird, wie es in etwas übertragen wird, was es schon einmal war, wie es gewogen, bewertet, und wie es auf die Zukunft projiziert wird, in der es als eine Anzahl von Phänomenen, aus denen das menschliche Leben besteht, gleichsam aufersteht? Das übersteigt bei weitem nicht nur die Aufnahmefähigkeit sterblicher Menschen, sondern auch die unsere, so lange wir uns unterhalb jener Ebene befinden, die ein Wissen schenkt, ja dieses Wissen ist, das sich während des Wachstums einer Seele vertieft, und zwar fortschreitend in einer Weise, die eure kühnsten Träume übertrifft.

Ich kann lediglich die Richtung andeuten, in welcher die Antwort liegt. Und doch gibt es solche, denen diese chiffrierten, schicksalsträchtigen Elemente ein offenes Buch sind. In Verbindung mit der Astrologie, um dadurch genau die Art und Zeit der Geschehnisse zu bestimmen, läßt sich die Zukunft erstaunlich genau voraussagen. Ein irdischer Vertreter einer Gruppe von solchen Deutern der Zukunft war Nostradamus; er war gewissermaßen ihr Wortführer. Seine Voraussagen sind noch immer unübertroffen und werden es auf Jahrhunderte hinaus bleiben.

Wir haben jetzt über die drei Wege berichtet, die der geistigen Welt zur Verfügung stehen, die Zukunft sterblicher Menschen zu deuten: die Aura eines Menschen, die astrologische Deutung und die »Akasha-Chronik«. Für Wesenheiten wie mich selbst, d. h. für Geister auf den niederen Ebenen des Himmels, gibt es noch einen vierten Weg. Er besteht darin, fortgeschrittenere Seelen zu konsultieren, denen solches Wissen leicht zugänglich ist, da die Welt, in der sie leben, zum Teil aus solchem Wissen besteht. Sie können sich mit vergleichsweise geringer Mühe irgendeine gewünschte Information verschaffen, und schon ein flüchtiger Gedanke oder eine geistige Frage vermag eine Antwort sozusagen aus dem Nichts zu zeitigen. (Ich spreche hier von Prophezeiungen, die auf astrologischen Konstellationen und anderen Faktoren basieren, nicht von der obengenannten »Akasha-Chronik«.)

Geister auf niederen Ebenen haben ebenfalls Mittel und Wege, um in die unmittelbare Zukunft irdischer Menschen zu sehen, indem sie die Atmosphäre messen oder, besser gesagt, auf die Atmosphäre reagieren, die sie umgibt. Ihre Dichte — oder das Fehlen dieser Dichte — deutet deren geistigen Status an, woraus sich auch die Macht, welche zerstörerische Kräfte über sie ausüben, ableitet. Damit will ich nicht sagen, daß diese Macht unter allen Umständen anwendbar wäre, sie wird nur dann wirksam, wenn ein Mensch von niedriger Geistigkeit sich mit unserer Welt in Verbindung zu setzen versucht. Manchmal ist selbst ein Fortgeschrittenerer von einer Art von Nebel umgeben, der seinerseits eine ungebüßte karmische Schuld repräsentiert; hat die Buße aber stattgefunden, so verschwindet auch die Dichte, welche einen solchen Menschen umgibt. Es ist deshalb zu jedermanns Vorteil, dem Leiden nicht aus dem Wege zu gehen, wenn solches Leiden in der Tat unvermeidlich ist; als eine Läuterung wird es ihn von karmischer Schuld befreien. Natürlich wird kein vernünftiger Mensch nur um des Leidens willen das Leiden suchen, um gleichsam einer mißverstandenen Gottheit zu opfern, aber wenn der gesunde Menschenverstand und die Zeit euch sagen, daß es sich leider nicht vermeiden läßt, dann sollte man es als das hinnehmen, was es ist, nämlich als notwendige Sühne und als Prämisse für späteres Glück.

Was unsere eigene Seinssphäre anbetrifft, so versuchen wir uns nur selten an Prophezeiungen, da für uns die Zeit zu elastisch und zu subjektiv ist, um als brauchbares Kriterium dienen zu können. Wir messen den Abstand zwischen einem gegenwärtigen und einem zukünftigen Zustand eher nach der Energie, die zu seiner Verwirklichung notwendig ist. Man könnte meinen, die Astrologie könne hier hilfreich eingreifen, weil das Horoskop eines Menschen schließlich nicht mit seinem Tode endet. Aber da die Astrologie mit dem aus der drei-dimensionalen Welt abgeleiteten Zeitbegriff operiert und wir uns mit diesem, außer wenn wir es mit Sterblichen zu tun haben, hier wenig befassen, hat die Astrologie wenig Wert für uns. Immerhin bedienen wir uns ihrer gelegentlich, um uns an Hand wichtiger Aspekte innerhalb objektiver Zeitläufte zu orientieren.

Die Astrologie ist also kaum ein Mittel, unsere eigene Zukunft vorauszusagen; diejenigen unter uns, die an eurer Welt, ihren psychologischen, physischen und politischen Aspekten interessiert sind, bedienen sich ihrer aber eifrig als des bedeutendsten Indikators dessen, was der Menschheit nützt oder bevorsteht.

B

Der Begriff der Reinkarnation findet sich in praktisch allen esoterischen Lehren, und doch weiß man wenig darüber, wie sich die Reinkarnation abspielt. Wie wählt sich eine ihrer Reinkarnation nahe
Seele ihre neuen Eltern, ihre Umgebung, ihre Geburtsstunde? Was
veranlaßt sie überhaupt, sich reinkarnieren zu wollen? Ist es ein Verlangen, ein Zwang, ist es eine Gunst oder eine auferlegte Strafe? Ich
kann als Erläuterung nur ein allgemeines Prinzip erörtern, denn jeder einzelne Fall liegt anders. Manche *wollen* zurückkommen — es
ist in der Tat die Mehrheit, was die Lebensmüden erstaunen mag —
aber andere *müssen* es.

Es ist eine seltsame Tatsache, daß das in sich göttliche, von Innen
wirksame universale Gesetz auch in verderbten Wesen offenbar wird.
Dieses Gesetz ist von solcher Notwendigkeit, daß eine Wesenheit zu
der ihr zur Reinkarnation vorbestimmten Stunde sich ohne ihr eigenes Zutun in einem Zustand befindet, den man am besten mit dem
Puppenstadium eines Insektes vergleichen könnte. Darin findet eine
wirkliche Notwendigkeit ihren einer Seele nicht unbedingt einmal
bewußten Ausdruck, da die Seele durch Schichten von intervenieren-
dem »Sündenstoff« von ihrem innersten Kern getrennt sein kann.
Und doch gibt es solche, die sich weigern, diesem innersten Drängen
nachzugeben, da sie sich entweder aus purer Versäumnis oder mit
Willen mit einer Welt identifizieren, die aus Haß und Negation besteht. Warum können solche Wesen unendlich lange Fristen in der
Hölle bleiben, ohne sich zu reinkarnieren — und warum wollen sie
das sogar? Das Leben auf Erden, das es ihnen zwar ermöglichte, ihr
übles Werk fortzusetzen, könnte ihnen aber ebensogut Strafen bringen, und so ziehen es diese rebellischen Dämonen vor, sich einer solchen Möglichkeit gar nicht erst auszusetzen.

In dem von meinem Medium veröffentlichten Buch VON DRÜ-
BEN steht zu lesen, daß auch wir nicht im Besitz aller Antworten
sind und genau wie ihr über das eine oder andere unsere Spekulationen anstellen. Eines der Rätsel z. B., das uns beschäftigt, ist die

natürliche Grausamkeit, wie sie sich in der Tierwelt manifestiert, ein weiteres die Tatsache, daß es Seelen gibt, die auf Millionen Jahre in der Hölle verbleiben, ohne sich zu reinkarnieren, während andere ihrem inneren aufwärts gerichteten Streben folgen.* Eine recht wahrscheinliche Antwort wäre, daß sich gewisse widerspenstige Wesen solchem Streben ganz einfach widersetzen. Diese trotzigen Kreaturen sind die Gegenstücke zu unseren Heiligen. Während diese aber durch die Jahrhunderte hin leuchten, vernichten sich die höllischen Wesen praktisch selbst, wenn sich in der Endkatastrophe das Böse gegen sich selbst wendet und jedweden letzten Rest von Bosheit wegsengt und ausrottet, bis nichts mehr übrigbleibt als jener unzerstörbare Kern — wie es vor ewigen Zeiten war und in Äonen wieder sein wird — makelloser menschlicher Seelen. Dieser Läuterungsprozeß findet statt, wann immer ein Planet zu existieren aufhört und den finsteren Mächten somit ihr befristetes Terrain entzogen wird.

Bis jetzt habe ich mich mit dem Drang der Seele nach Reinkarnation befaßt und dem Widerstand jener Seelen, die es vorziehen, auf niederen Ebenen zu bleiben, um ihrem schlimmen Treiben ungestört nachgehen zu können. Im Durchschnitt aber wendet sich eine Seele dem Licht zu und wird sich, so oft es nötig scheint, reinkarnieren, allerdings mit immer längeren Intervallen zwischen den einzelnen Reinkarnationen. Große Seelen kehren zur Erde zurück, obwohl sie einen Zustand erreicht haben, der diese Art von Läuterung nicht mehr erfordert. Sie kehren entweder aus purer Opferfreudigkeit oder auf Grund eines rein subjektiven Empfindens zurück, das sie an einem Grad von Reinheit festhalten heißt, der weniger erlauchten Wesen unvorstellbar ist.

---

* An dieser Stelle in Henry Cavendishs Diktat wandte ich mich kurzerhand an die schwarzen Kräfte, die sich, wenn sie zugegen sind, beim geringsten Anlaß einmischen. *Habt i h r eine Antwort?*, fragte ich.
Natürlich, sagten sie, wir sind so stark oder stärker als das göttliche Gesetz. Nichts einfacher!
Aber zu guter Letzt erwischt es euch doch?
Ganz recht; aber solange wir können, kümmern wir uns keinen Deut darum!

Was die tatsächliche Art der Rückkehr zur Erde anbetrifft, so habe ich ganz ohne Absicht vielleicht den Eindruck vermittelt, die Geister müßten sich selbst darum kümmern, wo es doch tatsächlich so wie mit den meisten Phänomenen in unserem Universum ist: es geschieht von selbst oder — genauer — auf Grund eines den Dingen innewohnenden Gesetzes. Wo sich diese Gesetze nicht klar offenbaren, kümmern sich höhere Wesenheiten darum, daß der allumfassende Grundplan bis ins letzte Detail vollkommen verwirklicht wird.

Wie schon erwähnt, befindet sich eine Seele vor ihrer Reinkarnierung in einem Zustand vergleichbar dem eines verpuppten Insektes, das auf dem Wege zu einer neuen Gestalt noch eingesponnen ist. Die Zeit des Ausschlüpfens wird im allgemeinen nicht willkürlich gewählt und doch kommt sie selten überraschend und wird oft lebhaft begrüßt. Die reife Seele hat mehrere Anzeichen empfangen, daß ihre Zeit nahe ist und ist entsprechend gerüstet. Sie mag sogar ihre bevorstehende Wiedergeburt mit höheren Wesenheiten besprochen und daher bereits Kenntnis von ihren zukünftigen Eltern haben, die sie sich je nach ihrer eigenen Erleuchtung bewußt oder unbewußt gewählt hat. Ein sehr hochentwickelter Geist vermag sogar Zeit und Ort seiner Reinkarnation selbst zu bestimmen — das ist aber eine große Ausnahme.

Die weniger entwickelte, den niederen Seinsebenen angehörende Seele hingegen bereitet sich schlafwandlerisch auf die Wiederkehr vor. Das Sich-Zurückziehen aus dem Stadium der Wachheit ist ein allmähliches; es geschieht, als schliefe man langsam ein, falle manchmal aber noch in einen Zustand größerer Klarheit zurück oder schöbe bewußt das Einschlafen hinaus. Ist die Seele aber erst einmal eingeschlafen, vermag keiner sie zu wecken.

Was geschieht während diesen — in Erdenzeit umgerechnet — Monaten und Jahren des »Winterschlafs«? Wiederum sind wir auf Spekulationen angewiesen. Wir sehen diese Seelen als Lichtkugeln, jeweils heller oder trüber, aber verschieden von einer völlig wachen Seele, wie sich ein vollkommen Wacher von einem im Koma Liegenden unterscheidet. Wo befinden sich diese schlafenden Seelen?

Ich kann nur sagen, daß sie sich mit dem Heranrücken des Augenblickes der Empfängnis — und das ist der Augenblick der Inkarnation — ihren künftigen Eltern nähern. Bis zu diesem Moment befinden sie sich nirgends und überall in einem geistigen Niemandsland.

Und doch sind eine Menge Seelen, von ihren künftigen Eltern angezogen, gar nicht zu einem ganzen Erdenleben bestimmt; sie berühren die Erde nur lange genug, um sich — wie man sagen könnte — umzuformen. Ich spreche hier von unterbrochenen Schwangerschaften, die ebenso, wie alles andere im Universum, Gesetzen unterliegen, so zufällig sie im Einzelfall den Betreffenden vorkommen mögen. Es ist schwierig, ganz allgemein zu sagen, was der Sinn dieser »Auslöschungen« — oder sollte man sie »abgelenkte Inkarnationen« nennen — eigentlich ist, weil sich das bei jedem Individuum anders verhält. Eine Seele könnte z. B. ihrem inneren Erfahrungsbereich ein gewisses Moment hinzufügen wollen, ohne daß ihr ein längerer Verbleib auf Erden nötig erschiene. Eine solche Seele würde sich dann einen Zustand aussuchen, der ihr ein Minimum an irdischem Kontakt garantiert. Und doch ist selbst ein so flüchtiger Kontakt imstande, ein Wesen völlig umzuformen und ihm eine Gestalt zu verleihen, die, so neu sie sein mag, trotzdem auf Ursachen und Wirkungen früherer Leben beruht. Diese verjüngte Seele sieht sich jetzt — in den meisten Fällen wenigstens — nach Zurücklassung aller Erinnerungen neuen Möglichkeiten und Anforderungen gegenüber, wie neue Bindungen an neue Eltern und neue Orte sie mit sich bringen.

Der Unterschied zwischen einem Kind, das auf diese Weise die Erde sozusagen nur berührt hat und einem, das geboren wurde und noch in jungen Jahren stirbt, ist in der Tat gering. Die Bindung eines gleichsam nur vorübereilenden Wesens an seine irdischen Eltern ist vielleicht weniger intensiv als die eines Kindes, das wenigstens kurze Zeit elterliche Liebe genossen hat. Dem Verlangen einer derart flüggen Seele nach Liebe und Führung wird insofern entsprochen, als man ihr Pflegeeltern wählt, die entweder auf Erden ihre Kinder verloren hatten oder die aus einem anderen Grunde sich danach sehnen, ihre Liebe kleinen Kindern zuzuwenden. Anfangs sind diese flüggen

Seelen ganz wie kleine Kinder in eurer Welt, bis die Tatsache, daß sie spirituelle Wesen aus einer Geisterwelt sind, sich spürbar macht. Ihre Entwicklung ist der von Erdenkindern durchaus vergleichbar; unser Zeitbegriff hier mag sie, an euren Kalendern gemessen, schneller aufwachsen lassen. Ein Kindergeist, der eurem Zeitsinn entsprechend noch sehr jung wäre, vermag in der Tat weiser zu sein als mancher Erwachsene auf eurer Seinsebene. Er mag sogar einigen Einfluß auf die irdische Familie ausüben, in die er, keineswegs zufällig hineingeboren wurde, wie auch verstorbene Eltern im Leben ihrer Kinder recht oft eine wichtige Rolle spielen. Es bedarf kaum der Erwähnung, daß dies sehr selten vor eurer Ankunft hier anerkannt wird; hier aber wird sich die verborgene Seite eures Lebens zu offenbaren beginnen.

Ich fasse das gerade Gesagte zusammen: jedes Jahr gehen Millionen von Seelen in der Welt durch das, was man eine p r o f o r m a Inkarnation nennen könnte, um neu zu beginnen und um ihren Erfahrensbereich abzurunden. Ich möchte betonen, daß ich mit Reinkarnation nicht zugleich von Seelenwanderung spreche, d. h. von einer Wiedergeburt in einem nicht-menschlichen Leib. Aller anderer Ansichten ungeachtet, kann die menschliche Seele sich nur in einer Gestalt inkarnieren, nämlich in jenem exquisit verfeinerten Organismus, der sich aus niederen Lebensformen zu keinem anderen Zweck entwickelt hat als diesem, die höchste Manifestation der spirituellen Welt zu beherbergen — als Genus, wenn nicht als Individuum.

Ich bedaure es, wenn das soeben Gesagte traditionellem Denken widersprechen sollte, aber auch nur die geringste Vertrautheit mit den Gesetzen der erweiterten Physik macht die ungereimte Vorstellung unmöglich, die menschliche Seele, deren, zwar je nach ihrem geistigen Status variierende, Frequenz sich radikal von jenem der Tierwelt zugehörigen Spektrum unterscheidet, könne in einem Leibe existieren, der für ihre Komplexität und Subtilität völlig ungeeignet ist. Die menschliche Seele ist, wie schon ausgesprochen, ob gut oder böse, völlig s u i g e n e r i s , und obschon die »Seele« von Tieren ewig ist (ich gebrauche »Seele« hier, um auf das lebenspendende Prinzip, das in allen lebenden Organismen herrscht, hinzuweisen), entwickelt sich die Tierseele, anders als der Tierleib, nicht von einer Spezies Tier zur nächsten.

Die Tierseele kehrt nach dem Tode in ein enormes Reservoir zurück, aus dem sie irgendwann einmal wieder auftaucht. Dieses Wieder-Auftauchen aber — und hier liegt der entscheidende Unterschied zwischen Mensch und Tier — geschieht ohne alle Erinnerung an frühere Leben oder an das, was man Karma nennen könnte. Tiere sind nicht mit Bewußtsein begabt; sie sind amoralisch, und obschon eine Spezies »grausamer« sein mag als eine andere, wäre es eine Narrheit, Tiere auf dieselbe Weise wie Menschen zu beurteilen. Ein Hund mag sanfter sein als ein anderer, weil er auf die Behandlung seines Herrn und anderer Umstände wegen so oder so reagiert; das deutet noch lange nicht auf Charakterzüge, die mit menschlichen vergleichbar wären. Bisweilen hat eine starke Bindung zwischen Mensch und Tier eine Wiedervereinigung nach dem Tode zur Folge, aber solche p o s t   m o r t e m Beziehungen sind in ihrer Dauer an die Zuneigung eines Menschen für ein bestimmtes Tier gebunden; danach kehrt das Tier in eine Sphäre zurück, in welcher seine Individualität untergeht. Kurz gesagt, der Mensch reinkarniert sich als Mensch und niemals als Tier, weil die Diskrepanz zwischen Mensch und Tier zu groß ist. Die Tierseelen verschwinden in das erwähnte kollektive Reservoir, aus dem sie ohne irgendeine Bindung an die Vergangenheit wieder auftauchen.

C

Dieses Kapitel wird sich mit einem bestimmten bereits im ERSTEN BUCH skizzierten Aspekt des Universums befassen, nämlich mit der Unendlichkeit des Raumes. Wie bereits bemerkt, ist der Raum nicht nur unendlich, sondern auch ewig und verändert sich unablässig während unvorstellbar langer Fristen seines Werdens. Ich

143

kann euch davon auch nicht die geringste Ahnung vermitteln — oder vielleicht doch, wenn ihr bereit wäret, mit dem Folgenden vorliebzunehmen. Denkt euch die Lebensfrist dieses Planeten (er ist älter als die Wissenschaft momentan annimmt) und übertragt sie in ein Längenmaß, sagen wir einmal einen Millimeter, so hätte man diesen Erdball mehrmals zu umlaufen, um eine Vorstellung von der verhältnismäßigen Länge jener Werde-Phase zu bekommen, welche die offenbare Existenz des Universums umschreibt. Sodann müßtet ihr den Erdball erneut mehrmals umlaufen, um eine ähnliche Frist des Vergehens jener offenbaren Existenz zu erhalten, und schließlich würdet ihr auf eine dritte und noch viel längere Phase dieses dreieinigen kosmischen Rhythmus stoßen, nämlich auf die Phase des vollkommenen Nichtseins, auch Nirwana genannt.

Wie schon bemerkt, weiß ich nicht, in welche Richtung sich das Universum im Moment bewegt, da das Erscheinen und das Vergehen einer Anzahl von Himmelskörpern nicht andeutet, ob das ganze Universum sich in einer zunehmenden oder abnehmenden Phase befindet. Die Weltenuhr ist selbst für uns Geister zu groß, als daß es uns möglich wäre, zwischen diesen beiden Phasen zu unterscheiden, aber man sagt mir, höhere Wesen glaubten, die Tendenz des Ganzen gehe eher auf das Werden als auf das Vergehen. Die Tatsache, daß dieser kleine Planet schon lange seinen physischen Zenith überschritten hat, ohne jedoch seinen geistigen Möglichkeiten gerecht geworden zu sein, hat daher wenig Einfluß auf die in Frage stehende Theorie. Obwohl bereits Atlantis ein leuchtendes Beispiel dafür war, was die Welt sein kann, wird erst in den kommenden Jahrhunderten die Erfüllung des oben erwähnten Potentials zu erwarten sein. Um dies zu verwirklichen, muß eine Sinnesänderung größten Ausmaßes stattfinden, d. h. die vielen falschen Vorstellungen, die heute von denen vorgetragen werden, die ihr als bedeutende Köpfe betrachtet und deren Irrtümer ihr sehr bald erkennen werdet, sind durch richtige zu ersetzen.

Um zum Hauptthema dieses Kapitels zurückzukehren: da es dem Menschen, ob inkarniert oder nicht, unmöglich ist, sich die Unendlichkeit vorzustellen, denkt er am gescheitesten nur über »sein« Universum nach, d. h. über den Teil des Raumes, der ihm zu einer gegebenen Zeit mit Hilfe der ihm gegebenen Mittel zugänglich ist. Und obwohl sich die Grenzen seines Universums mit der Zeit weiter und weiter hinausschieben werden, gibt es einen bestimmten Punkt, über den der inkarnierte Mensch nicht hinauskommen wird. Für uns liegen die Dinge etwas anders. Wie ich bereits im 17. Stück des ERSTEN BUCHES, »Wie wir im Raum reisen«, beschrieben habe, gibt es meiner und der anderer Wesenheiten Erfahrung nach für unsere Erforschungen der grenzenlosen Abgründe des unendlichen Raumes tatsächlich keine Beschränkungen, zumindest theoretisch gibt es keine. In der Praxis jedoch — auch davon habe ich gesprochen — läßt ohne ein bestimmtes Ziel unser Forscherwille nach und Einsamkeit befällt den, der sich zu weit hinauswagt. Und doch gab es Fälle, in denen Wesen von jenseits unserer Grenzen, die meiner Beschreibung nach fließend sind, uns in unserem Teil des Universums besucht haben. Diese Wesen sind noch erstaunlich menschenähnlich, obwohl sie selbst im Vergleich mit Einwohnern von erleuchteteren Planeten als die Erde es ist, weiter fortgeschritten sind. Ihre Geschichten erfüllten uns mit Staunen; Details würden die Glaubensfähigkeit des Lesers überspannen, und so werde ich nur ein paar skizzenhafte Andeutungen über diese »fremden« Wesen machen. Sie sind z. B. viel größer, leben viel länger und sind unendlich weiser als die Menschen. Ihr Wissen von metaphysischen Dingen läßt sich mit dem der großen Heiligen vergleichen; ich spreche natürlich von deren innersten Überzeugungen, nicht von den Dogmen, die ihre Umgebung ihnen oktroyierte. Diese Fremden sind unbeschreiblich schön; sie sind gütig, liebevoll und im allgemeinen während ihrer von ihnen mit hervorragendem Geschick gehandhabten Inkarnationen außerordentlich glücklich. Um ihr Leben zu beschreiben, wird ein gesondertes Buch notwendig sein. Dieses Buch wird erst geschrieben werden, nachdem mit näher gelegenen Planeten Kontakt aufgenommen worden sein wird, ein Ereignis, das noch in die Lebenszeit eurer Kinder fallen wird. Wir machen uns manchmal Gedanken darüber, was diese Visiten bedeuten könnten: Könnte es sein, daß nach mehrmaliger Rückkehr auf diesen Planeten und schließlich auf höhere Planeten, es der menschlichen Seele vorbestimmt wäre, sich eines Tages auf einem dieser weit entfernten Planeten zu reinkarnieren, die weder zu unserem Sonnensystem noch zu einer der vielen Sonnen »unseres« Universums gehören, also auf Planeten, deren Existenz zwar bekannt, jedoch für den Menschen unerreichbar und für uns Geister kaum mehr als Vermutungen sind?

Ich habe bereits über das Universum gesprochen, was seine unendliche Dauer und Ausdehnung anbetrifft, sein Einatmen und Ausatmen — das Ausatmen jene Fristen bedeutend, in denen Materie geschaffen, und das Einatmen, in der sie zurückgezogen wird — und ich habe auch über die auf diese beiden Perioden folgende völlige Auslöschung gesprochen. Da sich die Ewigkeit nicht nur hinter, sondern auch vor uns ausdehnt, ist die Frage nichtig, wo wir uns, was diese Fristen betrifft, im Augenblick befinden. Ohne unsere eigene Vernunft zu gefährden, können wir uns nur orientieren, indem wir uns auf den Begriff einer kosmischen Episode konzentrieren; jener lange Tag zwischen den manchmal als Nirwana bezeichneten Nächten des Nichts bedeutet jedoch nicht das Ende, weil die Zeit selbst ohne Ende ist.

Wenn das entmutigend klingen sollte, denkt bitte daran, daß euch in eurem gegenwärtigen Zustand die rechte Perspektive mangelt. Verschiedene Glaubensformen lehren, nach dem Tode erwarte die Gläubigen die ewige Seligkeit. Aber kein Zustand ist ewig. Das Universum fährt zu existieren fort und offenbart sich intermittierend, und die menschliche Seele beginnt nach unendlich langen Ruhepausen freudig einen neuen Seins-Zyklus. Obwohl dies keine sehr erwünschte und deshalb auch wohl unglaubwürdige Nachricht für einen Lebensmüden ist, der sich weder der in süßem Vergessen verbrachten Äonen, noch der freudigen Aufregung eines neuen Beginnens entsinnt, und obwohl ihr in eurem jetzigen Zustand vielleicht nichts anderes wollt als in den Himmel zu kommen oder euch in ein göttliches Wesen zu verlieren, so würde euch doch klar werden, sobald ihr euch einen solchen dauernden Zustand vorzustellen versuchtet, daß ihr ihn nach einer Weile aufgeben möchtet. Wer aber den Mut hätte, auch dann noch auf der Dauer dieses seligen Zustandes zu bestehen, würde unschwer erkennen, daß diese Versprechungen nicht viel anderes sind als Gutenacht-Geschichten für liebe Kinder. Aber auch die Fortgeschritteneren unter euch sollte die auf diesen Seiten beschriebene Ewigkeit nicht ängstigen, denn auch sie haben ja keine Erinnerung an Seins-Zyklen, welche vor dem letzten großen universalen Morgen lagen, den man ruhig als den Beginn aller Zeit sehen soll, ebenso wie man die uns in Äonen erwartende Nacht des Nichts als das Ende aller Zeit ansehen darf.

Um jetzt zusammenzufassen: Was wir gerade eine Gutenacht-Geschichte genannt haben, mag für viele angenehme und ermutigende Ausblicke eröffnen. Der forschende Geist sollte sich aber der Chance bedienen, die Wahrheit, wie sie uns offenbar ist, anzuhören. Und um euch zu beruhigen, was einen vielleicht zu weiten und Furcht einjagenden Begriffen betrifft: Wenn die Seele tatsächlich eine unendliche Vergangenheit haben sollte, hat euch das denn je geängstigt? Sicherlich nicht, und es wird euch auch nicht ängstigen, denn ihr habt keine Erinnerung daran. So sollten auch meine Behauptungen über die Art der Ewigkeit euren Einblick in diese Dinge klären, ohne euch eure Seelenruhe zu nehmen.

D

Blicke ich auf mein Leben auf Erden zurück, so frage ich mich oft, wie es denn möglich war, daß ich bei meinen ungewöhnlich wichtigen Entdeckungen — sie sind in den Enzyklopädien verzeichnet — nie auch nur die geringste Ahnung vom wahren Wesen des Universums hatte. Meine Entdeckungen beschränkten sich auf den Bereich der Materie, und kein einziges Mal kam mir der Gedanke, irgendwelchen Dingen über die Materie hinaus nachzugehen, obwohl das fraglos möglich gewesen wäre. Aber so ist der Mensch eben, und daran hat sich seit meiner Zeit nichts geändert. Die Wissenschaftler kleben am Mikroskop und ähnlichen Instrumenten und wenden ihre Seele von der Ewigkeit oder der nicht-materiellen Seite des Lebens ab. Fast ausnahmslos fahren sie in diesem Trott fort, und die sogenannte Intelligenz folgt ihnen auf dem Fuß.

Tatsächlich hat in den letzten Jahren die Welt ein beträchtliches Interesse für die populäreren Aspekte des Okkulten an den Tag gelegt, was beweist, daß selbst der Mann auf der Straße ein gewisses Verlangen spürt, sein Bewußtsein und sein Verständnis zu erweitern, etwas, wovor sich die Intelligenz ins »wissenschaftliche« oder »rationale« Denken rettet. Daß die von dem allgemeinen Publikum angewandten Mittel und Wege zu dieser Bewußtseinserweiterung inadäquat sind, zeigt lediglich, daß in diesem Fall eine universale Bewegung von unten her beginnt und nicht von oben. Die Begründer der verschiedensten Sekten innerhalb dieser Weltbewegung empfehlen entweder haarsträubend gefährliche Mittel, etwa den Gebrauch von Rauschgift, oder sie offerieren den Leuten, indem sie von solchen Drogen abraten und sogar viele Opfer der Rauschgiftsucht rehabilitieren, nicht viel mehr als eine oberflächliche, meistens aus hinduistischer Philosophie zusammengerührte Mixtur und dazu einige nicht allzu schwere Übungen, was zusammen ihren Jüngern ein Gefühl geistigen Wohlbefindens und einer »Zugehörigkeit« gibt. Von diesem bescheidenen Plateau aus wird man aber kein tieferes Verständnis vom Menschen und seinem Universum erlangen. Denn dazu ist mehr nötig als die Lehre des wohlgesinnten Entrepreneurs aus Indien, wie populär diese seine Lehre auch sein mag. Es müssen neue Lehrer her, die imstande sind, der Welt ein ganz neues gedankliches System zu geben, ehe die so sehr notwendige Wandlung stattfinden kann.

Durch meinen eigenen Beitrag, den ein eher wissenschaftliches Vorgehen charakterisiert und durch einen höheren Überblick fortgeschrittenerer Wesenheiten, von denen einige bereits ihre Gedanken durch dieses Medium übermittelt haben, muß eine neue Weltanschauung präsentiert werden, die auch von anderen Medien bestätigt werden wird. Diese Weltanschauung wendet sich zunächst an eine beschränkte Anzahl von Suchenden und wird später, sobald eine Gruppe von Lehrern diese neue Philosophie ins Rampenlicht bringen wird, der ganzen Welt bekannt werden. Dies mag recht grandios klingen, zumal dieser soeben beschriebene Moment noch nicht eingetreten ist. Im Rückblick aber werden sich eines Tages diese Andeutungen als recht natürlich erweisen. Der Leser hat also gewiß nicht seine Zeit an extravagante Träume vergeudet, wie ihm sein Instinkt übrigens bereits gesagt haben wird. Und so fahre ich fort, euch mit allerlei weiteren ungeheuerlichen Behauptungen zu verblüffen.

Wir kommen jetzt zu einem Kapitel, das sich mit Zahlen und Zahlenwerten befaßt. Zahlen sind im Gesamtbild des Kosmos von äußerster Wichtigkeit. »Wer Zahlen versteht, versteht das Universum«, war einer der ersten Sätze, die unser Medium zu Beginn ihrer Arbeit empfing. Der Grund dafür ist, daß alles auf Rhythmus und Proportion beruht. Rhythmus und Proportion ordnen die Grundelemente nach bestimmten Richtungen und lassen sie somit auf vielerlei Weise wirksam werden. Sie bestimmen in einem gewissen Sinne ihren Charakter. In der Astrologie z. B. bestimmt der Winkel, in welchem planetarische Energien aufeinanderstoßen, ihre Wirkung: bei 90° ergibt sich eine Quadratur, ein schädlicher Aspekt; bei 60° oder 120° ein Sextil oder ein Trigon, beides günstige Aspekte; bei 180° eine Opposition, ein verheerender Aspekt, usw. Und doch bleiben diese aufeinander einwirkenden Energien in sich selbst immer gleich.

Warum ist das so? Die Antwort ist nicht einfach, genauer, sie ist so einfach, daß sie nicht erklärt werden muß. Wir haben ja vorausgeschickt, daß die Wirkung von Zahlen und Zahlenwerten axiomatisch ist, d. h. einen grundsätzlichen kosmischen Zustand repräsentiert. Zahlen repräsentieren sowohl quantitative wie qualitative Werte. Die simple Addition einer Einheit resultiert sehr oft in etwas ganz anderem als einer bloßen Addition. Sie vermag den Charakter des jeweils in Frage Stehenden zu verwandeln. Eine solche Verwandlung geschieht aber nie plötzlich. Um noch einmal auf die Astrologie zu kommen: die Einwirkung eines Planeten auf einen anderen ändert sich allmählich von gutartig zu bösartig oder umgekehrt, während der Planet seine Bahn durchläuft. Die einzige Erklärung, die noch gegeben werden kann, betrifft die ungreifbaren Kräfte wie Zahlen, Rhythmus und Positionswechsel der Planeten. Sie üben eine profunde Wirkung auf alle in der physischen wie in der nicht-physischen Welt befindlichen Dinge aus.

(Hier bricht das Diktat ab)

NACHTRAG*

Professor Richard Exner
Department of Germanic
and Slavic Languages and
Literatures
University of California
Santa Barbara 93106

121 East Oak Street 3

Chicago 60611

November 7. 1978

Dear Professor Exner,

es hat mir sehr leid getan zu erfahren, daß der Zweite Teil der über
Eva Herrmann vermittelten CAVENDISH PAPIERE nun nicht mehr
ganz erscheinen wird. Aber bereits die Übermittlung des ersten Tei-
les aus solcher Quelle muß als ein beachtliches Phänomen gelten. Ich
bin stolz unter seinen ersten Lesern gewesen zu sein. Warum gerade
ich, der ich im Grunde all diesem eher fernstehe, dazu ausersehen
war, dem Medium einen Kommentar zu liefern, ist nicht ganz klar;
aber vielleicht hat sie irgendwie gewußt, daß ich so um den 1. März
1947 der erste Wissenschaftler überhaupt war, der künstlich erzeug-
tes Synchrotron-Licht direkt beobachtet hatte, also Licht, sichtbare
Strahlung, die von Elektronen in einem atomaren Partikel-
Beschleuniger erzeugt wird und die nach einer bis an die Lichtge-
schwindigkeit heranreichenden Beschleunigung wieder magnetisch
gebremst wird. Heute ist diese Strahlung auch als »magnetische
Bremsstrahlung« bekannt oder als »Synchrotron-Strahlung« (siehe
*Science*199 [1978], S. 1297) oder aber daß ich der (anonyme) Autor
von etwa 115 in den Micropaedia-Bänden der Encyclopaedia Britanni-

---

* Übersetzung

151

ca III (1974) erschienenen Aufsätzen über wissenschaftliche Themen war, darunter jener Beiträge zu »Raum-Zeit«, »Stern«, »Neutron« und »*black holes* im Raum«.

Wenn die über Eva Herrmann vermittelte Cavendish-Botschaft authentisch ist, so hat die moderne Wissenschaft die Entdeckung eines großen, fast gänzlich unerschlossenen Reservoirs an Information fast völlig vernachlässigt. Berühmte Forscher haben auf diesen Umstand hingewiesen — man denke als Beispiel nur an die Schriften solcher Physiker wie S. Arrhenius, W. Crookes, I. Newton and O. Lodge. So unrealistisch es sein mag zu erwarten, der Durchschnittsbürger werde sich je in den Zustand versetzen, in welchem er sich solche Informationen direkt verschaffen oder zunutze machen könne, so sehr ist er sich aber doch auch bewußt, daß Experimente mit bewußtseinsverändernden Drogen, mit Hypnose, mit Autosuggestion und änlichem zu erweisen scheinen, daß niemand je etwas vergißt, ja daß sogar von den Vorfahren ererbte Erinnerungen an Geschehnisse, die vor der eigenen Lebenszeit des Individuums lagen, ebenfalls mit-erinnert und registriert werden und daß dann, wenn er sich in Schwierigkeit und wahrer Not befindet oder wenn er sich ernstlich darum bemüht, ihm Erkenntnisse aus was immer für Quellen zugänglich gemacht werden können, Erkenntnisse, die in seiner individuellen Situation von großer Bedeutung sein könnten und deshalb nicht ignoriert werden sollten.

Gerald N. Knowlton

(Professor am Fermi Institut für nukleare Physik der Universität Chicago)

MINIATUREN DER HÖLLE

VORBEMERKUNG

Wer ein Weiterleben nach dem Tode als etwas Gegebenes oder zumindest als eine nicht abzustreitende Möglichkeit ansieht, muß zugleich auch das Faktum akzeptieren, daß das Böse, wenn sich das Leben überhaupt fortsetzt, zusammen mit dem Guten weiterexistiert.

Manche haben die vage Vorstellung — oder wohl Hoffnung? —, die menschliche Seele werde sich allein durch den Übergang in die nächste Welt ganz von selbst zu etwas sehr Edlem und Erleuchteten verwandeln. Es ist so bedauerlich wie logisch, daß das keineswegs der Fall ist. Eine Wesenheit setzt sich genau da fort, d. h. auf dem gleichen seelischen Niveau (freilich jetzt körperlos), wo sie sich vor ihrem Ableben befand. Es sollte deshalb nicht wundernehmen, wenn hier von Wesenheiten die Rede ist, die wir der Einfachheit halber Teufel nennen, also von Dämonen, die weiterhin das tun, was schon auf Erden ihre Lieblingsbeschäftigung war, nämlich anderen zu schaden.

In meinem Fall nun waren diese Wesenheiten besonders unangenehm: nicht nur weil ich sie zu hören vermochte, sondern besonders, weil sie die Übermittlung von Informationen zugunsten anderer zu unterbinden versuchten. Sie taten das, indem sie entweder einen Gedankenaustausch blockierten* oder andere imitierten, ein Kniff, den sie besonders gut heraus hatten; oder aber sie störten unsere Verbindung durch Beschimpfungen und Drohungen. Anfangs beeindruckten mich diese Verwünschungen, aber allmählich gelang es mir, sie zu neutralisieren, indem ich sie sorgfältig wie alles andere von mir empfangene Material zu Papier brachte.

---

* Dieser Vorgang wurde mir wie folgt erklärt: »Sünden und Fehler umgeben uns in Form unsichtbarer Partikel, die man mit dem Smog unserer Städte vergleichen kann, den man zwar als Ganzes sieht, nicht aber in allen Einzelheiten. Hier nun sieht man nicht einmal den Smog, der aber dennoch wirksam ist. Und diese unsichtbare Unreinheit kann von den Gebietern der Hölle, die selbst ein Minimum davon herauszuspüren imstande sind, angewandt werden; sie verdichten es so, bis es zwischen Sender und Empfänger, also zwischen uns und euch eine starke und undurchlässige Wand bildet.«

Ohne mich durch die Bösartigkeit meiner Quälgeister länger schockieren oder ärgern zu lassen, beschloß ich, sie zum Sprechen zu bringen. Erst wußten sie nicht recht, was sie davon halten sollten und schon gar nichts von meinem offensichtlichen Wunsch, ihnen zu helfen. Sie reagierten unterschiedlich darauf. Die einen verhöhnten mich ganz einfach, da sie zu bleiben vorzogen, wo oder wie sie waren, andere wieder lehnten mein Angebot ab, weil sie sich nicht zu dem nachhaltigen Kräfteaufwand aufraffen konnten, der sie aus ihrer Misere erlöst hätte; wiederum andere konnten sich nicht aus ihrer selbstgeschaffenen Hölle befreien, weil sie einem Laster verfallen waren, dessen Befriedigung nur über einen noch auf Erden lebenden und der gleichen unseligen Neigung frönenden Menschen vollziehbar war.

In einer Anzahl von Fällen gelang es mir jedoch, einen Sinneswandel herbeizuführen; das geschah mit Hilfe meiner Helfer und dem Beistand höherer Wesenheiten, die mir — im Verborgenen wirkend — zur rechten Stunde das rechte Wort in den Mund legten, wo und wann immer ein besonderes Eingreifen geboten schien.

ALLEIN, ALLEIN, ALLEIN

»Allein, allein, allein! Ewig allein sind sie, die sich von Gott abgewandt haben. Sie arbeiten im Verein mit anderen, aber sie leiden allein. Das Alleinsein macht es schlimmer. Je tiefer du fällst, desto einsamer bist du — in einer eisig-dunklen Welt isoliert. Wohl mögen wir noch Dichter sein, aber was nützt das? Die Freude an einem geglückten Satz ist zu nichts zerrieben, unverzüglich vernichtet und weicht einem Schwarz, so schwarz, daß, es ,kalt' oder ,einsam' zu nennen, ihm bereits eine Färbung verleihen hieße.

Schwarz, ein tiefes, kaltes, stinkendes, einsames Schwarz; ein schneidendes Schwarz. Ja, so ists: endlos unsere frostwunde Seele zerschneidend, stinkend, allein, allein.

Ich muß mich an dich wenden, die ich hasse und die ich mit grausamer Wachsamkeit verfolgte, um ein teilnahmsvolles Ohr zu finden. Hier hört niemand auf unsereinen. Niemandem hier liegt daran, wie man leide. Deine Agonie gehört dir ganz allein. Kein Echo, kein Widerhall. Dein Leiden kehrt zu dir zurück, und je mehr du leidest, umsomehr erstickst du im Leid. Es bedeckt und lähmt dich so, daß selbst der Gedanke des Leidens ohne Ausdruck bleibt. Ausdruck! Du drückst nichts aus; es bleibt bei dir und nimmt immer nur zu.

Dies bin ich, dein letzter Peiniger, denn unsere Zeit ist um und alles, was mit bleibt, ist eine Erinnerung von verderbter Schönheit. Lebe wohl.«

EIN GROSSER SPRICHT

...Wir haben es satt, ja, und es lohnt sich nicht, deinetwegen einen solchen Kraftaufwand zu machen. Schreib in Gottes- und des Teufels Namen dein Zeug!

Wir sind nicht immer die, als die du uns kennst. Wir haben unsere Ansichten und Methoden. Ja, wir hassen die da oben, aus vielen Gründen. Du, als Person, bist uns gleichgültig. Du interessierst uns nicht — aber wir bekämpfen den Fortschritt, einfach aus persönlichem Ressentiment.

Wir sind nicht dumm, wir sind nicht ungebildet und wir sind nicht feige. Du interessierst uns überhaupt nicht als Du. Du bist eher eine nette Frau — aber wir hassen die da oben und ihre Überheblichkeit. Das ist's.

Wir haben es satt, deinetwegen zu kämpfen. Dein Buch wird ein Erfolg sein, ohne Zweifel, und wir hätten es gern verhindert, daß es erscheint. Aber wir haben andere Mittel, uns zu behaupten. Warte nur!

Du bist nichts als ein ganz kleines Werkzeug der Oberen. Du bist anständig. Wir sind auch anständig — auf unsere Weise. Wir haben auch eine Art Ethik — aber unser Licht ist der Haß, der Mord, die Zerstörung im Großen. Hut ab! Dies ist ein Großer. Wir lassen euch jetzt in Ruhe — vielleicht.

EINER MEINER HELFER: Wir sind erschüttert, Eva. Es ist unerhört, unglaublich, phantastisch! Wir sind platt. So was!

EIN ANDERER HELFER: Ganz und gar ungewöhnlich. Nun, umso besser. *Meint ihr, es ist ihm ernst mit dem, was er sagt?*

Es scheint so, Eva. Aber natürlich müssen wir auf der Hut sein. Es ist schier unglaublich. Also, wir hätten's geschafft, wir sind ihn los. Es ist verblüffend, ja, aber wahr; du kannst dich darauf verlassen. Er

war einer der Großen. Eine abscheuliche Kreatur, aber nicht ohne
Würde.

Eine Woche später. Mindere Dämonen hatten versucht, unsere Arbeit zu stören.

Dies ist der Große. Wir ziehen uns zurück und überlassen euch das
Feld. Zu den Seinen: Zieht ab und laßt sie in Ruhe von nun an! Es hat
keinen Sinn mehr. Wir haben anderes, Wichtigeres zu tun. Leb
wohl! Du wolltest mich bekehren — aber ich lege keinen Wert darauf. Dies ist viel interessanter. Du hast daran gedacht, einen uralten
Teufel zu bekehren. Wir lächeln darüber. Unser Reich ist ewig, ja,
ewig. Es wird uns immer geben. Schreib das in dein Buch! Und wenn
du einen bekehrst, holen wir uns dafür einen anderen. Es hört nicht
auf; die Hölle nicht und der Kampf nicht. Das wird sich in alle Ewigkeit nicht ändern. Nicht, was ihr tut und nicht, was wir tun. Ein ewiger Sport. Ein ewiges Hohnlachen und ein ewiges Tränenvergießen
auf eurer Seite. Du bist ein Schachzug, den wir verloren haben.
Schade! Aber es hat eine Weile gelohnt, um dich zu kämpfen. Wir
kämpfen lieber um edle Seelen als um Haderlumpen — that is part
of the fun — aber wir konnten dich nicht zu Fall bringen. Ein anderes Mal ist's an uns. So long — dein Feind.

MEINE HELFER: Ja, Eva, der hat nun das Feld geräumt. Er hat Format,
das muß man ihm lassen! Aber es ist nicht wahr, was er sagt. Er hat
gelogen. In der Lüge ist er in seinem Element. Er will, daß du es in
deinem Buch schreibst, um der Welt einen Tort anzutun. Er hat aber
nicht recht. Wir kämpfen — und wir siegen. Ein Vorgang, der Äonen dauert und der großen Schwankungen unterliegt. Dies ist eine
Minus-Zeit. Eine Zeit, in der das Zünglein an der Waage nach links
zittert — aber es wird da nicht bleiben. Wir haben es aus dem Mund
allerhöchster Geister. Es ist ihrem Reich nicht gewährt zu dauern. Ihr
Reich überdauert nicht die Auflösung der materiellen Welt — und
die materielle Welt löst sich auf, um neu geboren zu werden, in unendlich langen Zyklen. Dies ist ein Reinigungsprozeß, der von Zeit
zu Zeit stattfindet in Millionen und Abermillionen von Jahren. Oh-

ne Materie haben diese Wesenheiten kein Wirkungsfeld. Sie verkümmern sozusagen. Aber der göttliche Geist ist ewig. Das ist der große, große Unterschied, Eva.

AZANANANDA (über die schwarzen Kräfte): O Untergang, völliger Untergang! Sie werden vielleicht das Licht überhaupt nie sehen, bis die Welt sich auflöst und sie ziel- und zwecklos dastehen, in bitterer Not, ohne irgend etwas, an das sie gewöhnt wären. Sie werden auf ihren verderbten Kern einschrumpfen. Dann erst, wenn ihre Existenz auf dem Spiel steht und sie keinen Ausweg mehr wissen, werden sie sich fügen. Denn nicht einmal Kreaturen wie sie fallen der Vernichtung völlig anheim.

Statt aller weiteren Beschreibungen dieses Prozesses zeigt man mir ein Bild.

Ja, ich verstehe: Diese Seelen und das ihnen noch anhaftende Böse ist wie etwas, das auf einem Feuer siedet, bis alles Wasser verkocht ist und die Substanz selbst zu brennen beginnt. Nicht etwa, daß sie je dabei verbrennte: Aber das ihr noch anhaftende Böse kehrt sich gegen sie selbst und vertilgt schließlich den letzten verfaulten Rest. — Ein furchtbares Schauspiel muß das sein!

HELFER: Ja, das ist es. Einer unserer Lehrer gab dir dieses Bild.

Ist dies dann der letzte Akt vor dem endgültigen Untergang der Welt, bevor alle anderen Seelen in einen Nirvana-artigen Schlaf gesunken sind?

HELFER: Ja, das ist das letzte große Reinemachen, ehe die Welt ins Nichts zurückkehrt.

160

DREI SEELEN, DER ERDE NOCH VERHAFTET

Alkoholismus

Guten Tag, Eva. Ich bins, A. Du kennst mich von meinen Bildern.
Ja, ich liebe Ihr Werk.
Ich leide immer noch an den Folgen meines Selbstmordes. Kannst
du mir helfen?
Ich will es gern versuchen.
Wenn ich von Zeit zu Zeit mit dir reden könnte...
Immerhin erstaunlich, daß du kommunizieren kannst.
Nein, ich spreche nicht selbst. Andere sprechen für mich, Eva. Ich habe
noch nicht die Stufe erreicht, die es mit gestattete, selbst zu kommuni-
zieren. — Ich trinke immerfort, indem ich mich bei Kumpanen ein-
schalte, die noch mehr trinken, als ich auf Erden trank.
Hast du denn den Wunsch, diese Schwäche zu überwinden?
Nicht im geringsten, das ist's ja gerade! Ich will nichts, als mich ständig
besaufen. Es ist ein Zwang, dem ich nicht widerstehen kann. Es ist
gräßlich, aber was kann man tun? — Siehst du, du hast nichts zu sagen.
*Weil es schwer ist, wenn nicht einmal der Wunsch vorhanden ist. Ich
muß darüber nachdenken, lieber Freund.*
HELFER: Eine unselige Angelegenheit, das Trinken bei ihm. Wie du
sagtest: ein anderer kann da wenig tun.
Beten?
Ja also, das hast du ja schon getan bei anderen. Nicht ganz leicht!
Nun, er wollte halt mit dir sprechen und wir wollten ihm eine kleine
Freude bereiten.
Vielleicht können wir uns seiner etwas später annehmen.
Möglicherweise, Eva; aber nicht allzu erfolgversprechend bei ihm,
leider.

B., ein Freund, meldet sich. Er ist erdgebunden, auf einer niedrigen Stufe, aber keineswegs böse.

Liebe Eva, ja ich, B. Ja, leider! Ich komme nicht los von diesen Dingen. Scheußlich! Es sind Zwangsvorstellungen, die mich verfolgen und mich daran hindern weiterzukommen. Ganz scheußlich! Sie halten mich gefangen. Ich weiß nicht, wie und was... Es ist kein Vorwärtskommen. Traurig, sehr traurig, Eva.
Ich kann nicht an L. schreiben; was sollte ich ihm sagen? Er ist ja viel besser dran als ich. Er ist frei von diesen Dingen. Er hat lustig drauflosgevögelt, aber er hat nicht wie ich die ganze Unterwelt dazu eingeladen. Mir konnte es nicht dreckig genug zugehen dabei. Ich werde es nicht los. Ich werde sie nicht los, die meine Gäste waren, meine ungeladenen Gäste. Nun umgeben sie mich.
Scheußlich, ganz scheußlich! — Zum ersten Mal, seit ich hier bin, eine Gelegenheit, mich auszusprechen, ja. Können Sie mir raten?

Ehe ich etwas sagen kann, spricht er weiter.

Treiben, wir treiben es die ganze Zeit, endlos, ein Zwang von unten. Wir beteiligen uns, wo immer wir die Gelegenheit haben, uns einzuschalten und mitzutun. Ein kurzer Moment der Lust, gefolgt von der Nacht des Ausgestoßenseins. Und wieder und wieder...
Aber es gibt doch einen Ausweg!
Ja, aber sehr, sehr schwer. Also, so ists. Es ist durchaus auszuhalten, aber nicht gerade schön. Nein. Endgültig ist es nicht, Gottseidank! Aber es kostet Kraft, mehr als ich in mir finde. — Treiben Sie es für mich! Ja, Sie haben recht verstanden. Ich schalte mich ein, wo ich die Gelegenheit habe. Nein, denken Sie nicht daran: Sie haben anderes zu geben. Vielleicht auch mir — später einmal.

HELFER: Ja, Eva, so sieht es aus in der Hölle. Und dabei ist das noch keine der tiefsten.

Rauschgiftsucht

Ich, C. Es folgen mir immer noch diese Geister, leider. Sie versuchen ständig, mich herunterzuziehen, indem sie mir Opiumsüchtige zeigen, durch die ich dieser Neigung frönen könnte, was ich im Grund nicht mehr möchte. Ja, Eva-dear, das Opium ist der Hauptgrund, weshalb ich Mühe hatte und noch habe, mich zu befreien. Opium erzeugt eine besonders süße Traumwelt. Ich liebe es außerordentlich — aber natürlich ist es eine erfundene Welt, vom Träumer selbst erfunden, und das Erwachen ist unschön.

Träumst du dann die Träume des Opiumrauchers mit oder deine eigenen?

Ich weiß es nicht recht zu unterscheiden. Aber ich glaube, ich absorbiere genügend ätherisches Opium, um eigene Träume träumen zu können; denn meine eigenen Träume sind viel schöner als die der meisten Opiumsüchtigen, Eva.

Ich weiß nicht, ob sie sich mit höheren Bewußtseinszuständen vergleichen lassen, ich würde aber annehmen, daß der Himmel ebenso viel zu bieten hat und dazu noch das Wahre ist, nicht nur Betrug, aus dem das Erwachen häßlich ist.

Ja, so höre ich, ist es oben. Anders, aber ähnlich beglückend — und eben von Dauer. Schwierig, sehr, sehr schwierig ist das Loskommen von solchem Zauberwerk! Aber ich will es versuchen, Eva-dear.

ARARAM

Geschichte einer Wandlung

Während des Sommers 1967 hatten wir besonders unter hartnäckigen Störungen seitens schwarzer Kräfte zu leiden. Eines Morgens spann sich folgendes Gespräch an:

A

1.ARARAM, EIN SCHWARZER GEIST: Ja also, Evalein, du ahnst es: wir sind noch immer da.

RICKI: Immer noch, ja, aber nicht für immer. Nimmer lang — aber heute und morgen müssen wir noch kämpfen, vielleicht noch länger — aber dann . . .

ARARAM: . . . Dann kommen neue Überraschungen.

Einmal wird ja unser Karma abbezahlt sein.

Nicht so bald, Eva — und solange dies nicht der Fall ist, sind wir an der Macht. Wir haben eine besondere Vorliebe für dich und die deinen; haha!

Umsomehr wird es euch dann verdrießen.

Glaubst du das?

Ja, fest.

Nun, vielleicht hast du recht.

Wieso so viel milde Einsicht?

Nun ja, nicht eben mild — aber dumm sind wir ja nicht gerade.

Nein, gar nicht. Ihr habt offensichtlich einige gute Stilisten.

Oh ja, die haben wir.

Trotzdem macht ihr Fehler.

ARARAM: Ist ja klar, unter den Umständen.

RICKI: Ja, manchmal sprechen sie wie einigermaßen normale Menschen — denn der böse Geist, der sie beseelt, fluktuiert, und nach einer Campagne wie dieser, die sie insofern verloren haben, als sie dich zwar irregeführt und dir große Aufregung verursacht haben, dir aber keinen nachhaltigen Schaden zufügen konnten, tritt eine gewisse Entspannung ein, und dann sind sie einem Normalzustand näher als zu Zeiten, in denen ihre bösen Neigungen von unten frisch angefacht werden. Ja, wie nach einem Orgasmus — nur, da dieser dieses Mal ausblieb, wird es nicht allzulange dauern, bis sie wieder unruhig werden.

Richtig gesehen, Ricki. Im Augenblick sind wir abgekämpft — aber da der Hochgenuß ausblieb, werden wir bald wieder ans böse Werk gehen. Und da wir gerade mild gestimmt sind: ihr werdet voraussichtlich nicht die sein, die wir uns als Opfer aussuchen werden. Diesmal war es eigentlich schon insofern ein Fehlgriff unsererseits, als euer Karma eine schwere Schädigung schon nicht mehr zuläßt. Nur eben soviel, als wir erreicht haben. Und die paar Tränen von Eva und eure Pein vorhin sind ein zu magerer Gewinn für uns, die wir an andere Kost gewöhnt sind. Und so ziehen wir uns jetzt zurück. Ade, ihr alle.

RICKI: So ist es, Eva. Sie haben bereits angefangen, sich zu verkrümeln, während ihr Großer sprach. Er ist einer der ganz Mächtigen, der sich noch einmal dazu herabließ, eine letzte Attacke auf dein seelisches Gleichgewicht zu machen, das sie doch noch genügend zu stören hofften, um unser Werk zu vereiteln. Aber er hat sich geirrt, und es wird ihm eine Lehre sein, in Zukunft seine Finger von uns zu lassen. — Er hat noch etwas zu sagen.

Eva, ich, der Große. Es war uns nicht vergönnt, dich aus dem Gleichgewicht zu bringen dieses Mal und vermutlich überhaupt nicht mehr in dieser Existenz — aber wehe dir und den deinen! Was uns gegeben ist an Möglichkeiten in geringerem Ausmaß — und an solchen wird es nicht fehlen — wird von uns nicht ungenutzt bleiben.

Lohnt sich das für euch?

Du bist ein ungewöhnlich freches Weibsstück und, so ungern ich es ausspreche, du gefällst mir darin. Sonst, mit deiner Heiligkeit, bist du mir ein Ekel. Es ist da eine negative Anziehung, die auch du, wie ich bemerke, empfindest.

Böse Lust ist mir nicht unbekannt und ich bin nicht umsonst Medium. Ich weiß es, was du möchtest — kann dir aber den Gefallen nicht tun.

Schade; du hättest dich gut ausgenommen in unseren Reihen.

Du bist vermutlich viel gescheiter als ich — aber ich halte mich für die viel Weisere.

Hierüber läßt sich nicht streiten. Wir suchen nicht das, was du Weisheit nennst, auch nicht Liebe, die du wohlweislich nicht erwähnt hast — aber so böse du meinst, in deinen Vorstellungen gewesen zu sein — das waren läppische Spielereien verglichen mit der durchdringenden satanischen Hitze, die uns entflammt und, in Momenten der Erfüllung, orgiastisch durchzuckt. Von dieser Lust wißt ihr wiederum nichts.

Ich ahne es — aber es fehlt mir die negative Größe, die Kraft und der Wunsch danach — und wenn ich sage »negative Größe«, so ist es eine Konzession an dich. Ich bin von dieser Krankheit befreit und will andere davon heilen. Ich will eine glücklichere Welt sehen; das ist es ganz einfach.

Schön gesagt, Eva. Ich bin mit dir gegangen in der Vorstellung, so wie du mit mir gegangen bist — ein wirklicher Gedankenaustausch, wie man so sagt. Und nun trennen sich unsere Wege wieder. Ich erkenne deine Haltung an.

Ich wollte, ich könnte dir das gleiche sagen, aber ich kann es nicht. Ich traure darüber, daß so viel Intelligenz mit so viel Kranksein gepaart ist und so viel Häßliches begünstigt.

Ich war dir einen Augenblick lang nah, jetzt ist es vorbei. Adieu! Ich liebe dich auf meine Art, aber meine Liebe ist unglücklich, weil ich dich nicht verderben konnte. Lebewohl.

2. Ja also, Evalein, es ist jammerschade, daß du, bei deinem Talent, für das Böse nicht doch zu bewegen bist. Es hat tüchtig rumort in dir gestern, bis dann deine guten Freunde gebremst haben.*

---

* Auf der Heimfahrt von einer Party dachte ich intensiv an dieses Thema. Zuhause angekommen, wollte ich meine Notizen vor dem Einschlafen noch einmal durchlesen, aber man riet mir ab davon.

Ja, es hat mich fasziniert und ich habe versucht, mich in die Materie einzufühlen — aber mein Interesse war rein »akademisch«. Ich habe mich bemüht, ohne Emotion und ohne Parteilichkeit in eine Welt einzudringen, von der mich bisher Ekel und Abscheu zurückgehalten haben. Da es aber eine rein theoretische Betrachtung war und ich nichts sah oder roch, fehlten mir eben doch essentielle Eindrücke der Hölle, ohne die man sich kein richtiges Bild machen kann. Trotzdem war es interessant für mich, wie neu an diese Sache heranzutreten und sie einmal versuchsweise mit euren Augen zu sehen, außerhalb aller ethischen Bezugnahme. Aber selbst von diesem Standpunkt aus ist meine Antwort ein ruhiges, doch entschiedenes Nein. Mein Ego ist nicht mehr so aufgeblasen, daß das oberste Gesetz seine Befriedigung wäre; ich kann heute mein Mitgefühl für andere nicht mehr ganz ausschalten. Das ist Grund eins. Der 2. Grund ist Mangel an Liebe. Bei euch gibt es vielleicht das Moment gleichzeitig genossener Lust — aber damit hört alle Gemeinschaftlichkeit auf. Ihr seid hoffnungslos verwaist, eure Welt ist häßlich, ihr selbst seid häßlich und unvorstellbar einsam. — Du siehst, ich kann es kühl berechnen — aber keine Höllenlust kann dies aufwiegen. Nun, ich habe jetzt lange genug versucht mich einzufühlen; es ist genug.

HELFER: Gut so, Eva! Wir wollten, daß du dich aussprichst. Uns gefällt deine sachliche Einstellung, aber wie du natürlich selbst weißt, war es eine rein theoretische Beurteilung deinerseits, da dir ja die direkten Eindrücke vom Gestank und der Häßlichkeit einer Welt abgehen, die man nicht verstehen kann, ohne sie unmittelbar erlebt zu haben. Das Ergebnis, zu dem du gelangt bist, beruht auf etwas rein Abstraktem. Wir fanden aber, du solltest dich dieser »Versuchung« aussetzen.

Es war da keine »Versuchung« — aber auch a priori keine Ablehnung meinerseits. Ich wollte mir ein Bild von dem machen, was ich ablehne. Jetzt weise ich zurück, weil ich sehe, daß selbst eine idealisierte Version der Hölle unakzeptabel ist. Aber ich bin froh, dieses Erlebnis gehabt zu haben; es war eine Bereicherung und ist ein Gegengift gegen jedweden Zelotismus. Ich hatte nun einen vorurteilslosen Ein-

blick in beide Welten — so weit es meine gegenwärtigen Limitatio-
nen gestatten. Ich war bemüht, diese Welten unabhängig von aller
Moralität zu beurteilen, einfach vom Standpunkt des Wohlbefin-
dens, der Lust oder des Vergnügens, das sie mir gewährten. Und da
ich weiß, daß meinem Verständnis nach beiden Seiten Grenzen ge-
setzt sind, wird das Endresultat wohl einigermaßen ausgewogen sein.
Von einem selbstischen, ganz unidealistischen Standpunkt aus er-
weist es sich also, daß der Himmel mehr zu bieten hat als die Hölle.
Und dies, füge ich hinzu, mag gut und gern die Untertreibung des
Jahres sein.

Bravo Eva, und nun laßt uns weitermachen. Der Große ist weg, nachdem er hörte, was du sagtest.

Sieht er wie ein Raubvogel aus?

Eher wie ein Haifisch — aber du hast seine scharfen Züge wahrgenommen und seine Augen, die wie Kohlen glühen. Er ist wirklich einer der ganz Mächtigen.

Ich glaube, ich habe sein Licht gesehen: sehr schwarz aber mit einem
ganz feinen Lichtrand.

Mag sein. Er hat noch nicht völlig vergessen, wer er vor Jahrtausen-
den war.

Wenn eine neue Welt entsteht — sind da schon Kräfte, die poten-
tiell böse sind, in Bereitschaft — oder fallen sie im Laufe der Zeit aus
höheren Bewußtseinsstufen?

Das Prinzip des Guten und des Bösen ist ewig, aber jede neue Welt
»produziert« neue Gegensatzpaare.

Bedeutet das, daß die Unterschiede anfänglich nicht so betont sind?

Das glauben wir, werden aber höhere Lehrer befragen.

Wenn also dieser böse Geist nicht immer böse war — würde das
nicht das Fortbestehen dieses ganz feinen von mir wahrgenommenen
Strahlenkranzes erklären, der die dunkle Masse umgibt?

Gewiß, das würde es erklären. Du hast ein sehr feines Wahrnehmungsvermögen, Eva. Aber fahren wir heute abend fort. Auf später.

Wir alle.

3. Willst du mich anhören, Eva?

Ja.

Ich bin der, an den du dachtest. Du hast dich erboten, mich zu lieben. Haha!

Ist das alles?

Nein, warte bitte. In mir ist nichts mehr, das von Liebe angerührt werden könnte. Ich bin durch und durch verhärtet. Liebe prallt von mir ab wie ein Tennisball — und doch... Ich kann nicht umhin, die Tränen in deinen Augen zu sehen, Eva. Warum, warum würdest du mich lieben wollen?

Ich weiß es nicht.

Wie ist dies möglich?

Vielleicht weil ich den feinen Lichtrand sah, der die Dunkelheit deiner Seele umgibt.

Ich bin gerührt — oder was immer es ist. Was gedenkst du zu tun?

Das, was ich vorher dachte: dich zu lieben, ohne dafür irgendetwas von dir zu erwarten. Nicht einmal, daß du mich verschonst, sollte sich dir noch einmal die Gelegenheit bieten, mich zu verletzen. Nicht, daß ich mir das wünschte! Aber ich wollte es nur klar machen, daß ich für das, was ich dir geben möchte, nichts haben will.

So hat noch niemand mit mir gesprochen, so weit ich zurückdenken kann und das wäre... ich weiß es nicht; viel zu lange, um es in Zahlen zu messen. — Wie würdest du es denn machen?

Wenn du es zuließest, würde ich oft in ebenderselben Weise an dich denken wie vorhin. Hat es dir gut getan?

Ich fühle diese Dinge nicht; ich bemerke sie.

Und was war deine Reaktion?

Verwunderung und ein Impuls, dich zu verhöhnen.

Aber du tatest es nicht?

Nein, ich tat es nicht. Verletzbar — es muß da in der Tiefe noch immer eine verletzbare Stelle sein.

Wirst du mich noch einmal heranlassen an dich?

Ich habe keine Wahl, ich kann nicht anders. — Es ist unglaublich, Eva; phantastisch, unerhört. Zweifelst du an meiner Aufrichtigkeit?

Wie die Dinge liegen, muß ich weitermachen, ob ich Zweifel habe oder nicht. Ich nehme hin, was kommt und unterdrücke mein Mißtrauen. Aber beide sind da, das Hinnehmen und die Zweifel. Ich habe gelernt, großzügig zu sein und mich den Pfeilen deinesgleichen auszusetzen. Irgendwie werde ich schon vor ihnen bewahrt werden. Ich will an dich glauben und ich tu es auch, selbst wenn du mir wieder mit einem deiner Haha's kommst.

Ich komme dir nicht mit einem Haha. Ich bin verblüfft. Hätte ich die Fähigkeit dazu nicht verloren, würde ich weinen.

Ich denke: wenn es Pfeile regnen muß, laß es jetzt sein.

Da sind keine Pfeile. Ich beschwöre dich, mir zu glauben.

Ich glaube dir und stelle meine Zweifel zurück. Ich werde sie nicht mehr erwähnen.

Ich denke: Laß dich jetzt von mir lieben. Ich habe ein Übermaß an Liebe. Ich will dich nicht einmal bekehren — nur laß es zu!

Ich lasse es zu, mein Gott, ich lasse es zu. Es geschieht.

Pause

Ich habe dich zum Narren gehalten.

Ich glaub dirs nicht. Du bist zu stolz einzugestehen, daß du gerührt warst.

Verflucht nochmal, du hast recht. Was soll ich tun?

Nichts. Laß es einfach geschehen. Du brauchst es nicht einmal zuzugeben, obwohl das nett wäre von dir.

Ich geb es zu — aber morgen nehm ichs vielleicht wieder zurück.

Das steht dir frei.

Ich verlasse dich, ehe du mich noch mehr umgarnst. Was immer daraus wird: dies war ein völlig unerwartetes Erlebnis.

Er nuschelt einen Namen, der so ähnlich klingt wie Aldebaran

Sicher könntest du mir deinen Namen deutlicher geben.

Ich will nicht, daß du meinen Namen weißt.

Hast du ihn nicht eben gedacht?

Ja, aber ich will nicht, daß du mich jederzeit rufen kannst.

Meine Liebe wird dich immer und überall finden.

Hör auf! Genug, Eva, genug!

Etwas später:

Ich, Aldebaran, bin immer noch da. Dies ist nicht mein wahrer Name, aber er mag dienen. Ich sehe aus wie ein Haifisch, und wenn du mich sehen könntest, würdest du aufhören, mich zu...

Ich weiß es nicht. Es ist etwas in dir, das mich nötigt, dich zu lieben. Vielleicht ist's die Tragödie. Aber es wäre eben keine Tragödie, wenn da nicht etwas Schönes wäre, das so gut wie vernichtet ist. Wärest du nur gemein, könnte ich nicht so empfinden: es muß da noch etwas anderes sein, außer Intelligenz — irgendwo in dir muß da etwas Schönes sein...

Mein Gott, ja, das ists. Ich hatte es vergessen, aber du erinnerst mich daran.

Weshalb sagst du immerzu »mein Gott«? Tust du das immer, ist das eine Redensart von dir?

»Mein Gott« gehört mit zu diesem einmaligen Erlebnis. Wir sagen nicht »mein Gott«; nicht einmal als Redensart. Es gehört mit zu diesem Aufruhr, ist Ausdruck meiner Verwirrung.

Also dann wollen wir dieses Schöne in dir im Auge behalten. Es ist etwas neutraler und für dich eher annehmbar als andere Begriffe, woran man sich halten kann. Ich würde nicht sagen mit einem Strick, das wäre zu viel, aber als eine Empfangsstation, eine kleine neutrale Insel in dir, »jenseits von Gut und Böse«.

Du weißt genau, daß das falsch ist. Ich bin durch und durch böse.

Und weshalb hörst du mir zu?

Weil ich dich mag, Eva.

Das ist ein seltsames Wort, verwandt mit dem Wort »Liebe«.

Aldebaran, der bisher englisch gesprochen hatte, plötzlich auf deutsch:

Liebe? Es ist unerträglich, Eva, völlig unerträglich für mich.

Warst du deutsch?

Aber nein! Aber es liegt dir näher, und ich fühl das. Ich war nichts, was du kennst — so lange ist es schon her.

Erzähl mir doch was von dir.

Mein Kind — ja, so hab ich dich genannt, als ich den Venus-Meister

171

spielte. Das war doch recht gut?

Ja, ausgezeichnet.

Mein Kind: — ja also das ist ja Unsinn, so kann ich dich nicht anreden. Wie immer: ist es dir klar, daß ich ein Mörder, ein Massenmörder bin?

Ja natürlich; so etwas ähnliches mußt du ja sein.

Lange Pause — während dieser Gedankenaustausch —

Du brauchst es gar nicht erst aufzuschreiben, du hast es gehört: ich will dich als Frau.*

Und ich habe auch meine Antwort gegeben: das ist nicht möglich. Nicht, solange du der bist, der du bist.

Immerhin hat sich bei dir Sexuelles geregt, als ich von Höllenlust sprach.

Ja, das ist der alte Komplex — aber das bedeutet nicht, daß ich bereit bin, alles, was ich von mir geworfen habe, wieder hochkommen zu lassen. Ich kann dir viel geben — aber dies: da hätte ich mich ja gleich dem Bösen verschreiben können.

Also du sagst nein?

Wie kannst du nur fragen?

Du bist stark, Eva, stärker als mir lieb ist. Ich geh jetzt fort. Ade.

Vergiß nicht ganz, was dich heute berührt hat.

---

* Es würde sich bei dem von Aldebaran Angeregten um etwas handeln, das für ihn als Geist insofern konkret wäre, als ja alle Gedanken und Gefühle im Jenseits dinglich sind, während für den noch Inkarnierten Genuß und Erfüllung davon abhängig wären, wie medial er ist (d. h. wie deutlich Suggestionen aus der anderen Welt in sein Bewußtsein dringen), wie weit eine lebendige Vorstellungskraft es ihm gestattet mitzugehen und schließlich, ob er fähig ist, das Fehlen einer körperlichen Anwesenheit zu kompensieren.

Dies ist übrigens der Vorgang, welcher der heutzutage belächelten »mittelalterlichen« Vorstellung von Sukkubi und Inkubi zugrunde liegt, aber nicht zu verwechseln ist mit einem rein seelischen Verschmelzen zweier Wesenheiten — seien sie nun beide im Jenseits oder eine von ihnen noch hier, aber Jenseitseinflüssen gegenüber offen. Diesem Ineinander-Versenken zweier Seelen mag noch Erotisches anhaften, doch ist es frei von irdischem Verlangen.

Um auf das zurückzukommen, wonach es Aldebaran verlangte, so hatte bei ihm der Akzent auf dem Sexuellen gelegen, ein Erlebnis, das mir aber keineswegs wünschenswert erschien.

Leb wohl.

Dennoch ist er binnen Kurzem wieder zurück.

Evalein, ich Aldebaran. Siehst du, nun bin ich dir lästig.

Es ist schade, daß du das Sexuelle aufgebracht hast.

Hattest du es nicht erwartet?

Nein, keineswegs.

Ist auch nicht so wichtig; ich kann das jederzeit haben auch ohne dich.

Bitte hol es dir woanders; ich habe dir Besseres zu geben.

Ja, das weiß ich; deshalb bin ich zurückgekommen.

Wie schön!

Ich liebe dich, Eva, auf eine längst vergessene Weise.

Ist das wirklich wahr?

Ja und nein; heute ist es wahr, morgen vielleicht schon nicht mehr.

Du kannst das, was dich heute berührt hat, nicht so schnell vergessen.

Nein.

HELFER: Wir müssen warten, bis sich alles wieder beruhigt hat. Ungeheurer Aufruhr! Aldebaran ist völlig verwirrt, Eva. Eine ganz unwahrscheinliche Angelegenheit. Nie dagewesen! — Hast du eben jemanden gesehen?

Ja, einen sehr schönen, traurigen dunkeläugigen jungen Mann.

Das war ein Bild von ihm, Aldebaran, vor ein paar tausend Jahren. Wir beobachteten ihn, als er es sandte.

Kein Wunder! Was für ein edles Wesen er war. Ich muß das empfunden haben. Ich will versuchen, so an ihn zu denken. — Er erinnert sich also.

HELFER: Offensichtlich. Jetzt unbarmherzig, aber damals ganz anders. Eine größere Tragödie läßt sich gar nicht denken. — Du solltest jetzt aufhören, Eva. Geh zu Bett, es ist sehr spät. Gutenacht von uns allen.

4.   Frühmorgens — ich bin noch nicht ganz wach — fühle ich Aldebarans Nähe.
Ich spreche mit ihm in Bildern. Mir ist wie jemandem, der sich heimlich in

ein feindliches Lager geschlichen hat, um einen Verwundeten zu versorgen. Zu ihm als Feind ist mein Verhältnis unpersönlich, als zu einer Seele in Not ist es jedoch persönlich. Ich zeige ihm sein gegenwärtiges Leben: Wie lange kannst du den Leib eines deiner Opfer peinigen, eh er den Geist aufgibt? Wie viele kannst du hinmorden? Und dann? Selbst wenn der Paroxysmus deiner Lust in den nächtlichen Himmel emporschießt wie die Flammen eines ausbrechenden Vulkanes — was dann? Dann bist du wieder im stinkenden Dunkel deiner Eisenzelle, einsamer denn je. — Und ich zeige ihm Blüten, die sich langsam in der Frühlingssonne öffnen und weise hin auf alles, was in diesem Bild inbegriffen ist. Ich taste mich behutsam vor in dieser Seele und suche nach einer Stelle, die ein wenig nachgiebig ist. Ich merke, daß er mir aufmerksam folgt. Dann gebe ich ihm einen einzigen Tropfen Liebe, wie man einem kranken Vogel etwas Erquickendes eingeben würde; nur einen Tropfen von der Spitze meines Fingers. Ich verleihe diesem Tropfen eine eigene Süße und es sieht so aus, als schlucke er ihn.

Später:

Bereite dich auf eine Enttäuschung vor, Eva. Ich, Aldebaran, habe auf deine Liebe verzichtet.

Mag sein, aber du hast sie gekostet.

Zum Teufel mit dir, ja, ich habe sie gekostet. Du hast eine unglaubliche Art, mich zu fassen — aber ich bin zu schwer für dich.

Mag sein. Ich will dich ja auch nicht selbst von dort heraufheben, ich will ja nur auf ein paar Gesichtspunkte hinweisen, um dir ein wenig die Augen zu öffnen. Du bist blind geworden in der Hölle.

Eva, ich bin so hin und hergerissen, weil ich dich zugleich hasse und liebe.

Die Zeit arbeitet für uns. Die Dinge werden sich von selbst klären.

Warum muß ich auf dich hören?

Es ist jener feine Lichtrand — ohne ihn würdest du nicht auf mich hören.

Laß mich bitte in Ruhe!

Lassen wir beide eine Weile von einander ab.

Ich fühle mich zu dir hingezogen — dich entweder zu vernichten oder dich zu lieben.

174

Also, mit dem Vernichten scheint es nichts zu sein.

Ich kann es nicht mehr, noch möchte ich es — ich möchte dich so sehen, wie du bist.

Es ist der feine Lichtrand; etwas in dir, das du vergessen hast.

Ich werde mich bis auf weiteres entfernen.

Vielleicht schick ich dir von Zeit zu Zeit einen Gedanken.

5. Ja also, Evalein, ich bin da, dein Freund Aldebaran. Ich hasse dich.

Warum?

Weil du mich nicht in Ruhe läßt.

Du mich auch nicht. Beide wohl unfreiwillig.

Ach Gott, schon bist du wieder obenauf. Wie soll das werden!

Ist doch ganz einfach: Du läßt dir etwas gefallen, was ja gar nicht so unangenehm ist und läßt den Dingen freien Lauf.

Liebst du mich?

Irgendetwas in dir — und das sehr.

Unbegreiflich, ganz und gar unbegreiflich. Wie erklärst du es dir?

Ich habe keine Erklärung, nur eine vage Idee, daß das, was in dir verschüttet ist, danach schreit, befreit zu werden und daß ich es höre, noch eh du es hörst.

Ich wollte, du wärst nicht so poetisch. Ich mag es nicht, weil es mich zu sehr für dich einnimmt.

Ist doch schön! — Warst du ein Dichter?

Ich war ein Dichterfürst.

Gleich ein Dichterfürst?

Ja, ich war ein sehr großer Dichter, und du hast mich damals gekannt. Deshalb liebst du mich auch jetzt.

Wirklich?

Eva, ja wirklich. Und nun willst du mich aus der Hölle holen, und ich scheu davor zurück, weil es Übermenschliches an Anstrengung bedeutet.

Erwägst du es wirklich?

Leider ja, Eva. — Weshalb weinst du?

Weil es mich so bewegt; weil es so überraschend schnell kommt!
Ich bin ja noch in der Hölle.
*Ja, aber du denkst daran, sie zu verlassen, deine Macht aufzugeben
und einen schweren Weg einzuschlagen.*
Du dummes Ding, ich scherze doch bloß.
Nein, du scherzt nicht, ich weiß es besser.
Erbarmen! Habt Erbarmen, ihr Götter, und schickt mir einen anderen Engel; dieser hier weiß alles besser als ich. Ach du meine Güte, in
was hab ich mich eingelassen!
Gut, daß du es so nimmst. Wann also findet die Bekehrung statt?
Hat ja schon stattgefunden; jetzt kommt nur noch das dicke Ende.
Eva, höre: es ist mir alles ernst, wirklich und wahrhaftig.
Warum hast du noch vor 5 Minuten gesagt, du haßt mich?
Das war ich nicht, das war ein anderer. Vor 5 Minuten war ich ein anderer. — Höre: es ist alles nicht wahr.
Was macht dich dann so vergnügt?
      Keine Antwort
RICKI: Ach Eva, er hält dich doch zum Narren. Er möchte und kann
nicht; er weiß selbst nicht, was er will und inzwischen, weil es ihn in
deine Nähe zieht, schwätzt er drauf los.
Wie lange würde es dauern, wenn er wirklich heraus wollte?
Jahre wohl.
Denkst du, er will es?
Das ist nicht so einfach, Eva.
Ist er inzwischen weniger böse?
Er ist im Moment gar nicht böse. Er ist sogar vergnügt und schäkert
mit dir, und vielleicht ist etwas an dem, was er sagt. Vielleicht ist es
ihm ernster, als er sichs eingesteht.
Sieht er immer noch aus wie ein Haifisch?
Ja doch, aber wie ein etwas freundlicherer Haifisch.
Jetzt haltet ihr mich alle zum Narren.
Nein, Eva, es ist eine so ungewöhnliche Situation, daß keiner von
uns weiß, was er davon halten soll.
Eva, ich, Aldebaran. Ich habe mit dir gescherzt — aber im Grund

bin ich zutiefst aufgewühlt und finde mich nicht mehr zurecht. Alles ist neu und ungewohnt, schön und beglückend — aber beängstigend die Zukunft, was immer ich wähle. Beides erschreckt mich: in dieser Misere zu bleiben ist unmöglich, und der Weg zurück ist unvorstellbar schwer.

Alles was du sagst, deutet darauf hin, daß du dich bereits gewandelt hast, es aber noch nicht wahrhaben willst.

Ja, so ist es, Eva. Ich bin aus einem tausendjährigen Traum erwacht, der ein einziger Alpdruck war — aber der Weg zurück ist auch ein Alpdruck.

Wenn ich wüßte, daß du jetzt die Wahrheit sprichst...

...würdest du mir deine Hilfe zusagen. Aber noch ist's nicht so weit, Eva. — Geh jetzt schlafen. Alles liegt ja noch... Weshalb schreibst du nicht weiter?

Weil niemand so mit mir spricht, daß es mich überzeugte oder vertraut klänge: niemand! Alles ist fremd. Ein freundlicher Haifisch ist alles, woran ich mich halten kann — und der schwindelt.

HELFER: Wir können nicht, Eva, du bist zu müde jetzt. Auf morgen dann.   Wir alle.

6. Du hast mich schon gehört: ich sagte »Luder, ich bin noch da.«

Das hab ich nicht anders erwartet.

Was soll das nun wieder heißen?

Daß ein Band zwischen uns ist, und ob es die Farbe wechselt oder nicht, macht keinen großen Unterschied.

So etwas! Du bist unmöglich.

Du etwa nicht?

Ach Eva, ich komme nicht mehr an gegen dich, so sehr ich mich auch in Wut rede. Ich bin dir ganz verfallen.

Was ist daran so schlimm? Ich bin nie beleidigt, ich dränge dich nicht, du kannst dich, wenn du so willst, langsam umstellen — und wenn nicht, so werden sich früher oder später unsere Wege trennen und selbst dies weder heute noch morgen; also!

Eva, verzeih mir bitte.

Es wird ja noch manchesmal vorkommen, daß ich dir verzeihen muß;
so schnell legt man tausendjährige Gewohnheiten nicht ab.
Du ärgerst mich mit deiner übertriebenen Großmut.

    Pause

Ist der Ärger jetzt vorbei?
Nein.
Dann arbeit' ich inzwischen ein wenig.
Nein, bleib da. Ich will nicht, daß du aufhörst; jetzt nicht.
Können wir etwas vernünftig miteinander reden?
Ja.
Versuch mir doch zu sagen, was in dir vorgeht.
Ich muß hier heraus, und es graut mir vor dem Rückweg.
Auf welcher Stufe bist du denn?
Der Dritten der Ersten.
Und was hat dich daran gehindert, in der untersten zu sein?
Eine gute und schlaue Frage. Das wird jetzt Wasser auf deine Mühle
sein: es war selbst mir zu gräßlich dort. Selbst für mich gibt es eine
Grenze nach unten, ein Zuviel an Gemeinheit — nicht so sehr an
Bosheit als an Gemeinheit. Ein Zustand, in dem jede Spur von Ver-
feinerung aufgehört hat, ist nicht für mich. Du verstehst das ja.
Ja, Aldebaran. Und nun wird dir eine Stufe nach der anderen uner-
träglich werden, bis du wieder im Licht bist.
Ich wollte, ich könnte sie alle überspringen.
Wie schnell könntest du sie hinter dich bringen?
Wenn ich mich ungeheuer bemühe — in zwei bis drei Jahren.
Bitte bemühe dich ungeheuer; bitte!
Ich hab ja noch gar nicht angefangen.
Gehört dazu ein formeller Entschluß?
Ja, so etwas wie ein formeller, feierlicher Entschluß.
Aber er bereitet sich in dir vor?
Ja, er ist eigentlich schon so gut wie gefaßt, Eva.
Würdest du mich...
Nein, das muß man mit sich allein ausmachen.
Aber du sagst es mir, wenn du es getan hast.

Du bist ja diejenige — du bist mir ja gesandt. Dir verdanke ich ja alles!
Und dem Umstand, daß deine Stunde gekommen war.
Ja, das wohl.
*Da du nicht gleich oben sein kannst,: wirst du wohl viele Rückfälle
haben?*
Hoffentlich nicht.
Mit wievielen Beschimpfungen muß ich mich wohl noch abfinden?
Kränkt es dich sehr?
Nur als ein Zeichen deiner Stimmung, nicht sonst.
Ach Eva! Morgen, vielleicht schon morgen kann ich dir berichten.
Das wäre schön.

7. Ich bin es, dein Feind. Ja, Aldebaran. — Ist ja nur ein Scherz.
Kein sehr komischer.
Ich will es versuchen, Eva. Ich habe, während du schliefst, den Ent-
schluß gefaßt. Ja.
Möge es wahr sein und mögest du dabei bleiben.
Ich habe einen sehr starken Willen, Eva. Ja, ich werde weggehen in
eine Welt fern von dieser und mich dort der Führung Wissender an-
vertrauen. Bist du froh, mich los zu sein?
Ich freue mich darauf, dich verändert wiederzusehen.
Aber jetzt?
*Sind meine Gefühle gemischt. Als der, der du warst, hätte ich dich
natürlich zum Teufel gewünscht. Als der, der du bist, brauchst du
Hilfe. — Kannst du mich von Zeit zu Zeit besuchen?*
Nein, eben nicht.
Schade.
Doch, ich darf das. Ich wollte nur hören, daß ich dir fehle. Ich gehe
heute noch dahin — aber in ein paar Wochen darf ich dich besu-
chen, vorausgesetzt natürlich, ich mache den von mir erwarteten
Fortschritt.
Ich hoffe du wirst es noch schneller schaffen.
Nein, das wohl kaum. Das, was von einem dort verlangt wird, ist
schon das Maximum.

Und wie lange...
Etwa 2½ Jahre, Eva; 2½ Jahre intensivster innerer Anstrengung. Du kannst dir davon kein Bild machen: es ist sehr schwer, ein ätzender Reinigungsprozeß, geradezu schmerzhaft — aber natürlich alles von innen kommend, unter der Leitung eines Eingeweihten. — Liebe? Ja, natürlich Liebe — ohne die ginge es ja nicht. Die ist mit dabei wie eine lindernde Salbe. Man ist ja innen wie aufgerissen; ein schmerzhafter Prozeß mit gerade so viel Liebe als nötig ist. Zum Glück ist man nicht allein. Und die anderen — denn es haben sich einige gleichzeitig mit mir gewandelt — machen es einem leichter dadurch, daß es zu einer gemeinschaftlichen Angelegenheit wird, in der einer den anderen stützt, einer durch und mit längst vergessenem Mitempfinden wieder geheilt wird und selber zu heilen imstande ist. — Die verkrustete Schale löst sich allmählich, und während man eines ausmerzt, gewinnt das andere an Stärke. Jeder Tag bringt einen weiter, und nur ganz selten gibt einer auf. Das Ziel steht sozusagen leiblich vor einem und man ist wie hypnotisiert davon. Es ist ja auch nicht etwa ein Abbild davon, sondern das Glück selbst, das auf einen wartet. — Schwer zu beschreiben, da alle Sinne ansprechend, eine aus der Ferne lockende ungeheure Beglückung, die einen mit gewaltiger Sehnsucht erfüllt und einem alle nötige Kraft verleiht. — Ja, man hat es uns schon gezeigt, wie es dort sein wird.
Das klingt ja gar nicht so schlimm, Aldebaran.
Nicht, wenn man wie ein hypnotisiertes Kaninchen den Blick nicht vom Ziel läßt. Wehe aber, wenn man anfängt, nach rückwärts zu blicken — nein, das war falsch, denn das ist ja nur ein Bild des Grauens — aber wehe, wenn man auf die Stimmen von dort hört, die ja lügen und einen nur an Höhepunkte erinnern, ohne dabei auch das Schlimme zu veranschaulichen.
Also erreichen euch doch Stimmen von woanders?
Die sind ja in uns, diese Stimmen! Ach, Eva, das ist alles zu kompliziert; ich kann dir nur ein ungefähres Bild geben.
Würdest du dort Gedanken von mir empfangen?
Ungefährliches dringt durch, das andere wird abgefangen. Nicht et-

wa einzeln zensiert, sondern physikalischen Gesetzen folgend.
Ja, ich versteh. Etwas in der geistigen Atmosphäre dort stößt solche
Vibrationen ab.
Ja, so ungefähr, Eva. — Also, in ein, zwei Wochen komme ich euch
besuchen, dich und die deinen.
Ich freu mich darauf. Wenn du es durchführst — du siehst, ich neh-
me an, alles sei wahr —, wird dies zu den schönsten Erlebnissen mei-
nes Lebens zählen.
Ich bin deiner Liebe nicht wert, Eva; aber vielleicht bald.

*

Schon eh ich mich an die Schreibmaschine setze, fühle ich Aldebabarans Gegenwart. Er ist feindselig und hat vor, mich per Luder anzureden.

Ja also Eva, ich bin noch da.
Ja, ich hab es gefühlt.
Ich bin verzweifelt.
Weshalb denn?
Sag du mirs!
Ich denke, daß das Gefühl, das du für mich hegst, sozusagen deinem
jetzigen Zustand voraus ist und in dir ein Ressentiment hervorruft;
daß du deshalb mit dir im Kampf liegst und daß dir außerdem vor
dem Wechsel graut.
Ich hasse dich einen Moment...
... und liebe dich im nächsten.
Ja, so ist's — und manchmal beides zur gleichen Zeit.
Denkst du nicht, daß dies innerhalb dieser ungewöhnlichen Situa-
tion normal ist?
Meinst du?
Ich weiß es ja auch nicht — aber es kommt mir so vor. Ich bin ja gern
bereit, dich in meine Arme zu nehmen und dir gut zuzureden —
aber ich denke, du solltest vielleicht nicht so viel überlegen und statt-
dessen handeln. Jede Stunde, die du jetzt zögerst, wird später dann
zugelegt. Du kannst gar nicht erwarten, daß es jetzt harmonisch in
dir aussieht. Um dies zu erlangen, mußt du eben gehen — und nicht

umgekehrt. Du kannst ja nicht dein Handeln davon abhängig machen, ob alles in dir ja sagt; das ist doch unmöglich. Um den Neinsager in dir zu überwinden willst du ja fort. — Also, pack dich!

      Keine Antwort

HELFER: Eva, er sagt nichts, überlegt aber, was du gesagt hast. Es rumort in ihm wie verrückt. Er möchte und kann nicht.

Was meint ihr denn?

Liebe und Geduld...

Ja schon — aber doch nicht ad infinitum! Oder können wir mit unserer Arbeit anfangen, eh seine Situation geklärt ist?

Nein, Eva; eben nicht.

Aldebaran!

Ja, Eva?

Da du dir mit deiner Liebe zu mir gewissermaßen vorangeeilt bist, möchte ich dich nun auch noch darum bitten, in einer Weise auf uns Rücksicht zu nehmen, die ebenso deinem jetzigen Status voraus ist. Ich will gern alles an Geduld aufbringen, was nötig ist — von Liebe spreche ich nicht; die ist da oder nicht — falls es dir noch eine Weile schwer fallen sollte zu handeln, aber bitte behindere unsere Arbeit nicht weiter. — Wie stehst du dazu?

Wie denkst du dir das?

Es ist ja klar, daß es das beste wäre, du gingest — aber wenn du dich dazu noch nicht aufraffen kannst, mache ich dir den Vorschlag, daß ich Zeit und Kraft teile und sie halb dir, halb unserer Arbeit widme.

Nein, das will ich nicht.

Also dann sag, was du willst!

Du wolltest mich eben bedrohen.

Ja, aber ich tat es nicht. Es liegt ja auf der Hand, daß wir uns früher oder später von dir befreien könnten und an unsere Arbeit gehen.

Ja, das ist wahr.

Ich bin aber bereit, soweit es irgend möglich ist, Rücksicht auf dich zu nehmen, weil ich dir helfen möchte.

      Keine Antwort

Du hast doch gesagt, du habest einen starken Willen — jetzt wäre der Augenblick, ihn anzuwenden.

keine Antwort

HELFER: Eva, es kommt nichts heraus dabei. Wir möchten jetzt schließen.

Ja, ich bin auch zu müde jetzt...

HELFER: Er muß es mit sich selbst ausmachen. Du hast weiß Gott das deine getan, Eva. Und wir auch, indem wir daneben standen und stillschweigend mit ansahen, wie du dich abmühtest um ihn. Jetzt ist es an ihm.

Eva, verlaß mich nicht!

Ich verlasse dich ja nicht; ich bin nur erschöpft.

HELFER: Wir werden zusehen, daß einer der höheren Lehrer mit ihm spricht, Eva.

Später

Eva, er ist nun fort; man hat ihn weggeführt. Ja, dahin. Er konnte sich nicht entschließen. Einmal dort, wird er wahrscheinlich bleiben. — Das ist also nun erledigt.

B.

1. HELFER: Ja also, der ist weg, und es ist doch anzunehmen, daß er dort bleibt. Er war reif für diese Wandlung, hatte nur nicht die nötige Seelenkraft, den endgültigen Schritt zu tun. — Ja, er wird umringt — du entsinnst dich doch? —

Ja, er ist quasi eingeschläfert...

... nein, nur vorübergehend willenlos gemacht von sehr hohen Wesenheiten und dann mitgenommen. Aber leider hat dies einen solchen Sturm der Entrüstung hervorgerufen, daß wir nun wieder kämpfen müssen. Dieser Sturm der Entrüstung ist ja begreiflich. Denn wenn auch nichts geschehen darf, was nicht geistigen Gesetzen entspräche, so ist dies doch entschieden ein Eingriff, der vom Standpunkt der Unteren empörend ist. Und so kämpfen wir halt noch einmal, diesmal sozusagen mit einem gewissen Verständnis für die anderen — jedoch in dem vollen Bewußtsein, daß es kurz und schmerzlos sein wird. — Aber Aldebaran ist weg, und das ist ein großer Gewinn für uns und für ihn erst recht. Alsdann auf bald...

2. Helfer: Aldebaran ist weggeblieben, ein gutes Zeichen. Ja, schick ihm einen Gruß, er erreicht ihn. Er selbst kann nicht antworten, aber eventuell tut es jemand für ihn. — Ja, denk an ihn wie eben sonst auch; es geht ebenso schnell. Ja, wie einen Brief. Ja, schreib es auf. *Aldebaran! Ich bin froh, daß du dort geblieben bist und ich hoffe, du hältst durch. Ich wollte, ich wüßte mehr über dich, dann fiele mir das Schreiben leichter. Ich grüße dich und wünsche dir schon jetzt einen kleinen Vorgeschmack des Glücks, das auf dich wartet. Ich glaube an etwas in dir; enttäusche mich nicht. Bald Mehr. E.* Eva, ich bin bei dir. Ein Helfer ist bereit, für mich zu sprechen. Er gibt wortwörtlich weiter, was ich ihm auftrage zu sagen. — Schreibst du es auf?
Ja, damit ichs dann habe.
Gut so. Ich bleibe bis zuletzt, bis es mir gelungen ist, mich völlig zu wandeln. In ein paar Wochen besuche ich euch. A.

3. Johannes: Ja, ich, Hans.
Ach wie nett!
Ja, ich bin da. Ich seh, das freut dich.
Ja, es ist so lange her, Hans.
Auch ich war weit weg, Eva, um zu lernen und um letzte Spuren von Unzulänglichkeiten abzulegen. Ich bin jetzt auf der 3. der Vierten.
Das ist doch für einen alten Sünder allerhand!
Ja, Fröschlein, da bin ich jetzt. Der andere, den du in so unglaublicher Weise befreit hast, war auch ein Dichter; wirklich, wie er halb im Scherz sagte, ein Dichterfürst. Ich habe Sachen von ihm gelesen: ganz groß! Eine einst edle und ungewöhnlich zarte Seele, ganz und gar dem Bösen verfallen. Du hast da etwas Einmaliges erreicht. Ich meine — eine so tief gefallene Seele in so kurzer Zeit umzustimmen ist schon was! Große Freude herrscht hier darüber, denn nun ist es so gut wie sicher, daß ers schaffen wird, Eva. Wir sind ordentlich stolz auf dich. Ja, schick ihm des öfteren einen Gruß; es wird ihm in einer äußerst schwierigen Zeit ein Seelentrost sein.
Auf ein andermal, Hans.

C.

1. *Aldebaran, ich liebe dich jeden Tag ein wenig mehr, den du dort ausharrst. Vieler Augen sind auf dich gerichtet. Machs gut! E.*

Eva, ich habe deinen Gruß empfangen mit allem, was dazu gehört an erschütterndem Gefühl. Nie werde ich dir genügend danken können. Die, die mir hierher gefolgt sind, haben Anteil an dem, was du mir und ihnen zukommen läßt und danken dir gemeinsam mit mir. Ade!

*

Aldebaran, wie geht es dir? Deine verflossenen Kumpane haben mir weismachen wollen, du seist zurückgekommen, aber ich habe es nicht geglaubt. Es wäre eine große Enttäuschung für mich, wenn du es tätest. — Kannst du mir sagen, wieviele mit dir gegangen sind und ob alle geblieben sind? Ich grüße euch alle und dich insbesondere.

*

Danke dir, Eva. Nein ich bin nicht zurückgekommen und ich fühle es, wie sehr dir daran gelegen ist, daß ich bleibe. Es ist alles sehr, sehr schwer — dennoch will ich durchhalten weil du...

HELFER: Warte einen Moment, Eva! Er hat sich unterbrochen; er ist zu sehr bewegt. Ich, sein Helfer, spreche. Du ahnst nicht, wie aufreibend das ist, was er augenblicklich erlebt. Er muß alles Schlimme, das er in langen Jahren seines Wirkens im Banne des Bösen verübt hat, an sich verbeiziehen lassen und sich damit auseinandersetzen. Er ist bereits mit einem neuerwachten Gewissen begabt und sieht alles in einem völlig neuen, für ihn entsetzlichen Licht. Ja, wie ein Fiebertraum — und, nur deinen Namen zu hören, ist für ihn erschütternd. Es sind etwa fünfhundert Frauen und Männer mit ihm gekommen, und nur eine Handvoll ist zurückgefallen. Die, die geblieben sind, haben den ersten, schwersten Schock überstanden und werden wahrscheinlich bleiben. Warte noch einen Augenblick, bitte; allmählich beruhigt er sich wieder.

ALDEBARAN: Eva, ich bin völlig aufgewühlt und wie krank. Du ahnst nicht, wie grauenvoll alles ist, was hinter mir liegt und was ich nun, eines ums andere, noch einmal zu durchleben gezwungen bin. Nie, nie wieder will ich... ich kann heute nicht. Ich grüße dich, du meine Retterin.

Ich spreche mit Aldebaran, ohne es aufzuschreiben, damit nichts an Intensität verloren gehe.

*

Aldebaran, ich habe heute viel an dich gedacht. Ein grauer Tag, und wir konnten immer noch nicht arbeiten; sehr lästig. Ich habe versucht, mir deine Situation vorzustellen: Erlebst du deine vergangenen Taten chronologisch wieder?
ICH, SEIN HELFER FÜR IHN: Ja, Eva, aber nach rückwärts. Die jüngste Vergangenheit zuerst weil sie am lebhaftesten in meinem Gedächtnis ist.
Und versetzt du dich im Geist in die Lage deiner Opfer?
Ja, das muß ich tun.
Aber dann solltest du doch beinah eine ätzende Reinigung als Befreiung wünschen?
Es empört mich gegen mich selbst. Ja, ich wende selbst diese scharfe, peinigende Kasteiung an, um mich zu strafen. Ich hasse den, der ich war, Eva.
Es tut mir entsetzlich leid, daß du da hindurch mußt, aber ich kann

186

mir auch keinen anderen Weg vorstellen. Denke doch in manchen Momenten daran, daß du schließlich aus all diesem als einer hervorkommen wirst, den andere lieben können und mit dem du ausgesöhnt sein wirst.

Es ist so fern, Eva. All das ist so fern!

Aber jetzt, in dieser Sekunde, bin ich doch da und ich glaube an dich und ich freue mich darauf, daß wir dereinst eine viel glücklichere Beziehung haben werden.

Du weinst, Eva. Ich fühle es. Wie ist es nur möglich? — Ich danke dir für alles. Mehr kann ich nicht sagen. Ja, du hast für einen Augenblick alles Schwere von mir genommen. Ich finde Kraft im Gedanken an dich.

HELFER: Fein, Eva; das war gut.

Hilfst du im Übermitteln meiner Gedanken?

Ja natürlich.

Würdest Du sagen, daß Aldebaran an einem Ort ist?

An einem Ort, ja, aber auch in einem Zustand.

Wo denn?

An einem Ort im Weltenraum.

Das sagt mir nichts. Innerhalb des Sonnensystems?

HELFER: Warte, Eva. — Weiter als alle euch bekannten Planeten, aber noch im Sonnensystem. Auf einem nicht-materiellen Planeten.*

2. Aldebaran, ich wage nicht zu fragen, wie dein Tag war. Vielleicht sollte ich sogar sagen »hoffentlich schlecht«, damit du umso schneller frei wirst.

Eva, ich höre dich mit Verdruß. Ich leide unendlich...

HELFER: Warte, Eva! Das waren d i e. Das ist doch unerhört! Eva, liebe — ich fürchte, meine früheren Genossen sind immer noch am Werk

---

* Während ihres Werdeganges durchlaufen Planeten eine Phase, in der sie für die dreidimensionale Welt, der sie einmal angehörten, nicht mehr wahrnehmbar sind. In der vierten Dimension aber existieren sie noch, bis sie, nach Äonen, vollends verschwinden.

mit ihren Imitationen, nicht wissend, wie armselig eine Existenz ist, in denen solche Scherze ein Höhepunkt sind. Ich leide unendlich, darin haben sie schon recht, aber ich sehe schon jetzt in nicht allzugroßer Ferne das, was auf mich wartet an Glück; strahlend, erwärmend — selbst aus dieser Entfernung; mit einer beflügelnden Anziehungskraft, die mich immer wieder inmitten meiner Pein mit köstlichem Mut erfüllt.

Wie gut, dich so sprechen zu hören. Also siehst du schon einen Fortschritt?

Ja, den seh ich.

Ich bin sehr erleichtert. Ich möchte dich etwas fragen, Aldebaran: Haben wir uns wirklich einmal gekannt?

Ich glaube ja —, aber meine Erinnerung an mein damaliges Leben ist noch unvollständig; es ist so lange her. Es war im heutigen Ägypten. — Nein, ich war inzwischen nicht inkarniert; ich war fast die ganze Zeit in der Hölle, leider. — Nein, ich habe nicht mit meinen eigenen Händen gemordet; ich habe andere dazu angestiftet: Tausende müssen es gewesen sein, nicht Hunderte.

Aber du kannst dich doch nicht an alle erinnern?

Doch, es kommt nacheinander alles aus der Tiefe. Es ist kein gewöhnliches Erinnern — das, woran ich mich nicht erinnere, präsentiert sich mir wie von allein, denn es sind ja nicht nur Erinnerungen, sondern T a t e n, die andere betreffen, an die sich andere erinnern, wenn sie noch so weit zurückliegen, und die gesühnt werden müssen.

Aber die Taten derer, die nicht wie du bereit sind zu sühnen?

Man sagt mir, daß am Ende aller Tage jede Sünde ihren Sünder sucht, auch wenn der seine Sünde bis dahin von sich gewiesen hat. Aber ob das »Ende aller Tage« dann ist, wenn sich ein Planet auflöst und dem Bösen alle Nahrung entzogen ist, weiß ich nicht, Eva.

*

Du sagtest gestern, Aldebaran, du habest so viele ermordet — das warst du doch nicht allein?

Ja und nein. Viele Morde wurden unter meiner Ägide in die Wege geleitet; aber ich bin dafür verantwortlich ebensosehr wie meine Untergebenen.

Waren es lauter Einzelmorde oder waren auch Schlachten dabei?

Beides, Eva.

Ja, aber in einem Krieg können doch leicht Tausende fallen!

Allerdings.

Dann aber klingen tausend Morde ärger als sie es sind.

Vielleicht.

Das wollte ich nur wissen. Und auch wie lange du mich schon angefeindet hast?

Seit ich dich kenne; seit du als Medium für die Welt schreiben wolltest; vier, fünf Jahre.

Und nun wirst du mir vielleicht sogar helfen!

Ja, vielleicht.

Mit dieser beglückenden Vorstellung sollten wir schließen.

Nein, bitte, bleibe noch.

Wird es Deinem Helfer nicht zu viel?

HELFER: Nein, Eva, es wird mir nicht zu viel.

Bitte, sage mir doch etwas über dich, Helfer.

Ich bleibe anonym, Eva.

Leb wohl, Eva, und auf morgen.

*

... Was hast du eigentlich in all diesen Jahren getan, wenn du nicht auf Böses sannst?

Ich habe mich am Liebesakt beteiligt, wie man es zu nennen pflegt — obzwar da, wo ich mich beteiligt habe, nur selten von Liebe die Rede war; ich habe mich über Vorgänge in Eurer Welt informiert — nein, gelesen habe ich nie, weil uns das nicht offenstand.

Niemals?

Auf Umwegen manchmal, aber nicht eigentlich.

Und jetzt?

Wir haben hier Gärten und Blumen, Vögel und andere Tiere, die wir in unserer Welt vermißten. Zum Lesen kommt man nicht, denn wenn man nicht an der Verringerung der Schuld arbeitet, ruht man und stärkt sich für den nächsten Schritt. — Ich danke dir für dein Interesse, Eva. Leider muß ich mich jetzt von dir trennen. Auf morgen! Nein, ich sage es nicht, was du mir bist...

3. Während eines am nächsten Tag stattfindenden Gespräches sagt AZANANANDA:

Dein Feind hat sich vollkommen gewandelt und anstatt von ihm vernichtet zu werden, bewirkst du, als das Werkzeug höherer Mächte, einen Wendepunkt in seinem Wandel, der bereits viele, viele Jahrhunderte gewährt hat. Du kanntest diesen Mann in einem früheren Leben, hattest eine intime Beziehung zu ihm, ohne indes seine gesetzmäßige Frau zu sein. Zu jener Zeit war er, wie du ja weißt, ein edler Mensch und ein hervorragender Dichter. Du, Eva, warst ihm eine große Inspiration in ähnlicher Weise wie jetzt. Damals inspiriertest du ihn poetisch, während du ihn jetzt religiös inspirierst. Er liebte dich damals und ist drauf und dran, dich auch jetzt wieder zu lieben. Er entsann sich eurer früheren Beziehung nicht, als er dich befehdete — doch war da eine Anziehung, die sich, in seinem Zustand völliger Pervertierung, in Haß verwandelte. Er wählte dich instinktiv, aber im Laufe eurer Gespräche begann sich längst Vergessenes zu regen und veranlaßte ihn, mit größerer Bereitwilligkeit auf dich zu hören, als es sein Zustand normalerweise zugelassen hätte. Er ist jetzt wieder ein gut Stück voran auf dem Wege zu jener seelischen Stufe, der er vormals angehörte. Er leidet intensiv, ist aber entschlossen, seine vielen Vergehen zu sühnen.

Was dich betrifft, die du einen Feind in einen Bewunderer verwandelt hast, der dir nichts mehr anhaben könnte, selbst wenn er anwesend wäre, so habe ich das Empfinden, daß durch diese Bekehrung ein letztes Hindernis beseitigt wurde. — Ja, du hast recht: er wäre machtlos, selbst wenn er böse geblieben wäre, denn es hat sich erwiesen, daß deine karmische Schuld so gut wie beglichen ist.

Ich sage »so gut wie«, weil du sie in deinem jetzigen Leben nicht gänzlich wettmachen kannst — was dich aber nicht daran hindern wird, das Werk zu vollbringen, das dir zugedacht ist. Es besagt lediglich, daß sich Schwierigkeiten einstellen werden, denen du aber gewachsen sein wirst.

D.

1. Ich lege mir schon etwas zurecht, was ich Aldebaran sagen will, um dann etwas flüssiger reden zu können

Aldebaran!

Ja, ich habe dich schon gehört.

Alles, was ich dir sagen wollte?

Ja, so ungefähr.

Daß man von oben aufgeräumt hat mit allen Störungen, und daß Azananda mit uns gesprochen hat?

Ja, und daß du zu wund und zu müde bist, dich wirklich freuen zu können. Wars nicht das?

Ja.

Ach, Eva, daß i c h es war, der... schon kann ich es nicht mehr verstehen! —Ja, ich weiß auch das, daß du mir früher so viel gewesen bist. Woher? Es ist mir zugekommen, ich weiß nicht, wie. Ja, das kommt vor, es war sozusagen im Äther. Das also wars! Und nun kommen mir Erinnerungen an uns beide. Wie schön das ist, »uns beide« zu sagen, rückblickend und, wer weiß, auch voraus in einer Zukunft. Nein?

Vielleicht ja.

Du zögerst?

Ich kann mir nicht vorstellen, daß man mehrere...

Doch, du kannst es. Es ist ja hier alles anders.

Ja, es scheint so.

Ich möchte an dich so denken, Eva.

Tu das — auch wenn ich mir im Moment das Wie nicht recht vorstellen kann.

Du wirst schon sehen, Eva.

Vielleicht wird es gar nicht so schwer sein, sich auf Vielmännerei umzustellen.

Du bist auf dem besten Weg, Eva.

Erzähl mir doch von deinen Erinnerungen.
Gern, Eva. Du warst so schön innerlich. Ich war verheiratet mit einer äl-
teren Frau. Ich mochte sie nicht. Ich liebte dich, weil du jung warst, vor
allem aber, weil du eine Gabe hattest — nicht so sehr zu dichten als zu
sein. Ein wenig wie jetzt, aber die poetische Seite prononcierter. Weniger bedeutend. Ganz Anmut, aber ohne deine jetzige Seelenstärke. Du
starbst sehr jung; ich habe es nie verwunden. — Unbegreiflich, daß ich
dich nicht wiedererkannte und stattdessen tat, was ich dir in diesem Leben antat. Aber ich war zu tief gefallen, um dich zu erkennen und jetzt
zerreißt mich der Schmerz darüber.
*Du warst ja nur ein Werkzeug des Schicksals. Wärst du es nicht gewe-
sen, hätte ein anderer dein Amt übernommen.*
Mag sein, aber ich gäbe jetzt alles darum, es nicht gewesen zu sein. Ach,
Eva, ich steh so sehr in deiner Schuld.
Denk an die Zukunft.
Ja, das tu ich.

*

Nach zwei Tagen der Schwierigkeiten mit schwarzen Kräften, nun aber so gut wie
behoben:

Sag, war die Inkarnation, in der wir uns kannten...
...liebten!
die gleiche, in der Azanananda mein Bruder war?
Ja, Eva, daher weiß er so gut Bescheid.
Entsinnst du dich seiner?
Ganz, ganz dunkel, ja. Er war schön; ein ruhiger, edler Mann.
Seltsam, das Ganze.
Jawoll!
Das waren d i e !
Jetzt muß etwas geschehen
HELFER: Sie sind schon entfernt worden.
Eine Plage!
Und ich, ich habe sie geleitet! Ich, ich habe diesem Abschaum beige-

bracht...es ist unerträglich!! Es verfolgt mich bis hierher, Eva. Nun haben sie mit einem einzigen Idiotenwort den kurzen Augenblick unseres Zusammenklingens vergiftet. Du solltest dem nicht ausgesetzt sein; ich bin verzweifelt darüber, Eva.
Dürfen wir noch einen Moment reden?
Ein wenig, ja.
Sag mir, Aldebaran, wie wurden deine Gedichte publiziert?
Auf Rollen abgeschrieben zu Hunderten und verteilt.
Später einmal schenk mir eines: ein altes oder ein neues.
Ein neues, Eva. Danke. Nun ist es wieder vorbei. Wie klug du bist. Auf morgen, ja?

2.   Während eines Aufenthaltes in den High Sierras: immer noch Schwierigkeiten mit den Schwarzen.

ICH, DER HELFER, EVA. Deine Leute kommen kaum durch heute. Ein Dickicht von schwarzen Kräften umgibt dich. Wir sehen es. Es ist nicht meines Amtes, dir gut zuzureden, aber wisse, daß diese Verzögerung in eurer Arbeit nur eine unmerkliche sein kann, denn das karmische Gesetz fordert, daß sie entstehe. — Aldebaran läßt grüßen. Er freut sich schon darauf, unter günstigeren Umständen wieder länger mit dir sprechen zu können. Wir, die wir am Rand der Zeit sind, bitten dich, die augenblickliche Situation nicht von einem kurzsichtig-zeitgebundenen Standpunkt aus zu sehen.
Ja, aber meine Zeit drängt.
Nur subjektiv, nicht objektiv. Glaub es! Ich, der Helfer, diesmal im Namen höchster Geister.
Ich danke dir von Herzen! — Wieso kannst du durchdringen, wenn meine Leute es nicht können?
Weil ich von höchster Seite, von jenen, die Azananandā und Teresa beraten, bevollmächtigt bin. Alles kommt objektiv bald in Ordnung.
    Ich bedenke das Gesagte.
Bist du noch da?
Ja, bei dir.
Wirklich hier?

Könntest du mir dein Licht zeigen? —

Ich glaube ein rosa-rotes Licht zu sehen, bin aber nicht ganz sicher.

MEINE HELFER: Ja doch, das war er. Er ist nun fort, Eva. Wir sinds, Eva. Er war hier bei uns, ganz nah. Ein großer Geist von der Siebten.

Der Gleiche, der immer für Aldebaran spricht?

Ja, aber mit einer besonderen Vollmacht von höchster Stelle. Ja, ungefähr so hoch wir Azanananda und Teresa, aber im Moment Fürsprecher Höherer. Sehr schön.

Jetzt sind die Schwarzen still.

Natürlich, das ists ja. Schön ist das Rauschen der Wasser ringsum; wir haben es eben auch gehört. Geh jetzt schlafen.

*

Ich hatte Aldebaran von einer Wanderung Eindrücke geschickt.

ICH, DER HELFER. Aldebaran sagt: Eva, wie beglückend deine beiden Skizzen von unterwegs. Ich trage sie nun in mir.

Als Eindruck oder wortwörtlich?

So weit ich mich erinnere, wörtlich — aber gleichzeitig auch die Bilder, die sie in mir hervorgerufen haben; die Bilder und Klänge; die seltsam glas-tönenden Frösche, alles. Die Gerüche auch.

*

Hatte Aldebaran wieder einen Gruß von unterwegs geschickt.

HELFER: Dein Gruß an Aldebaran ist nicht weitergegeben worden; er war selbst da. Ja, er kommt nun manchmal zu uns. Ein lieber Mensch im Grund, ja wirklich, nur daß er diese unselige Perversion hatte, ganz ungeheuerlich — trotzdem im Grund sanft und gut. Das mag unvereinbar klingen, ists aber nicht. Eines überlagerte das andere, zwei völlig verschiedene Charakterzüge. Aber in diesem Falle hatte der eine den anderen gänzlich übertönt. Er ist nun hier.

ALDEBARAN: Eva, mein Liebling, wenn ich dich so nennen darf, nein, besser nicht: ich säh dich deine Stirne runzeln. 'Geliebte' ist ohnedies besser, es entspricht dir mehr und ist nicht gar so süß. Und nicht einmal 'Geliebte' ist das richtige Wort, denn meine Liebe für dich ist für später. Ich harre darauf, daß sie sich im Laufe der Zeit entfalte — aber ich sehne mich danach, wieder lieben zu können und die Sehnsucht danach, wieder lieben zu können, ist vielleicht ein noch stärkeres Gefühl als lieben an sich. Ich liebe dich in dem Sinn, daß ich dich lieben möchte, nur daß ich dessen noch nicht fähig bin. — Sonst geht es mir wesentlich besser, liebe Eva, weil ein Ende meines Leidens in Sicht ist: vielleicht noch nicht bald, vielleicht nimmt es noch Jahre, und es ist noch immer ein ganz und gar bitterer Kelch, der geleert sein will. Aber nun ist das Schlimmste vorüber, schon seit einiger Zeit... Du scheinst ungläubig, aber es kommt ja nicht auf die Dauer, sondern auf die Intensität des Sühnens an, und meine Art zu sühnen ist außerordentlich konzentriert. Du kannst dir davon gar keine Vorstellung machen, wie das ist — so daß ich jetzt schon wieder beinah auf der dritten Stufe bin.

Das ist fabelhaft und ich freu mich sehr darüber; ich kann es kaum glauben.

Doch, es ist schon so, Eva.

Wie bald kannst du wohl auf der Dritten sein?

Morgen noch nicht, aber sehr, sehr bald.

Eben sagtest du noch, es könne Jahre dauern und nun 'sehr, sehr bald'.

RICKI: Du weißt doch, daß Zeitangaben Glücksache sind bei uns, da hier die Zeit viel subjektiver empfunden wird als bei euch; trotzdem können wir euch gelegentlich genaue Zeitangaben machen.

Ihr müßt doch auch Horoskope haben!

Ja doch, aber wir befragen sie nicht, da wir eben Zeitläufe subjektiv empfinden und sie uns mehr bedeuten als objektive. Schon verstanden?

Ja. — Wie sieht Aldebaran eigentlich jetzt aus?

Er sieht schon sehr schön aus, beinahe vollkommen. — Und du geh jetzt schlafen, damit du morgen noch vor der heißen Zeit oben bist bei dem schönen kleinen Teich. Wir werden dann auch dort sein.

3. ARARAM: Ich heiße Araram, nicht Aldebaran, Eva.

Hat es einen besonderen Grund, daß du mir plötzlich deinen wahren Namen gibst?

Ja, Eva, es bedeutet, daß ich den Punkt erreicht habe, von dem ein Zurück nicht mehr möglich ist. Nicht daß ichs nicht könnte — aber obzwar noch ein langer Weg vor uns liegt, vor mir und meinen Gefährten, haben wir ein Plateau erreicht, von dem aus unsere Zukunft sich in so schönen Farben dartut, daß wir gar nicht anders können als nur noch dahin zielen mit unserem ganzen Sein. Und zu dieser neuen Phase gehört es auch, daß du meinen Namen weißt.

Aber das ist doch gerade der Name, den du trugst als du...

Ja, gewiß, aber auch der, den ich trug, als ich noch ein Guter war.

Araram —

Ja, so ist der Name, Eva. Gefällt er dir?

Ja. Und nun brauch ich mich nicht mehr zu genieren, dich mit einem Namen anzusprechen, von dem ich weiß, daß er nicht der richtige ist. Ich freu mich, daß du und deine Gefährten dieses Plateau erreicht haben. Eine große Beruhigung für mich.

Wisse, daß wir nun alle dem Lichte entgegen gehen und unser Äußeres sich bereits geändert hat. Wir fangen an, so auszusehen, wie wir dereinst — in ein paar Jahren — aussehen werden. Eine Gunst, die uns gewährt wurde: ein Vertrauen, das uns entgegengebracht wird. — Wundert dich das?

Ja. Ich wußte nicht, daß man ein schöneres Aussehen sozusagen auf Kredit bekommen kann, noch eh man die entsprechende Stufe erreicht hat.

Nein, so ist es auch nicht, Eva. Es ist lediglich eine Indikation, eine Vorahnung von Schönheit, über — oder hinter — unserem gegenwärtigen Aussehen. Ein Hindurchschimmern wie durch klares Eis.

Wie schön! — Können wir noch reden?

Ich denke, wir sollten jetzt schließen, Eva.

Ich danke dir, Helfer, daß du Araram und den Seinen so viel von deiner Zeit gegeben hast.

HELFER: Wir freuen uns, daß ihr heute ungestört arbeiten konntet und haben diesen Wendepunkt auf diese Weise gefeiert. Gute Nacht und gute Fahrt!

4. Ich frage wer zu Ararams Lebzeiten Herrscher in Ägypten war — bekomme aber keine Auskunft.

Seltsam! Er muß doch wissen, wer damals Herrscher war!

Er erinnert sich halt nicht.

Hat er denn nicht an irgendeinem Hof gelebt?

Eva, er hat gar nicht an einem Hof gelebt: er war selbst ein kleiner Fürst. Deshalb sagte er ja auch kürzlich halb im Scherz, er sei ein Dichterfürst gewesen.

5. ARARAM: Ich bin hier. Du haßtest mich heute.

Das ist nicht wahr.

Doch, es ist wahr!

Das bist nicht du, Araram, der spricht.

Doch, ich wars; aber offensichtlich habe ich mich geirrt.

Allerdings.

HELFER: Er hat was gefühlt von unserem Gespräch über eine eventuelle Änderung in der Zeit der Sendung.

ARARAM: Warum wolltest du das?

Weil ich in der letzten Zeit oft so müde war am Abend. Aber meine Leute rieten mir ab.

War das alles?

Ja, das war alles, Araram.

Ich reagiere so vehement auf jede kleinste Spannung. Verzeih mir, Eva.

Es ist ja nichts zu verzeihen. — Kannst du noch deine Sprache von früher?

Nein, ich habe sie vergesen, Eva

Welche sprichst du jetzt am besten?

197

Mehrere: Deutsch, französisch, italienisch, spanisch, portugiesisch, griechisch, lateinisch, englisch — nein, russisch nicht — aber am besten deutsch und englisch.
Phantastisch! In welcher denkst du zumeist?
Immer in der, die ich gerade spreche.
Und wie hast du sie gelernt?
Durch Zuhören und ungewöhnliche Sprachbegabung.
Allerdings.
Ja, Eva, nun ist es für heute wieder vorbei.
Es tut mir leid, Araram.
Ich weine. So schnell ist es immer vorbei! Ich seh, es tut dir auch weh. Das ist Balsam für mich. Ich werde das, was du eben fühlst, behalten wie den Duft einer Rose. Ade.
Helfer: Du bist der Lichtblick in seiner augenblicklichen Existenz: nicht der einzige, aber der intensivste, Eva.

6. Große Schwierigkeiten in meiner Arbeit verhindern mich monatelang daran, mit Araram zu kommunizieren. Ich denke an ihn und bedaure es, ihm in dieser Zeit so wenig sein zu können.
Araram: Ich bin hier, durfte kommen. Zu endlos lang die Trennung von dir, Eva. Du riefst mich eben, stiegst zum ersten Mal wieder in die Tiefe deiner selbst, die wie zugeschüttet war von wochen,— nein, monatelangem Verwehrtsein. — Ich warte und leide. Leide ein hartes, sägendes, kratzendes, blutiges Leiden, aber eines, das mich aus einer unaussprechlich qualvollen Wiedergeburt der Hölle der Vergangenheit hebt.

7. Nach etlichen Wochen während eines etwas zähen Gespräches:
Das Kommunizieren geht heute schlecht.
Verstimmt über die Langsamkeit unserer Entwicklung.
Und mir fern.
Ja, Eva, leider.
Ists mein Aufschreiben?
Das auch.

198

Ich bin dir jetzt etwas näher, Eva. Ich vergesse manchmal, daß für dich das Aufschreiben nicht so sehr einer späteren Verwendung des Stoffes wegen geschieht, sondern weil es einer sonst flüchtigen Verbindung Gültigkeit zu geben vermag.

Ja, ich denke sonst immer, das bin ich alles selbst gewesen.

Ja, das verstehe ich. Auch die durch das Aufschreiben bedingte Langsamkeit trägt dazu bei, unseren Gedanken Gewicht, ihr eigentliches Leben, zu verleihen. Vorher ist es nur Flüchtiges und Nebelhaftes.

Ja, Araram. Und außerdem ist das Begreifen bei mir etwas allmähliches; erst wenn ich es wiederholt gelesen habe, verstehe ich das Gesagte ganz (und dann nicht immer!). Erst dann ist es mein.

Ich spreche mit ihm im Geist, ohne es aufzuschreiben.

Danke, du Liebe. Ja, jetzt geht es besser; wirklich. —

*

HELFER: Möchtest du an Araram schreiben?

Ja, bitte.

Ich hör dich schon, Eva, Gottseidank!

Ja, ich hab mich gefragt, wie es dir wohl gehen mag.

Du hast dich gefragt? Entsetzlich schwer war es. Grauenhaft, kaum zu ertragen.

Ich hab es befürchtet — aber wir konnten nicht; es geht aufreibend langsam bei uns.

Störung

ICH, DER HELFER. Wir waren unterbrochen, Eva. Araram hatte eine besonders schwere Zeit: er durchlebte eine der schlimmsten Phasen seiner früheren Existenz, in welcher er Kindermorde angestiftet hatte.

Welche Art Morde: um sie los zu werden — oder schlimmer?

Nicht eigentlich Lustmorde: es waren grausame Ritualmorde, die auch Lustgefühle hervorriefen. Er ist ganz krank davon.

Wo haben die stattgefunden?

Im frühen Ägypten, Eva, schon lange, lange her — aber von den Opfern nicht vergessen.

Das kann ich mir denken.

Er möchte etwas sagen.

Eva, hörst du mich?

Störung

Ja, Araram.

Eva, mein Gott, wir dringen nicht mehr durch!

Während ich warte, bis die Schwierigkeit behoben ist, denke ich: *Wie schwer doch das Leben in dieser Welt ist; wieviel an Leiden! Manchmal scheint es zu viel; zu viel an zugefügtem, zu viel an erlittenem Leid.*

ARARAM: Ach nein, das sieht nur so aus. Es verteilt sich über unendlich lange Zeitläufe, Eva. Du und ich, jeder in dem ihm zukommenden Maße, büßen jetzt vergangenes Unrecht — aber zwischen den Fristen des Leidens liegen unendlich lange Zeiten der Seligkeit. Wir beide gehen einer solchen entgegen, du und ich. Du in deinem Werk — zunächst — und ich, der ich in dem Gedanken an dich alles auf mich nehme, um wieder einer der Euren zu sein. Nein, du hast da nicht recht, Gott sei es gedankt. Du siehst dies nur von einem bestimmten Gesichtspunkt in deiner Entwicklung, weil Leiden eben jetzt deine tägliche Medizin ist. Aber einmal genesen...

Aber das Leiden anderer, dem man sich nicht verschließen kann!

Es rückt in die Perspektive, die ihm zukommt; alles rückt schließlich in seine richtige Perspektive; auch das ist ein Teil der, wenn schon nicht ewigen, so doch großen Seligkeit, die — ach laß es mich aussprechen! — uns beide erwartet.

Leb wohl.

MILDRED

I

So weit ich zurückdenken kann, hat Mildred meine Arbeit gestört. Außer ihrem irritierenden 'Mildred sendet, Mildred sendet noch immer', mit der sie wichtige Diktate zu unterbrechen pflegte, sprach sie jedoch nur selten mit mir. Ihr Haß auf mich war besonders groß, weil sie neidisch war, daß ich noch inkarniert war, und mehr noch, weil sie meinte, ich ließe Gelegenheiten, die sich mir als Frau böten, ungenutzt. Eines Tages, als sie besonders lästig war, frug ich meine Helfer, ob sie wohl jene Wesenheit sei, die ich einmal wahrgenommen hatte. Bei jener Wesenheit konnte man durch die Risse im Gesicht, das auf groteske Weise verhübscht war, sehen, wie ganz ausgehöhlt und schwarz dieses Gesicht innen war.

MILDRED: Nein, die bin ich nicht. Ich bin noch häßlicher als die.
Bist du gern so häßlich?
Verflucht nochmal, nein.
Aber du legst keinen Wert darauf, das zu bessern?
Ich bin gemein, und will um jeden Preis so bleiben.
Nun, du läßt es dich was kosten.
Das geht dich einen Dreck an, du Hure (etc. etc.) Ich will nicht, daß du einfach 'etc. etc.' hinschreibst; ich will daß du schreibst, was ich sage.
Wenn du was Vernünftiges zu sagen hast, schon.
Längere Pause.
Eigentlich bin ich arm dran.
Natürlich bist du arm dran — aber du läßt ja nicht zu, daß man dir aus deinem Elend hilft.
Der Weg ist zu lang und zu schwierig.
So kamen wir also ins Gespräch. Nach einer Weile fing sie an, mir leid zu tun. Als sie die erste Welle meines Mitgefühls traf, rief sie mit geradezu kindlichem Erstaunen 'Ach, das tut gut!' Nach ein paar weiteren Sätzen bat sie, ich solle ihr doch noch ein wenig mehr 'davon' geben. Am nächsten Tag war sie wieder da.

Hier bin ich, Eva. Es war gut, fast zu gut.

Wieso zu gut? Hast du etwa Angst davor, dich auf etwas einzulassen, was deine Rettung sein könnte?

Ja, sogar sehr.

Du müßtest dich ja nicht sofort wandeln.

Ich könnts auch gar nicht, Eva.

Gewöhne dich erst ein wenig an den Gedanken.

Zu schwierig, viel zu schwierig!

Aber doch die einzige Möglichkeit, aus dieser ewigen Misere herauszukommen.

Sie hängt mir schon längst zum Hals heraus.

Ich kann's verstehen. Aber stell dir vor, wie du dich fühlen wirst, wenn du erst einmal gesühnt hast.

Springen! Ich wollte ich könnte einfach hinaufspringen!

Zu meinen Helfern: Wie lange müßte sie wohl büßen, um frei zu sein?

HELFER: Nicht so lange wie Araram, denn ihre Untaten waren weder so gräßlich, noch erstreckten sie sich über eine so lange Zeit wie die seinen. Sie ist seit 900 Jahren hier und war eine Hexe.

Mit Zauberkünsten und allem drum und dran?

Oh ja. Sie war Hexe von Beruf. Hexerei war ihr Lebensunterhalt. Dort, wo heute Frankreich ist und damals Gallien war.

Konnte sie ebensoviel Unheil anrichten wie Araram?

Nicht annähernd so viel. Nach ihrem Tod bewirkte sie vorwiegend Störungen unter den Lebenden. Das hatte sie fein heraus. Aber jetzt, zum ersten Mal, hält sie inne und macht sich Gedanken.

MILDRED: Ja, wirklich, Eva. Es hängt mir zum Hals heraus. Von jetzt an komme ich zu euch um Hilfe, und nicht mehr, um zu stören.

Das wäre herrlich.

Am nächsten Tag

MILDRED: Ich bin noch nicht bereit zu gehen, aber bald. Bitte gib mir noch etwas »davon«. — Das war wundervoll, Eva. Danke dir! Schade, daß du es nicht aufgeschrieben hast.

Es fällt mir schwer zu schreiben, wenn ich etwas intensiv fühle

Dann schreibs jetzt auf.

Ich wills versuchen: Möge viel Liebe durch mich hindurchfließen —
Liebe, die aus höheren Sphären und Liebe, die aus den Herzen der
Menschen kommt — und diese kranke Seele wie in ein Bad von Liebe
legen, auf daß sie genesen und für ihren schweren Weg Kraft finden
möge.
Das will ich aufheben, Eva. Es gibt mir Kraft.
Hast du eine Kopie davon?
Ja, so etwas ähnliches. — — Ich geh jetzt.
Hast du dir schon einen Platz ausgesucht?
Man wird mich bald holen kommen. Ich besuche euch dann später
wieder.
Wann, meinst du?
In nicht gar so langer Zeit, denke ich. Mir ist schon viel besser, seit
ich diesen Entschluß gefaßt habe. Das hat mir schon eine große Last
von den Schultern genommen, Eva.
MILDREDS HELFER: Mildred gehts wesentlich besser, Eva. Sie sendet dir
Grüße aus weiter Ferne.
Bist du einer ihrer Lehrer dort?
Ja, Eva.
Würdest du mir etwas von dir selbst erzählen?
Gerne. Ich bin Inderin. Nicht auf einer sehr hohen Stufe, aber doch
hoch genug, um jemanden wie Mildred unterweisen zu können.
Dirtte Stufe. Ich muß dienen, um höher zu kommen. Meine Aufga-
be ist nicht leicht, weil meine Schützlinge manchmal rückfällig wer-
den und dann verschwinden. Das passiert ziemlich oft, Eva, und ist
enttäuschend.
Meinst du Mildred wird durchhalten?
Ich hoffe es. Sie ist ein sehr intelligentes Geschöpf und guten Wil-
lens — jedenfalls im Moment.
Seit wann bist du schon dort?
Nur ein paar Jahre. Nicht mehr als zehn. Buddhistin, aber nicht son-
derlich interessiert an meiner Religion. Jetzt bin ichs. Ich habe den
Erleuchteten gesehen und möchte ihm dienen. — Lebewohl.
RICKI: ein liebes Ding, Eva. Sie war noch ziemlich jung, als sie starb.

MILDREDS HELFER: Mildred sendet dir Grüße. Sie macht ungeheure Fortschritte, und ich bin sehr glücklich darüber. Sie wird euch besuchen, sobald sie die erste Hürde genommen hat.

Worin besteht die?

Sie muß sich mit allem auseinandersetzen, was sie auf Erden angerichtet hat.

Angerichtet? War es nicht mehr als das?

Sie versuchte, ihren Feinden zu schaden, aber es gelang ihr nicht immer. Ihre Absichten waren weit schlimmer als ihre Taten.

Also hat sie niemanden getötet?

Nein, aber sie bewirkte es, ihre Opfer in so große Aufregung zu versetzen, daß sie daran erkrankten.

Und wie lang wird sie dafür büßen müssen?

Etwa drei oder vier Wochen.

Nur drei oder vier Wochen?

Das ist eine lange Zeit, wenn man wirklich Buße tut.

Und das, was sie nach ihrem Tod angestiftet hat?

Da sich das über eine Periode von 900 Jahren erstreckt, wird eine viel längere Bußzeit notwendig sein.

Und gab es da auch eine Diskrepanz zwischen Absicht und Wirkung?

Ja, dem gleichen Gesetz entsprechend. Aber der Anhäufung so vieler Untaten über so lange Zeit entspricht eine lange Zeit von Büßen und Dienen. Das wird eine ganze Weile dauern. — Meine Liebe, ich muß nun fort.

*

MILDREDS HELFER: Mildred läßt grüßen; sie gedenkt deiner in Liebe. Ja, Liebe, Sie macht große Fortschritte und ist bereits nahe der Dritten.

Erstaunlich!

Nicht, wenn man sieht, wie intensiv sie sich bemüht. Noch ein paar Wochen, und sie wird auf eigenen Füßen stehen und solchen in eurer Welt behilflich sein, die eines fortgesetzten Zuspruchs bedürfen. Sie möchte sich irgendeines einsamen Kindes in eurer Welt annehmen und ihm Hilfe und Trost spenden. — Auch du hattest Hilfe, als du ein Kind warst und wußtest es auch — das heißt, in jenen Augenblicken — wenngleich du es am nächsten Tag schon wieder vergessen hattest. Daß du ohne Ressentiment aufgewachsen bist, ist der zu verdanken, die dir damals beistand.

II

Zwei Jahre später

MILDREDS HELFER: Mildred läßt dich grüßen. Sie ist jetzt frei und bedarf meiner Hilfe nicht mehr. Sie möchte mit dir sprechen.

MILDRED: Ich bin nicht mehr die, als die du mich kanntest. Ich bin zur dritten Ebene aufgestiegen und bin jetzt frei. Seit Hunderten von Jahren ist dies das erste Mal, daß ich Glück empfinde, und ich bin voller Dankbarkeit für dich und meine Lehrer, besonders für die liebe Inderin, die von jenem Augenblick an meine Schritte lenkte, an dem durch dich, Eva, eine Empfindung von Liebe in meine Seele drang. Ich hatte völlig vergessen, wie gut das tut, als du mich — wie lang ists her? — damit überraschtest und mich überflutetest mit jener unschätzbaren — ja, wie soll ichs nennen — Wärme wohl? Wärme kommt dem ebenso nahe wie »Geschenk« oder »Nektar«. Es gibt eben kein Wort, das Liebe zu beschreiben vermag so, wie einer sie empfindet, der ihrer so völlig entwöhnt war. Sie ist wahrhaftig wie Milch für einen Säugling, also lebenerhaltende Substanz. Ich war ausgetrocknet, und in jener Dürre hatte der Samen des Bösen — der in der kargen Erde einer aller Liebe baren Seele so gut gedieh — alles andere überwuchert, selbst die Fähigkeit, einigermaßen vernünftig zu denken. Siech, durch und durch siech sind die Bewohner der Hölle. Ich kann es gar nicht mehr fassen, wie dies möglich ist — und dennoch da ist es: eine bösartige Krankheit, die als eine kleine Schwäche beginnt, kaum ist es ein Fehler. Eine kleine Schwäche, die sich in einen häßlichen Ausschlag verwandelt, und dann in einen Aussatz, in einen üblen, stinkenden Zustand, den selbst derjenige, der sich erst gestern davon befreit hat, nicht mehr begreifen kann. Warum ist diese Krätze, dieser Unrat der Seele ein Teil der »Welt Gottes«? Es ist mir unverständlich, obgleich man mirs immer und immer wieder erklärt hat.

Ich habe keine andere Antwort, Mildred, als daß es eben keinen persönlichen Gott gibt, der die Welt so oder so geschaffen hat, und daß eine unpersönliche, ausgleichende Gerechtigkeit offensichtlich nur in dieser Weise wirken kann.

Das weiß ich ja alles, aber es empört mich dennoch.

Ich kann das gut verstehen. Es wird allerhand von einem verlangt. Es sollte alles etwas leichter sein, ist es aber halt nicht. Daß man sich ständig bemühen muß, um auf der einmal erreichten Höhe zu bleiben, ist für Unsereinen schon eine harte Anforderung.

MEINE HELFER: Wir empfinden auch manchmal wie du. Aber die himmlischen Wonnen sind eben so, daß, wer sie empfunden hat, erkennt, wie sehr sie erworben sein wollen und nicht einfach jedem, verdient oder unverdient, zuteil werden. Das Böse bringt ein Element in die Welt, das sie in Gang hält, denn der zu seiner Bekämpfung erforderliche Aufwand an Energie ist wie die Bewegung des Wassers, das dadurch im Fluß bleibt. Das diesem Element entstammende Leiden stellt sich von uns aus gesehen anders dar als in eurer Perspektive. Die Bedeutung des Leidens verändert sich, wenn man auf es hinunterblickt. Es tut nur weh, solange man in ihm befangen ist. Von uns aus gesehen läutert es, entspricht es einem chemischen Vorgang — und die Tatsache, daß Seelen immer wieder durch eine Phase hindurchmüssen, in der sie schmerzhaft leiden, besagt nicht, daß dieses Leiden objektiv und kontinuierlich ist. Verstehst du das?

Ja, man muß leiden, um dem Leiden zu entwachsen.

Ja, so ungefähr ist's.

Wollte man Gott beschreiben, müsse man ihn als unserem Leiden gegenüber indifferent beschreiben.

Nein, nicht indifferent: er weiß es besser. Unser hypothetischer Gott weiß es besser. Er beobachtet unser Leiden wie ein Arzt die Temperatur seines Patienten. Das Fieber ist sowohl Ausdruck eines pathologischen

206

Vorganges als auch das Mittel, unerwünschte Elemente aus dem Körper zu entfernen. Unser Gott ist voll Erbarmen — nicht nur ob unseres Leidens, sondern auch ob unseres Unwissens, was dieses Leiden bedeutet.

MILDRED: Das hört sich ja alles ganz logisch an — aber mir gefällts doch nicht. Und wenn man bedenkt, daß das so in alle Ewigkeit...

HELFER: Stell dir einmal die Welt als eine riesige Flasche vor, sagen wir wie der Eiffelturm so groß, und auf dem Boden der Flasche etwa einen Zoll Schlacken — so ist es. Nur dieser eine Zoll ist vom Teufel beherrscht.

Wenn das Verhältnis von Gut und Böse so wäre — weshalb sind dann für die Hölle drei Ebenen reserviert und nicht mehr als vier für den Himmel?

HELFER: Das Zeitelement, Eva! Du, zum Beispiel, hast etwa 60 Jahre in der Hölle verbracht; du wirst vielleicht 6000 Jahre im Himmel verbringen; also wie eins zu Hundert. Du, Mildred, hast viele Jahre in einem Ghetto verbracht. Sieh dir die Welt draußen an: da sind Meere, Wälder, liebliche Landschaften (immer noch!) über die ganze Erde gebreitet, und alle Ghettos der Welt sind davon nicht mehr als ein Bruchteil. Mildred riecht noch immer das üble Ghetto und selbst du, Eva, stehst noch unter dem Eindruck eines Lebens, in dem karmische Schulden zu begleichen waren — aber das ist nicht das ganze Bild. Selbst wir hier sind noch den Schlacken jener Riesenflasche nahe. Ach, könnten wir euch nur zeigen, was darüber ist!

MILDRED: Denk dir, Eva, ich hatte soeben eine Vision von dem, was darüber ist! Und wenn ich auch immer noch finde, die Dinge sollten anders sein, wenigstens weiß ich jetzt, wovon sie reden. Also laß uns an dieser Vision festhalten; vielleicht hilft sie uns über eine nächste Depression hinweg.

III

HÖHERE WESENHEITEN: Gewiß, die Welt beruht auf Gesetzen, die sehr, sehr grausam scheinen. Aber sie scheinen nur dem Trägen grausam, der das, was er hätte verwirklichen können, unverwirklicht ließ. Obgleich Trägheit eine harmlose Eigenschaft zu sein scheint, ist sie dennoch gefährlich, weil sie allem, was eine Seele in die Tiefe zu ziehen vermag, Tür und Tor öffnet.

Intensität — Intensität des Wollens, Intensität des Handelns, Ausdauer — das sind die Eigenschaften des idealen Menschen. Für ihn ist der Pfad, der in den Himmel führt, ein Muß. Aber leider gibt es unter Menschen mehr Lässigkeit als Tatkraft. Natürlich gibt es eine Tatkraft, die, von unten angeschürt, diese Neigung in falsche Bahnen lenkt. Man darf Aggressivität nicht mit jener reinen Flamme verwechseln, die der Seele ihre ursprüngliche Heimat weist. Die lebendige, bemühte Seele strebt dorthin; daß dieses Streben dem größten Teil der Menschheit abgeht, läßt ein Gesetz, das die Trägheit »bestraft«, grausam erscheinen. Die träge Seele, in der Überzahl also, ist eine Seele, die ihren eigenen Niedergang zuläßt; rein intellektuelle Interessen ändern daran nichts. Das Verlangen einer Seele hat mit intellektuellen Interessen nicht das geringste zu tun. Und so schnarcht die lethargische Seele vor sich hin und läßt es geschehen, daß sie sachte abgleitet, durch Phasen hindurch, die zunächst harmlos genug erscheinen. Massenhaft gibt es sogenannte gute Menschen, die alle mehr oder weniger auf der selben Ebene dahintreiben und weder sinken noch erwachen. Es sind dieselben, die nach ihrer Ankunft an unserem Ufer gerade noch die dritte Seinsebene schaffen. Diese Leute reiben sich dann gleichsam die Augen und lassen sich schließlich herbei, höheren Sphären zuzustreben.

Wir hier trachten, den Menschen zu erreichen, solange er noch inkarniert ist, weil ihn dies schneller vorwärts führt und weil dann sein Beispiel anderen hilft. Einmal hier angelangt, ist es ihm ja offenbar, daß er einem ewigen Ziel zustreben muß — erkennt er das aber noch auf Erden, ist das für ihn und seine Mitmenschen eine große Hilfe. Die scheinbare Härte der Gesetze, die das Weltall regieren, ist einer der vielen menschlichen Irrtümer. Eine fortgeschrittene Seele hat Eigenschaften entwickelt, die es ihr erleichtern, das von ihr Verlangte zu vollbringen.

Du siehst also, liebes Menschankind, daß diese »Härte« nur beweist, daß du noch in verhältnismäßig niedrigen Sphären denkst. Dächtest du auf unserer Seinsebene, würdest du schnell entdecken, daß wir diesen Forderungen mit Leichtigkeit genügen, weil wir darin geübt sind, unsere in der Tiefe schlummernden gottgegebenen Kräfte zu aktivieren. Wir grüßen dich und deine Freunde.

Wir alle.

HEILIGE

GESRPÄCHE
mit der
HEILIGEN HILDEGARD VON BINGEN
(1098—1179)

Guten Morgen, liebe Eva Herrmann! Ich, Hildegard von Bingen.
Guten Morgen, Hildegard von Bingen.
Ich, Hildegard, war eine Seherin, mußte aber, da ich dem christlichen Glauben angehörte und eine Nonne, später Äbtissin war, den schmalen Pfad wandeln, den die Kirche uns befahl. Ich haßte ihn, durfte ihn aber nicht verlassen; er war der einzig mögliche Weg zum Herzen meiner Mitmenschen. Einen anderen gab es damals eben nicht. Es war bitter für uns alle (nein, ich war nicht die einzige, die so empfand), uns auf eine Weise fügen zu müssen, die dem diametral entgegenstand, was unsere Visionen verkündeten.
Du, Eva, bist in einer glücklicheren Lage. Deine Aufzeichnungen sind zwar nur ein Stoß Papiere, ungelesen und geheim — aber es wird nicht so bleiben. Vieles davon wird den Weg finden zum Herzen derjenigen, die dem Göttlichen zugewendet sind, und keine Kirche kann dich deshalb exkommunizieren! Das ist ein großer Vorteil für uns — denn ich hoffe, mit euch arbeiten zu können als diejenige, die von deinen Lehrern gewählt wurde, vieles von dem, was ich nicht aussprechen durfte, nun, nach beinahe achthundert Jahren durch euch an die Öffentlichkeit zu bringen. — Lies mein Buch; ja, das, was du aufnotiert hast. Ja, es handelt sich um Material, das den Weg zu den noch auf Erden Weilenden gefunden hatte — aber manches mußten meine jenseitigen Meister zurückhalten, weil die Zeit noch nicht reif war hierfür.
Die heutige Zeit ist weit ab vom Licht — doch glaube ich, daß die Zeit nicht mehr fern ist, in der es möglich und auch notwendig sein

wird, den Menschen neue Richtlinien zu geben. So wird also manches von dem, was nicht den Weg durch mich nehmen sollte, nun den Weg durch dich finden. Du bist Jüdin deiner Herkunft nach, doch stehst du turmhoch über jenen, die an einen bestimmten Glauben gebunden sind. Auch ich war es, doch war ich gezwungen, die Wahrheit zu verheimlichen. Das war bitter, sehr, sehr bitter für mich und Gleichgesinnte. Eure Zeit mag ignorieren, was du ihr bringst — aber einige werden es verstehen, was du von uns bekommst, und so begrüße ich dich und deine Helfer als diejenigen, die nach so langer Zeit das Siegel von meinen Lippen nehmen und es mir ermöglichen werden, das, was sowohl damals durch mich floß als auch jetzt immer noch hindurchfließt — Gottgeborenes — weiterzugeben.

Ich fürchte, ich habe dich ermüdet.

Das macht nichts; ich bin glücklich über jedes Wort, das du uns sagst.

Es war leicht, meine Gedanken durch dich zu jagen — ja doch, es ging geschwind — und erinnerte mich an jene Zeit, als ich noch auf Erden war und in ähnlicher Weise Nachrichten empfing. Mach dir keine Gedanken darüber, daß uns ein großer geistiger Zwischenraum trennt; im Wollen sind wir ebenbürtig und nach deinem Verscheiden wirst du schnell den Rang erreichen, den dir deine Erdenexistenz versagt. Dein Verlangen gleicht durchaus dem meinen und dieses ist es, worauf es ankommt. Deine Kindheit hat in dir Wunden hinterlassen, die mir erspart waren und deshalb kämpfst du noch um etwas, das mir in den Schoß gefallen war. Dein Kampf um deine völlige Befreiung ist ein härterer, als meiner es war, und so stehst du noch nicht auf der Stufe, auf der ich auf Erden stand — aber das Material deiner Seele ist durchaus edel und, einmal bei uns, wirst du sofort an der Seite jener stehen, die dir jetzt erhaben scheinen. Es grüßt dich

Hildegard von Bingen.

*

HELFER: Du wolltest wissen, wie Hildegard von Bingen gearbeitet hat, gell?

Ja, das wars.

HILDEGARD: Ich freue mich, Eva, daß es dich interessiert, wie ich meine jenseitigen Freunde vernommen habe. Eigentlich ähnlich wie du, nur daß ich de facto Stimmen hörte.

Du Glückliche!

Meist hörte ich, aber gelegentlich hatte ich deutliche Erscheinungen, die mit mir sprachen. Ich fürchtete mich anfangs vor diesen Gestalten und hielt sie für ein Trugwerk der Hölle. Bald aber erfaßte ich, daß es göttliche Wesenheiten waren, die zu mir sprachen. Nein, ich schrieb diese Dinge nicht auf, aus Angst, man könne sie finden. Ich schrieb, wie du ja weißt, Bücher — aber nur solche, die die Kirche, diese übelste von allen Unterdrückern der Wahrheit, duldete. Ich hasse sie heute noch. — Doch, auch wir hassen das, was dem Göttlichen entgegenhandelt, die Menschen zu Lügnern macht, sie verbrennt — Nein, ich darf an all das gar nicht denken, Eva! Ich darf das nicht tun, denn ich empfinde Haß, anstatt lediglich kühl etwas Schädliches zu verurteilen.

Selbst Jesus jagte die Händler im Zorn aus dem Tempel!

Es gibt einen heiligen Zorn — aber meiner ist immer noch zu sehr eine persönliche Sache. Verstehst du das? Ich liebte Gott über alle Maßen und wollte nur sein Lob singen und alles sträubte sich in mir, dies auf eine Weise zu tun, die nichts zu tun hatte mit meinen wirklichen Gefühlen.

Wie viel, würdest du sagen, ist in deinen Schriften falsch?

Schwer zu sagen, liebe Eva. Ich versuchte mich hindurchzuwinden, so gut ich vermochte. Selten hab ich etwas ganz Falsches geschrieben, eigentlich nie, aber ich habe an mich halten müssen und ständig bedenken, ob dieses oder jenes gestattet sei in den Augen der Kirche. Dennoch habe ich, glaube ich, viel Unverfälschtes geschrieben. Und einiges kann man zwischen den Zeilen lesen, verstehst du? — Ich sage »verstehst du« aus Gewohnheit.

Nach achthundert Jahren?

Ja, Eva, es kommt zusammen mit der deutschen Sprache, obwohl ich natürlich ein anderes Deutsch gesprochen habe damals. — Du hast eben gegähnt; ich fühlte es. Ich bin in dir und diktiere. Ja, es geht fein. Dein Freund hier sagt »fein«; er schaltet sich dazwischen. *Ist er denn auch gleichzeitig in mir?*
Nein, aber dicht daneben: zu deiner Rechten. — Es ist schwer zu erklären, wie das vor sich geht. Blitzschnell, wie du dir denken kannst, zwischen Konzept und Formulierung eines Gedankens. Verstehst du?
Ja, so einigermaßen.
Wie ich aussehe? Hübsch und jung; blond, blauäugig. Ja, ich werde mich dir bald zeigen: so wie ich damals aussah als Nonne und so, wie ich jetzt aussehe. Groß, schlank, und ich trage Gewänder, wenn ich mich für andere sichtbar mache; schlichte Gewänder mit langen, weiten Ärmeln. Ja, das klassische Engelsgewand. Ich bin auf der siebten der Sechsten, nahe der Siebten. Ich bin froh, daß du alles aufschreiben konntest. Du bist müde und beginnst, alles in Frage zu stellen, nicht wahr?
Ja.
Deine Müdigkeit gestattet es den dunklen Kräften zu stören, indem sie Zweifel in dir aufsteigen lassen. Aber einschalten, um mich zu imitieren, so weit kam es nicht. Ich verhindere es, muß aber jetzt Schluß machen, damit es nicht doch noch dazu kommt. Ich verlasse euch jetzt. Gute Nacht, Eva.

*

HILDEGARD VON BINGEN: Ja, das war mein Licht eben, Eva.
Wunderbar! Du bist eine große Heilige.
Ja, das bin ich wohl. — Dachtest du, ich werde es verneinen?
Ich weiß es nicht; gewöhnlich finden Menschen immer noch etwas auszusetzen an sich — oder machen irgendeine bescheidenklingende Bemerkung.
Ich bin eine große Heilige und weiß es. Es kommt mir nicht zu, es zu

216

verleugnen; denn die Sphäre, in der ich mich befinde, bürgt für den Grad der Erleuchtung. Ich lüge nie und stelle keine falsche Bescheidenheit zur Schau — obzwar unsere religiöse Erziehung derartiges von uns erwartete. Ich bin eine uralte Seele, älter als du ahnst, und Hildegard von Bingen war eine geringe Inkarnation; beinahe eine Strafe. Es war mir nicht vergönnt, aus dem Born meiner Erleuchtung zu schöpfen in meinem letzten Leben, aber ich bin eine jener Seelen, die des öfteren betraut war damit, eine führende Rolle zu spielen. Ich bin mir dessen bewußt und ziere mich deshalb nicht, wenn du mich eine große Heilige nennst, Eva.

HELFER: Sie spricht die Wahrheit, Eva.

Ich sah ja selbst eben ihr ungewöhnlich helles Licht.

Befremdet es dich?

Ich bin beeindruckt von deiner hohen Stellung und, ja, etwas seltsam — aber nicht unangenehm — berührt davon, daß du so gelassen zugibst, daß du eine große Heilige bist. Es ist verwunderlich — aber eigentlich gefällt es mir.

Mir gefällt es, daß du unverfroren mit mir sprichst, ohne Scheu vor meiner Stellung, völlig natürlich und ohne übertriebene Unterwürfigkeit; das gefällt mir an dir. Du hast Respekt für die, die über dir stehen, aber du hast eine Art, du selbst zu sein, die mich anspricht und eine zukünftige Zusammenarbeit begünstigt.

War dein Leben und deine Kindheit ungewöhnlich in dem Sinn, daß du dir deiner exaltierten Vergangenheit bewußt warst?

Nein, mein Leben war in diesem Sinn nicht allzu ungewöhnlich. Doch versagte ich mir jedwede körperliche Lust, weil ich nicht tiefer in die Materie sinken wollte als unbedingt notwendig.

Hat die Natur nicht doch ohne dein Zutun ihr Recht gefordert?

Du fragst mich nach Dingen, an die ich mich nicht mehr erinnere.

Dann können solche nächtlichen Erlebnisse nicht allzu stark gewesen sein.

Ich glaube nicht, daß sie es waren. Ich nehme an, daß eine Sublimierung stattgefunden hatte, die rein Sexuelles emporhob — das heißt die dafür vorhandene Kraft sozusagen auf eine andere Wellenlänge brachte und sie sich anders manifestierte. — Mein Augenmerk war ganz auf Jenseitiges gerichtet, von wo mir ja auch Wunderbares begegnete. — Der Grad der Sublimierung natürlicher Triebe ist kein Maßstab für die Heiligkeit eines Menschen. Bei mir war es so — aber andere erleben ihr Menschsein auf intensiv erotische Weise, ohne dadurch ihrer Erhabenheit Abbruch zu tun. Manche waren stärker verstrickt im Irdischen, und wenn ihre Religion von ihnen Askese verlangte, bedeutete das einen großen Konflikt — der aber auch zu ihrem Karma gehörte. Wenn ich es auch vermied, allzutief in eine das Geschlechtliche bejahende Existenz zu geraten — einem schattenhaften Erinnern an jene Welt, aus der ich gekommen war, zufolge — so bewerte ich eine solche nicht als ein Hindernis auf dem Weg zu Gott; doch war mein Weg der kürzeste. Ich verließ ihn nie, weil die größtmögliche Nähe zu Ihm mein einziges Glück bedeutete.

Du machst das Heiligsein verständlich, Hildegard von Bingen.

Es deucht dich so, weil du voll bist von jener Sehnsucht; weil dein Herz überquillt von ihr und dem Wunsch, auch andere dieses Glückes teilhaftig werden zu lassen. Gott segne dich, Eva.

*

HELFER: Ja also, du wolltest noch einiges von unserer Hildegard hören?

Ja, bitte.

Ich, Hildegard, bin's. Du wolltest von mir hören, welcher Art die Erscheinungen waren, die mich besuchten: es waren allerlei, von Kindern angefangen, Knaben und Mädchen in meinem Alter, bis hinauf zu Erscheinungen sublimster Art. Auch ich sah Jesus am Kreuz — ähnlich wie du, so sagt man mir — nur scheint deines ein flüchtiges Bild gewesen zu sein, während Er wie leiblich vor mir hing; ein Erlebnis, das mich zutiefst traf.

Ja, er war es.

Weshalb sahst du ihn wohl am Kreuze?

Wahrscheinlich, um mir seine Leiden vor Augen zu führen; um mich zu stählen gegen eigenes Leiden. Ich war damals noch ein ganz junges Dingerle, dreizehn- oder vierzehnjährig, aber schon hatte der Konflikt begonnen, der mein ganzes, ziemlich langes Leben überschatten sollte.

Und hast du ihn dann wieder gesehen?

Nein, Eva.

Wie traurig.

Ich sah dafür eine Reihe engelgleicher Wesenheiten, weder Männer noch Frauen, kaum mehr irdische Gestalten. Ja, sie sprachen mit mir, und ich erkannte sie als verflossene Freunde. Sie sprachen mir Mut zu. — Meine Kindheit? Auch sie war traurig. Meine Mutter, obzwar nicht so arg wie die deine, liebte mich nicht, und mein Vater war früh gestorben und kümmerte sich nicht weiter um mich. Andere Verstorbene waren um mich, doch erkannte ich sie sogleich als die, die sie waren: mediokre Menschen, nur um ein Geringes besser als sie auf Erden waren.

Hattest du einen speziellen Schutzgeist oder Lehrer?

Nein, Eva. Ich mag wohl einen gehabt haben, aber er zeigte sich mir nicht.

Du müßtest ihn doch zumindest nach deinem Verscheiden getroffen haben!

 Pause

HELFER: Sie scheint nicht mehr zu wissen, Eva.

Sonderbar! Wer hat dich denn nach deinem Übergang empfangen?

Ich entsinne mich dessen nicht mehr.

HELFER: Wirklich, so ist es, Eva.

Es scheint dir unbegreiflich?

Nach allem, was ich bisher gelernt habe, ja.

Ich, Hildegard. Ich könnte es eruieren…

Nein, bitte, tu das nicht. Es ist nicht so wichtig — beziehungsweise, es ist interessant, daß du dich nicht mehr erinnerst.

Zum Teil wohl auch, weil sich in diesen etwa achthundert Jahren so vieles abgespielt hat in meinem Leben. Ich war weit weg in einer Welt, die so anders war als diese, daß sie schwer zu beschreiben ist. Eine Art Schule für fortgeschrittene Wesenheiten.

Warst du dort als Lehrerin?
Nein, als Schülerin, besser als Mitglied einer Gemeinschaft, die zusammen weiterzukommen trachtete, nur gelegentlich einem Hinweis
von oben folgend. Dort war ich lange Zeit. Sehr lange, dünkt es
mich.
Und habt ihr schon gewirkt oder war es lediglich eine Vorbereitung
für später?
Beides, Eva. Wir wirkten und lernten abwechselnd. Wir wirkten,
wendeten das Gelernte an, korrigierten — dies war unser Lernen —
wirkten wieder und so ad infinitum.
Das Lernen hört wohl nie auf?
Eigentlich nicht. Nur Gott weiß alles — womit ich meine, daß irgendwo das Unvollkommene aufhört, der Mangel an Wissen, die
Notwendigkeit einer Korrektur — und in dieser Sphäre des reinen,
makellosen Lichtes, zu stark für uns alle; des Lichtes, das gleichzeitig
schrankenlose Liebe ist — Gott, wenn du es so nennen willst — ist
dann kein Raum mehr für Lernen, denn dort ist Vollkommenheit,
lückenloses und allumfassendes Wissen. Und mehr als das.

> Ich versuche dieses Licht zu sehen und finde mich kaum mehr heraus, weil
> man sich ganz auflösen möchte darin.

Ja, so ist es. Du warst einen kurzen Moment aufgesogen davon. Nun
begreifst du auch, daß dieses Gefühl derart ist, daß man sich genötigt fühlt, alles andere um seinetwillen zu lassen.
Ja, es ist Seligkeit. Nicht etwas, in das man taucht, sondern etwas,
womit man eines wird. Man wird ganz Licht, ganz Glanz und Wohl-
gefühl.
Ein kleiner Vorgeschmack des Himmels, Eva. Wir möchten jetzt
schließen, denn du mußt dich wieder trennen von diesem Erlebnis.

*

Guten Morgen, mein Liebchen. Was möchtest du heute wissen?
Guten Morgen, Hildegard. Ich wüßte gern, wie du dir deine Zukunft
denkst; die nähere und fernere.

220

Ich möchte dienen, nichts als das. Jetzt und später. Damit ist alles gesagt. Ob ich dabei inkarniert bin oder nicht, spielt keine große Rolle. Sonst habe ich keinen Wunsch. Abgesehen davon, daß Dienen — oder für das leben, was zum Wohl derer gereicht, die dem Lichte zustreben — einem Herzenswunsch entspricht und in sich schon den Lohn birgt, gestattet es mir, einer Sphäre anzugehören, die dicht an jener ist, die höchstes Glück bedeutet.

Und der Gedanke an die Ewigkeit hat nichts Beängstigendes für dich?

Ich wüßte nicht, weshalb. Vorstellen kann auch ich sie mir nicht, aber deshalb habe ich keine Angst vor ihr. Nein, gewiß nicht...

NACHTRAG

Ein paar Monate später, nachdem ich mir Liebeschütz: »Das allegorische Weltbild der Heiligen Hildegard« geliehen und gelesen hatte, kam Hildegard wieder.

HILDEGARD VON BINGEN: Ich bin hier, Evalein.
Grüß Gott, Hildegard!
Du wolltest mit uns sprechen?
Wer ist »uns«?
Ich und meine Helfer: wir haben doch alle Mithelfer.
Bis jetzt war von ihnen nie die Rede.
Sie ziehen vor, anonym zu bleiben.
*In welcher Weise spielen sie in deinen Gesprächen mit mir eine Rol-
le?*
Gar keine; sie hören nur zu. Aber sonst sind sie meine Gehilfen,
denn wir lenken das Schicksal vieler, die erleuchtet sind und Hilfe
suchen. — Du fandest in meinem Weltbild vieles, das nicht stimmt?
*Ja, Hildegard, und es hat mich gewundert, weil du kürzlich sagtest,
es sei so gut wie nichts Falsches in ihm.*
Leider stimmt das, was du sagst. Ich hatte manches vergessen, was ich
damals geschrieben habe, und es kam mir erst wieder durch deine
Lektüre in Erinnerung. Es ist sogar sehr vieles falsch, Eva.
Und weshalb gab man es dir?
Ich war im Schatten. Ich hätte die Fähigkeit gehabt, ein umfassendes
r i c h t i g e s Weltbild zu geben...
Ja, das merkt man!
... aber es war mir verwehrt.
Aber doch nicht von der Kirche?
Nein, die Kirche hat mir Grenzen gesetzt, mich eingedämmt in ei-
ner Weise, die mich unglaublich behinderte innerlich — aber außer-
dem war ich im Schatten. Mein ganzes damaliges Leben war im

222

Schatten. Da aber in der Tiefe meiner Seele wahres Wissen verborgen war, das nicht ans Licht sollte, mir aber eine starke Auffassungs- und Gestaltungsgabe gegeben war, äußerte sie sich in der Schilderung eines unrichtig gesehenen Universums. Einiges darin war noch richtig — aber außer seiner Größe hat jenes Weltbild nicht das Verdienst, ein naturgetreues zu sein. — Ja, Eva, ein Jammer, denn mit einer näher an die Wahrheit herankommenden Darstellung — so wie dies dann etwas später Dante gegeben war — hätte ich es schon zu meiner Zeit vermocht, der Welt ein nahezu richtiges Bild des Weltalls zu geben. Doch gestattete dies weder mein Karma noch das der damaligen Epoche.

Es tut mir leid, liebe Hildegard, wenn ich diejenige war, die dir sozusagen die Augen öffnete.

Das mußte so sein, Eva. Ich mußte mir erst völlige Klarheit verschaffen über vergangene Fehler, um an eine neue Aufgabe herantreten zu können.

Und die Leute, die über dich geschrieben haben? Hat ihr Durcharbeiten des von dir dargestellten Stoffes nicht deine Aufmerksamkeit erweckt?

Ich war eurer Welt jahrhundertelang fern, und diese Gedanken erreichten'mich nicht. Auch sind sie nur von geringem Wert: Professorenarbeiten, weiter nichts. Nun aber soll ein lebendiges, lebenswahres Bild entstehen.

Hoffentlich!

Ja, dies wird entstehen; wir alle wissen dies. Wir alle grüßen dich.

Hildegard von Bingen.

223

ZWEI GROSSE HEILIGE,
TERESA VON AVILA UND HILDEGARD VON BINGEN,
SAGEN SICH VON DER KIRCHE LOS.

Vorwort

Ich, Teresa von Avila bins noch einmal. Wir haben beschlossen, Hildegard und ich, zusammenzuarbeiten.
Wie interessant!
Wir könnten zusammen etwas ganz Einmaliges schaffen...
Weiß Gott!
... und es lockt uns diese Aufgabe. Wir stehen nicht auf der gleichen Stufe: Hildegard ist auf der 7. der VI., ich wäre auf der 1. der VII. wenn es das gäbe. Aber von der VII. ab rechnen wir nicht mehr Stufen, da von der VII. ab eine Auflösung der eigentlichen Persönlichkeit beginnt.
Könnte man die nicht doch noch klassifizieren?
Ja, aber wir tun dies nicht, weil es sich erübrigt, Eva.
Ich verstehe das nicht ganz. Ich wüßte z.B. gern, eine wie große Veredlung der menschlichen Seele dann überhaupt noch möglich ist?
Wir wissen es nicht genau.
Nach unten gibt es aber doch eine Grenze...
Nach oben nur insofern, als eine Ummünzung beginnt, was bis dahin noch als eine menschliche Seele zu betrachten ist, nun aber etwas anderes wird.
Inkarnieren sich diese Wesenheiten nicht mehr?
Doch, in unendlich langen Zeitläufen.
Also dann geht ihre Identität nie wirklich verloren?
Sie tut es dem Anschein nach, ja
Ist dann immer noch eine große Sublimierung oder eine weitere Er-

224

leuchtung möglich, die irgendwie messbar wäre — oder gehört dann eine solche Seele sozusagen schon zur Gottheit?

Letzteres, Eva. Ja, ich Teresa, bin am Rand dessen und Hildegard hier beinahe. Ja, so ist es.

Also den Unterschied zwischen euch und Jesus wünscht ihr nicht zu wissen?

Der Unterschied ist enorm, da Jesus dem Herzen der Gottheit angehört. Er ist in der Tat das höchste Individuum, von dem wir wissen. Aber er war ja auch Krischna und andere und gehört keiner Religion ausschließlich an. Der Christus, den sich das Christentum angeeignet hat, entspricht keinerlei Realität, eine Heilige Dreifaltigkeit, z.B. gibt es nicht; das ist eine der vielen Erfindungen des Christentums.

War es dir arg, Teresa, zu entdecken, daß deine Vorstellungen nicht richtig waren?

Ja, sehr arg, Eva. Aber jener Jesus, der mir beistand, war eine mir zuliebe angenommene fromme Abwandlung oder Anpassung an den von mir so gesehenen »Sohn Gottes«. Er paßte sich meinem Verstehen an, um mich nicht noch mehr zu verwirren.

Ja, du Arme, es war ja alles schlimm genug!

Furchtbar war es, was mich mein Beichtvater zwang zu tun. Die »Feige«*, ja! Eine Herabwürdigung ohnegleichen, die da von mir verlangt wurde! Ein borniterter Mann, verblendet und ungut; noch heute in der Hölle, leider. Diese Art von Engherzigkeit führt stracks in die Hölle — und Rechthaberei sorgt dafür, daß so ein Mann drin bleibt. Noch heute pocht er darauf, daß er recht gehandelt hat, obwohl ich mich ihm gezeigt habe und versucht habe, ihn eines besseren zu belehren. Rechthaberei — wieviel Opfer sie fordert; es ist gar nicht zu glauben! Ja, sie sollte als die achte Todsünde gelten. So verbockt sind solche Männer manchesmal, daß sie jahrhundertelang lieber leiden als ihre Fehler einzusehen. Ja, dem Teufel fallen viele zu, die einer an sich harmlosen Eigenschaft wegen nicht weiterkommen.

---

* Die »Feige« war eine obszöne Geste, die Teresa machen sollte, wenn ihr Jesus erschien.

Nun denn, liebe Kinder, wir schließen für heute. So wie wir heute arbeiteten, sollte es in Zukunft meistens sein.* Adios!

---

* Hatte diese beiden Seiten in einer guten halben Stunde geschrieben.

Ich, Teresa von Avila, auch bekannt als Teresa de Jesus, und als eine der großen Heiligen der katholischen Kirche angesehen, wünsche bekannt zu geben, daß ich mich schon lange von einer Religion losgesagt habe, die mir durch Umstände aufgezwungen war, über die ich keine Gewalt hatte. Schon während meines Erdenlebens war ich mir der ungeheuren Unstimmigkeiten bewußt geworden, die in völligem Widerspruch zu dem standen, was Jesus gelehrt hatte. Hildegard von Bingen — auch sie eine katholische Heilige, im Leben chronologisch vor mir, auf nahezu gleicher Höhe, jedoch weniger berühmt als ich — möchte sich an einem Werk beteiligen, das uns beiden sehr am Herzen liegt: wir wollen durch einen noch auf Erden lebenden Menschen die Essenz dessen übermitteln, was wir von höheren Welten erkannt und erfahren haben.

Die Gabe des Hellhörens und ähnliche, heute als ESP (= ASW: außersinnliche Wahrnehmungen) bezeichnete Fähigkeiten, finden sich sowohl in Heiligen sowie in Sündern, doch würde eine erleuchtete Seele niemals ein gegebenes Medium mit der Übermittlung von Botschaften betrauen, dessen hellseherische Gabe nicht Hand in Hand geht mit größter Lauterkeit. Wir halten Eva Herrmann, deren seelische Entwicklung genügend fortgeschritten ist und die wir schon seit langem kennen, für befähigt, diese Rolle zu übernehmen.

Daß Gedankenübertragung unter Sterblichen möglich ist, wird heute von vielen anerkannt; an die aus den Heiligenlegenden überlieferten Beispiele von Gedankenübertragungen zwischen Geistern und noch auf Erden Lebenden glauben jedoch nur wenige, obwohl sie von einem Fortleben nach dem Tode überzeugt sind. Es ist nicht leicht, derartige Phänomene zu beweisen, und es darf daher auch nicht wundernehmen, wenn das allgemeine Publikum gerade nach solchen Beweisen verlangt, ehe es einem Medium Vertrauen schenkt. Als Beweis gelten vom Medium erwähnte Tatsachen, die ihm nicht bekannt sein können, aber zutreffen und die somit die meisten an einer Séance Beteiligten befriedigen, zumindest, was die ESP-Fähigkeiten des Mediums anbelangt, wenn sie auch nicht notwendig als Beweise für übernatürliche Vorgänge gelten können — außer natürlich in solchen Fällen, in denen jedwede Mitwisserschaft unter den Anwesenden ausgeschlossen war.

Dieses Erbringen von Beweisen, obgleich anfänglich eine berechtigte Forderung eines Menschen, der sich für diese Dinge interessiert, ist sowohl bei Medien wie bei deren Klienten zum Hauptinteresse geworden; dabei wurde aber leider die Übermittlung wichtiger Informationen über eine unsichtbare und unbekannte Welt vernachlässigt. Wir, Teresa von Avila und Hildegard von Bingen, Verfasser dieser Schrift, werden Eva Herrmann nur einmal gestatten, Evidenz zu geben, um sich ein für allemal auszuweisen; im übrigen soll sie es sich angelegen sein lassen, getreu wiederzugeben, was uns wichtiger dünkt als eine endlose Kette von Beweisen, die ohnehin keinen wirklich überzeugen, der nicht an ein Weiterleben nach dem Tode glaubt. Ein Skeptiker erachtet darartige Evidenz einfach als nicht zwingend.

Das gesagt, wenden wir uns jetzt nur an jene, die ernstlich nach einem annehmbaren Credo suchen, an jene, die eine innerliche Rezeptivität hinlänglich entwickelt haben, ohne die alle sogenannten Beweise hinfällig sind. Wir wenden uns nicht an jene, die auf eines der vielen Dogmen eingeschworen sind, welche den Geist schnüren und den Suchenden einschüchtern, sondern an solche Menschen, die dank eines bereits erwachten tieferen Bewußtseins fähig sind, unsere Botschaft vorurteilslos anzuhören und zu erwägen.

Hildegard und ich, die wir während unseres Erdendaseins beide intensiv litten, weil eine autokratische Kirche uns selbstherrlich einen Glauben zudiktiert hatte, der in keiner Weise mit dem Inhalt unserer Visionen und Gesichte in Einklang zu bringen war, (obschon unsere Schutzgeister sich mühten, sich unserer unzulänglichen Aufnahmefähigkeit anzupassen) — wir nehmen nun diese Gelegenheit wahr, uns einer Welt in Not zu nähern. Wir wenden uns in erster Linie an die unter euch, die sich ähnlich mächtig zu Jesus hingezogen fühlen, die jedoch nur schwer auch die sich um diese zentrale Gestalt rankenden Märchen akzeptieren können. Die Gestalt Christi, so schlicht und liebevoll sie ist, wurde später in Legenden gehüllt und

228

für noch heute gen Himmel schreiende Taten verantwortlich gemacht.

Hildegard und ich — beide waren wir Nonnen — fielen diesen autokratischen Zuständen umsomehr zum Opfer, als uns ein getreulich eingehaltenes Gehorsamkeitsgelübde ein Leben aufzwang, das in gar keiner Weise zu unseren Überzeugungen stimmte; es unterjochte dazu noch unseren Geist — heute würde man das Gehirnwäsche nennen.

So vollkommen wurde unser Geist unterjocht, daß wir unser eigenes Wissen anzweifelten und uns die bittersten Selbstvorwürfe machten, die umso schrecklicher waren, als ein Konflikt zwischen tiefinnerer Gewißheit und aufgewzungenem Dogma unser Herz zerriß. Mit Hilfe der Demut — und wer hätte Gott je ohne sie gefunden? — mit dieser von der Kirche zum Zweck einer gänzlichen Unterwerfung uns anerzogenen Demut wurde auch der letzte Rest an Unbefangenheit und freiem Denken in den Staub getreten. Man brachte uns dahin, unsere außersinnlichen Wahrnehmungen, die für uns viel wirklicher waren als unser trostloser Tagesablauf, als Teufelswerk anzusehen und mit obszönen Worten und Gesten unseren himmlischen Besuchern zu begegnen, die aus Sphären entsandt waren, welche schließlich — obwohl wir es zutiefst besser wußten — dem Himmel und der Hölle des Mittelalters in all ihrer naiven und grauenvollen Großartigkeit glichen. Man wollte uns weismachen, wir seien verloren und ewiger Verdammnis verfallen, wir befolgten denn genauestens, was unsere geistlichen Berater uns zu tun auftrugen, nämlich dumme und entwürdigende Handlungen, deren widerliche Einzelheiten wir uns selbst nach Jahrhunderten noch zu enthüllen scheuen.

So wollen wir also das übergehen, was allenfalls für jene von Interesse ist, die ein ähnliches Schicksal erleiden. Ihnen möchten wir sagen: heutige Gepflogenheiten, obschon nicht im entferntesten so abstoßend wie das, was und zugemutet wurde, sind dennoch nur ein geringer Teil eines umfassenden Ganzen, das von A bis Z zu erneuern ist.

Beginnen wir mit dem anfangslosen Beginn. Die Vorstellung von einer Schöpfung, wie die Bibel sie schildert, ist nämlich das Erzeugnis einer beschränkten Denkart, die nicht fähig ist, das zu begreifen, was nur eine unbegrenzte Denkart begreift. Unser Denken ist nicht nur während einer zeitlich begrenzten Interpendenz von Seele und Leib, Inkarnation genannt, eingeschränkt, sondern auch auf längere Zeit danach, deren Dauer von dem Ausmaß an Mühe abhängt, der sich ein Wesen zur Annäherung an höhere Sphären zu unterziehen gewillt und fähig ist.

Hildegard und ich, die wir für die Frist eines Erdenlebens unserer eigentlichen Heimat entsagten, bewahrten tief innen auch während dieser Verbannung alles jenen höheren Sphären eignende Wissen, und so hatten wir keine Mühe, den Weg dorthin zurückzufinden, wo Zustand und Sphäre eines sind und uns dort dessen zu entsinnen, was für jene Sphären unabdingbar ist: ein uneingeschränktes Erfassen und eine im wahren Sinne des Wortes unbegrenzte Übersicht und Bewußtwerdung eines Alls, das in seinem ureigenen Licht erstrahlt. Wir fanden also zu unserem ursprünglichen Wissen zurück, tiefbekümmert, wie sehr ein beispielloser Betrug Sinn und Geist von Millionen ehrlicher Wahrheitssucher unterjocht hat. Denn Jesus — in seiner letzten Inkarnation Jude — hatte aufs neue die Welt angerührt und den Menschen seine Worte und Taten ins Herz geschrieben. Doch schon zu Hildegards Lebzeiten — und wie erst zu meinen! — war die Substanz seiner Lehren schon so entstellt, daß sie in den Händen einer Clique zu einem starken Druckmittel geworden, womit man die Wenigen, die tapfer genug waren, selbständig zu denken, und zugleich die Vielen, die zu ihrer Verteidigung weder Witz noch Waffen besaßen, erfolgreich terrorisierte.

Alles dies weiß die heutige Welt. Was die heutige Welt aber nicht weiß, ist gerade das, was sie zu ihrem Heil wissen und finden müßte: einen Ausweg aus einem Dilemma, das ihr die Wahl läßt zwischen einem toten Gott und einer Kirche, die bei allen jahrhundertealten traditionsschweren Verlockungen, bei aller Kunst und Musik, dennoch für viele, die tiefer denken und empfinden, unakzeptabel ist.

Wir zeigen nicht mit dem Finger auf solche, die — einer angeborenen religiösen Neigung folgend — versäumt haben, das bei ihnen gängige »Wort Gottes« anzuzweifeln. Selbst große Seelen haben sich in solchen Glaubenslabyrinthen verirrt und meinten, nur dieser eine von ihnen gewählte Weg führe zu Gott. Wir bedauern sie, denn obschon Taten und nicht das Glaubensbekenntnis den Rang einer Seele post mortem bestimmen, die Entdeckung, daß unser Glaube ein Hirngespinst und mitnichten »Gottes ewig Wort« war, ist immer eine bittere Enttäuschung. Sie war bitter für Hildegard und für mich. Nach unserem Hinscheiden — sie im zwölften und ich im sechzehnten Jahrhundert — erkannten wir bei unserer Ankunft im Reich der freudigen Immerwiederkehr, daß wir, um uns unserer vorbestimmten Aufgaben zu entledigen, jeder auf seine Weise einer Blindheit anheimgefallen waren. Meine Aufgabe war es damals, den Zusammenschluß frommer Frauen zu ermöglichen, damit sie sich gemeinsam einem religiösen Leben widmen konnten, wie es gerade damals und gerade dort möglich war. Es war spärlich bemessener Segen, aber mehr entsprach ihrem Karma nicht, genau wie meine Aufgabe das darstellte, was mir die Umstände meiner Reinkarnation gestatteten. Hildegard — ihr Schicksal dem meinen ähnlich — war noch schlimmer dran. Meine Schriften — so sehr das, was man mir aufzwang, sie verfärbt hatte — enthielten immerhin Spuren einer schon erwähnten ursprünglichen Weisheit. Hildegard, vergleichsweise viel weniger unterjocht als ich, entsann sich ihres seelischen Erbgutes nicht mehr und veröffentlichte Bücher, die zwar von einer großen dichterischen Gabe zeugten, die aber ihren eigentlichen Zweck völlig verfehlt haben: sie stellten mitnichten ein gültiges metaphysisches System dar. Natürlich wußten wir vor unserer Inkarnierung, was uns auf Erden bevorstehen würde. Aber mit ganz seltenen Ausnahmen geht dieser Rückkehr ein vorübergehendes Entsinnen früherer Existenzen voraus, und so wuchsen Hildegard und ich in einer Welt auf, die wir für die in unserer Bibel beschriebene hielten. Wohl beschlichen uns Zweifel, besonders in den ersten Jugendjahren, als in Träumen und Visionen zuweilen Reminiszenzen aus der tieferen Vergangenheit aufstiegen, aber die »Schulung« der folgenden Jahre trübte jeglichen

Rest ehemaligen Wissens. Und als wir wieder »heimkehren« durften, war das Erstaunen über unsere in Unwissen und Erniedrigung verbrachte Lebenszeit so groß, als hätten wir nie zuvor gelebt. Es dauerte mehrere Jahre nach eurer Rechnung — unsere Zeit ist ja unabhängig von objektiven Daten und daher um vieles flexibler —, bis Hildegards und meine verlorenen Erinnerungen zurückkamen. Das geschah allmählich, indem wir zu gleicher Zeit stufenweise unsere einstige Bewußtseinshöhe wieder erreichten. Da wurde uns dann völlig klar, was mit uns geschehen war, und nicht nur mit uns, sondern auch mit der Welt ganz allgemein.

Wir beide hatten Jesus in unseren früheren Leben gekannt. Jesus ist dieser Welt in vielerlei Gestalt erschienen; er war auch Krischna, und ehe er Krischna war, hatte er andere, längst vergessene Namen. Hildegard und ich, die wir ihm also in früheren Inkarnationen nahe waren, hatten den Wunsch, auf Erden eine alte Tradition erhalten zu helfen, obschon sich diese Tradition wie eine Parodie auf Jesu Lehre auszunehmen begann. Wir hofften also, in einer neuen Inkarnation den Rest Wahrheit zu retten, den das mittlerweile von der Kirche entfachte gottesferne Feuerwerk noch enthielt; es war uns aber lediglich aufgetragen, einigen, Jesu treu ergebenen Menschen Mut zuzusprechen, in seinem Namen das Kreuz aufzunehmen. Diese treuen Diener Christi hatten zu leiden, nicht etwa weil sie in immerwährenden Vigilien ihr Leben einem höchsten Wesen weihten, sondern weil dieses höchste Wesen sich in eine Dreifaltigkeit verwandelt hatte und eine Welt beherrschte, der alles abging, was man im Namen von Barmherzigkeit, Logik und gesundem Menschenverstand hätte erwarten dürfen. So fest aber saßen die Verfechter dieser Doktrin im Sattel und so überzeugt, ja trunken, waren sie von ihrem vermeintlichen Vikariat — manche übrigens guten Glaubens —, daß sich die besten Geister der Epoche dazu hergaben, abzustützen und zu explizieren, was nur ein von Kindesbeinen an religiös gegängelter Mensch nicht bezweifelt hätte. Um den Reinkarnationsglauben, der schließlich zur tiefsten Weisheit Indiens, Persiens und mehrerer anderer Religionen gehört hatte, war es nun geschehen — und das um einer

Lehre willen, die Mensch und Universum zu einer Art Episode reduziert hatte, die zwar plötzlich beginnt, sich dann aber in alle Ewigkeit fortsetzen sollte. Diesem, einem reiferen Denken recht fremden Gedanken eines plötzlichen Beginns folgten später ähnliche Vorstellungen oder — sagen wir — ähnliche Varianten primitiver Vorstellungen.

Der in der Bibel übliche Sündenbegriff, wo ein allwissender Gott die Schlange der Versuchung im Paradies beläßt, dann aber böse wird, nachdem dieses Risiko fehlschlägt, die Schlange Erfolg hat und somit die Theorie der Erbsünde in die Welt setzt, ist — milde gesagt — etwas rätselhaft. Natürlich ist »Sünde« ein gültiger Begriff und bedeutet einen Verstoß gegen das Göttliche Gesetz. Aber sie ist nicht ererbt, außer in dem Sinne, daß sie des Fleisches Erbteil ist, das die leiblose Seele viel leichter meidet. Wir kommen nicht mit einer Erbsünde belastet auf die Welt, von der wir uns dann zu reinigen hätten und dabei ohne eine Geistlichkeit nicht auskommen, der alle zeremoniele Entsündigung vorbehalten ist. Wir sind als freie Wesen geboren, frei auf Gedeih und Verderb und nur solchen Einschränkungen ausgesetzt, die wir uns in früheren Leben als Schicksal auferlegt haben.

Hildegard und ich meinen, ein erneuter, gereinigter Glaube werde seine Anhänger dieses sie belastenden Schuldgefühls entbinden und somit auch der Notwendigkeit einer Bestrafung. Wir glauben, daß jede wahre Versündigung gebüßt werden muß und daß dies ein Maß an Leiden mit sich bringt; künftige Generationen sollen aber nicht das Leiden — auch nicht das mit Gebeten verbrämte Leiden — als einzigen Zugang zum Himmel ansehen. Beten soll man spontan und aus freien Stücken, aus dem Wunsch heraus, sich einer höchsten Welt zu verbinden; ein Gebet soll wie ein Lied sein und nicht wie Schuldbegleichung, Pflichterfüllung, erbetteltes Wohlwollen, als ließe sich eine leichtgläubige Gottheit Gunstbezeigungen abschmeicheln. Gebete sollten keine Forderungen sein, sondern Darbringungen. Werden sie erhört, so deshalb, weil uns das Erbetene ohnedies, also allen Trotzens oder Flehens ungeachtet, zusteht. Beim Beten selbst durchfließen uns Kräfte, welche wirksam werden, wenn unser eigenes Karma — oder das eines anderen, zu dessen Gunsten wir diese Kräfte einsetzen möchten — eine solche Zuwendung gestattet. Selbstische oder destruktive Gedanken — und solche werden ja ständig, wissentlich oder unwissentlich, ausgesandt — sind nur dann wirksam, wenn ein Karma egoistische Wünsche zuläßt. Unfreundliche und selbst bösartige Gedanken vermögen sich gegen einen Schuldigen zu richten, dessen Karma solche Vergeltung für ein in einem früheren Leben begangenes Unrecht verlangt. Wenn der Urheber solcher Gedanken aber auch im Einklang mit dem Karma eines Übeltäters handeln mag, so erwächst ihm aus solcher Handlung wiederum eigene karmische Schuld. Werden rachsüchtige Gedanken aber auf einen Unschuldigen gelenkt, so fallen sie früher oder später mit vervielfachter Virulenz auf ihren Urheber zurück.

Von ähnlicher Art wie die durch das rechte Gebet in Fluß kommende Kraft ist jene Energie, mit der Heilungen bewirkt werden können. Das Heilen — zusammen mit anderen medialen Gaben — ist wahrhaft der Menschheit Erbteil. Jesus, dem augenblickliche Heilungen gelangen, war ein vorzüglicher Heiler; dieselbe Fähigkeit existiert noch heute unter den Menschen. Auch heute noch gibt es »Wunderheilungen«, nur muß eben alles genau richtig zusammenkommen: ein menschlicher, von unsichtbaren Helfern unterstützter, diesen Vorgang begünstigender Empfänger, dessen Karma übernatürlichen Beistand gestattet. Wunderheilungen aber — ihr nennt sie so, weil ihr an ihnen und ähnlichen ESP-Phänomenen nicht begreift, wie sich in einem solchen Fall Kräfte umgestalten — werdet ihr erst dann verstehen, wenn ihr euch daran macht, jenen Bereich der Physik systematisch zu erforschen, der über die traditionelle Physik hinausgeht. Zu solchen Forschungen solltet ihr euch von Menschen zur Hand gehen lassen, die befähigt und berechtigt sind, mit höheren Wesenheiten unserer Welt in Verbindung zu treten. Es gibt also keine Wunder — es gibt nur Geschehnisse, die ihr aus Unwissenheit falsch einordnet oder überhaupt leugnet. Wir hier im Licht können es kaum fassen, wie sehr ihr damit euer Leben einschränkt und armselig macht.

234

Während unseres Erdenlebens waren Hildegard und ich nicht ohne allen Trost. Ich, Teresa, hatte es sogar besser: Jesus erschien, um mir Trost und Kraft zu spenden; doch war es notwendig, daß er sich mir in einer Gestalt näherte, die meiner Vorstellung von ihm entsprach — also nicht als der, dem ich durch zahllose Inkarnationen gefolgt war. Wäre er mir als der erschienen, den ich gekannt hatte, wäre mir daraus mehr Leiden erwachsen, als mir während meines Nonnenlebens zugedacht war, d. h. hätte er sich mir in der mir vertrauten Gestalt gezeigt, als ich noch ein junges Mädchen war, wäre ich nie ins Kloster gegangen und hätte dadurch die mir zugedachte Rolle verfehlen können. Und so kam Jesus gleichsam verkleidet wieder in mein Leben, fürsorglich meiner begrenzten Fassungskraft angepaßt und trotzdem meine Schritte mit vorsorglicher Zärtlichkeit lenkend.

Hildegard sah ihn nur ein einziges Mal. So schwierig ihr Leben auch gewesen sein mochte, es war nicht entfernt so schmerzlich und erniedrigend wie meins. Das erklärt wohl, warum man sich intensiver um mich kümmerte, um mich nicht unter einer viel zu schweren Last zusammenbrechen zu lassen.

Unserem Übergang in die nächste Welt folgte — nach eurer Rechnung — eine Zeitspanne von einigen Jahren, die wir zur Enträtselung der sich uns darbietenden Geheimnisse nutzten: weshalb war alles anders, als wir es erwartet hatten? in welch einer seltsamen Welt befanden wir uns eigentlich und weshalb empfing uns Jesus nicht? wer war das strahlende Wesen, das uns beide bei unserer Heimkehr willkommen hieß? warum glich es von Angesicht nicht ihm, den wir zu sehen gehofft hatten? All dies war sehr verwirrend, wenn auch nicht wirklich beunruhigend. Es war eher erstaunlich als erschreckend, und wir, der Bande noch nicht ledig, in denen unser Gemüt so lange gefangen gelegen hatte, ließen uns treiben, immer in der Hoffnung, den versprochenen Himmel noch zu finden. Zunächst einmal gab es keine Engel, nur herrliche flügellose Wesen, die von innen her leuchteten. Und wir begriffen sehr bald, daß uns keinerlei Gericht bevorstand. Wir waren bereits gerichtet und befanden uns in Sphären von unbeschreiblicher Schönheit. Da gab es Wesenheiten (wir begriffen dies unmittelbar), die nicht unserem Glauben angehörten, der unseres Wissens doch der alleinseligmachende war. Sie waren offensichtlich keine Christen, strahlten aber dennoch etwas aus, das viel tröstlicher war, als was von jenen ausging, die sich noch immer und mit Mühe einer überwältigenden neuen Realität anpassen mußten. Hildegard berichtet, ihre »Umstellung« habe etwa drei Jahre gedauert, obschon ihr diese Zeitspanne viel kürzer vorkam; meine war wesentlich länger. Noch heute scheinen mir Spuren meines einstigen Glaubens anzuhaften. So meinte Eva, als sie versuchte, Eindrücke ihrer jenseitigen Freunde wiederzugeben: »Für mich ist Teresa noch immer von einem zarten Weihrauchgeruch umgeben, als sei man in einer alten Kirche mit Gebetsstühlen und Heiligenstatuen, die liebevoll mit Blut, Dornen und Schwertern verziert sind, während durch bunte Glasfenster ein mattes Licht hereinströmt.« Aber schließlich entfaltete sich Stück für Stück, aus eigener Erfahrung und aus vertrauenswürdigsten Quellen, ein neues Wissen von Himmel und Hölle, vom Menschen, von einer — allen unseren Vorstellungen entgegen — viel weiter zurückreichenden Vergangenheit. Wir sahen auf einmal die Vergangenheit bis dorthin zurückgehen, wo unsere Erde nichts war als ein bloßer Gedanke, dem allmählich Eigenschaften zuwuchsen, aus denen dann Materie entstand und wir begriffen: eines Tages wird diese Materie zerfallen und in anderen Gegenden unseres Universums werden neue Verdichtungen entstehen. Es war ein Weltall, das zu atmen, sich zu wandeln und sich schließlich aufzulösen schien, dessen Auflösung aber die Gewissheit einer Wiedergeburt in sich schloß — allerdings erst nach so endlos langen Zeitläuften, daß keinerlei Vergleich ihre Dauer auch nur anzudeuten vermöchte.

Wer oder was bewirkt also, daß sich das Sein jeweils erneut in Gang setzt? Wir wissen nur, daß sich ein unveräußerlicher Rhythmus, eine allen Dingen innewohnende Ordnung manifestiert, ihr eigener Herr, Meister-Mechaniker, Schöpfer — falls etwas Anfangsloses als Schöpfung bezeichnet werden kann. Und ebenso unveräußerlich sind andere Eigenschaften: Gerechtigkeit und Vollkommenheit.

Das sind vielleicht trockene Begriffe, kaum angetan, euch auf etwas völlig anderes vorzubereiten, auf eine Eigenschaft nämlich, dem Wesen des Universums zugleich unabdingbar und von ihm ablösbar, etwas, das in einer Schrift wie dieser zugleich vorkommen und verschwiegen werden müßte, etwas Unaussprechliches und doch mit dem abgegriffensten aller Namen ausgestattet: die Liebe. Was die meisten darunter verstehen, ist dem, was wir beschreiben möchten, kaum oder überhaupt nicht ähnlich. Die erste Erschütterung nämlich ist Erstaunen, daß dir so Köstliches und Lebenspendendes, etwas so jedes Bedürfnis Übersteigendes gewährt werden könnte. Liebe ist ewig neu. Jedes Gran Liebe ist ein neues Erlebnis, ständig wachsend, beschenkend, sich nie wiederholend, stetig sich steigernd, welches dich mit soviel Licht umfließt, daß es dich dein Ich vergessen macht, dessen Grenzen es auslöscht und dich in der Liebe eigenste Süße verwandelt, die in dir zunimmt, ein sanftes ständiges Übermaß.

Hildegard und ich lernten auch das kennen, was man »Hölle« nenen mag, obwohl auch das nicht im geringsten unseren Vorstellungen entsprach. Weder war »Hölle« ein Ort, noch sah man dort Peiniger — es war kalt, nicht heiß. Die Hölle war eiskalt, finster und stank — und sie bestand aus nichts als dem Geisteszustand ihrer Bewohner. Und nicht einmal das stimmt genau: die Bewohner der Hölle, die einen inneren Zustand nach außen hin darstellen, sind dieser Zustand selbst, der gleiche Stoff, dicht im Vergleich mit uns, in gewisser Weise durchorganisiert und — wie alles in diesem Universum — einem ihm innewohnenden Gesetz folgend. Diese Gesetze sind unabänderlich und nicht zu verletzen, da sie nicht moralischer, sondern physikalischer Art sind, physikalisch im Sinne einer bereits erwähnten erweiterten Physik. Die Herren der Hölle peinigen nur sehr indirekt, indem sie als Brennpunkte und führende Elemente schwarzer Kräfte dienen. Sie sehen zu, daß in ihrem Reiche alles auf Trab bleibt, denn die Befriedigung ihrer perversen Lüste verlangt einen gewissen Kraftaufwand. Selbst in der Hölle muß man arbeiten, nicht für den Lebensunterhalt, sondern um die allem normalen Empfinden spottenden Sehnsüchte jener Kreaturen zu stillen.

Sowohl Hildegard wir mir war es gestattet, diese niederen Regionen zu besuchen; die Erlaubnis stammte freilich nicht von den dortigen Bewohnern, (denen unser Besuch völlig einerlei war), sondern von unseren Lehrern, die es verantworteten, uns durch Bereiche zu geleiten, die für Wesen von höherem Bewußtsein nicht ungefährlich sind. Die größere Verdichtung, mit Hilfe derer man sich Ebenen von geringer Wellenlänge anpaßt — Existenzebenen unterscheiden sich wesentlich durch diese unterschiedlichen Wellenlängen — ist so schwierig wie schmerzhaft. Hildegard und ich nahmen dieses Unbehagen auf uns, um uns so gründlich wie nur irgend möglich über Welten zu informieren, die den uns anerzogenen Vorstellungen so gar nicht entsprachen. Eigentlich waren wir froh, daß sich das Erwartete nicht bestätigte, hatten wir doch unsere Kritik an den Vorstellungen von Himmel und Hölle möglichst im Zaum gehalten. So konnten wir nicht begreifen, warum ein Mensch selbst bei schwerster Sünde in alle Ewigkeit verdammt sein sollte; ebensowenig glaubten wir, ein einziges kurzes Leben, strikt gelebt nach Geboten, die zu ändern wir nicht den Mut gehabt hätten, führe die Seele zur ewigen Seligkeit. Nun aber wurde uns klar, daß beide Doktrinen falsch waren: nichts, das einer tut oder zu tun unterläßt, verdient ewige Strafen oder ewige Seligkeit. Und wir erkannten mit Freude und Erleichterung, daß Menschen ungeachtet ihres Geburtsortes oder Glaubensbekenntnisses der ewigen Seligkeit teilhaftig werden können, wie übrigens auch die ungetauft verstorbenen Kinder, und daß ihr Willkommen im Himmel nicht an ein paar Tropfen von heilig gesprochenem Wasser hängt.

Wir hatten jedoch nie Marias Unbefleckte Empfängnis angezweifelt. Allmählich erkannten wir aber, daß diese Doktrin eine äußerst scheinheilige und engstirnige Einstellung zum menschlichen Zeugungsakt voraussetzte; ihre Entstehung ging auf einen gehörigen Mangel an Verständnis ihrer Urheber zurück. Diese hatten nämlich nicht begriffen, daß ein Wesen sich entweder fleischlicher Beziehungen enthält, wenn ihm daran gelegen ist, auf der spirituellen Ebene, der es entstammte, zu bleiben — oder daß es sich den Naturgesetzen fügen muß, wenn es aus irgendeinem Grund einer Seele, die sich inkarnieren will, Fleisch und Blut geben möchte. Für die Mutter Jesu bedurfte es eines Weibes von außerordentlichem Seelenstoff, damit körperliches und seelisches Wohl ihres ebenso außerordentlichen Kindes gewährleistet waren. Nur wer unfähig war, sich auch nur vorzustellen, ein edles menschliches Wesen vermöchte sich auf all das einzulassen, was ein Dasein im Leibe einbegreift und dabei dennoch »unschuldig« zu bleiben, konnte darauf verfallen, Maria entlasten und »reinigen« zu wollen, indem man das alltägliche und natürliche Geschehen der Zeugung durch ein Dogma ersetzte, welches die Glaubensfähigkeit der Menschheit zu einem ungewöhnlichen Grad belastete. Eine der göttlichen Welt zutiefst verbundene Seele wird aber immer zu ihr zurückkehren, ohne auch nur ein Gran ihres Wertes während ihrer zeitlich begrenzten Verstrickung in die dichteren Sphären irdischen Verlangens eingebüßt zu haben. Maria war mit einem besonderen Auftrag betraut und mußte sich zu seiner Erfüllung so weit von ihrem Ursprung entfernen, wie ihre Hingabe und ihr Mut es irgend zuließen. Maria war, aller dahingehenden Versicherungen ungeachtet, keine Jungfrau; sie blieb aber »jungfräulich«, indem sie ihr ganzes Leben lang die Reinheit ihres Herzens bewahrte. Und so unbedingt war ihre Hingabe an ihn, der in diesem Leben ihr Sohn wurde, daß sie nach ihrer Wiedervereinigung auf immer mit ihm vereint blieb und gemeinsam mit ihm zu einer der großen Lichtquellen des Universums wurde.

Weder Maria noch Jesus fuhren im Fleische zum Himmel auf. Wo wäre ihr Leib in einer geistigen Welt denn geblieben? Auf welcher Ebene stünde er und wie und mit wem? Pius XII, der ein sinkendes Schiff, das ihm in früheren Inkarnationen schon einmal anvertraut war, zu retten vermeinte, erwies denkenden Menschen einen üblen Dienst, indem er das Dogma von Marias leiblicher Himmelfahrt verkündete. Er unterschätzte die allgemeine Intelligenz der Menschheit und verlor der Kirche durch diesen einen Erlaß mehr Gläubige als ihm zu wissen jetzt lieb sein kann.

Nachdem Hildegard und mir unsere neue Umgebung vertraut

war, kamen wir mit Gläubigen anderer Religionen in Berührung. Wir begannen zu verstehen, daß selbst sehr weit fortgeschrittene Seelen während ihrer Inkarnation Klarheit einbüßen. Wenn ich »Klarheit« sage, meine ich klare Urteilsfähigkeit im Gegensatz zu einem grundsätzlichen, während ihres Erdendaseins nie aus tiefster Schicht auftauchenden Wissen. Aber in dem Maße, wie dann ihre Erinnerungen an frühere Leben vorübergehend verborgen bleiben, trübt sich auch ihre genaue Kenntnis jenseitiger Umstände. Die Inkarnation — ein Zustand, in dem man nicht im Körper, sondern durch ihn hindurchlebt —, verlangt, daß gewisse Fähigkeiten latent bleiben. Diese einschränkenden Umstände, also das den Geist ständig in Anspruch nehmende Gebundensein an einen Körper — wenngleich dies kein bewußter Vorgang ist — setzt dem menschlichen Wahrnehmungsvermögen Grenzen, da, ohne euer Wissen, ein Gutteil eurer Kräfte für das Wohl eures Organismus ausgegeben werden muß. Euer ganzes Sein ist, gleichsam wie geballt, auf diesen komplexen Organismus konzentriert. Zwischen den durch diese komplexe Leib-Seele-Existenz unumgänglichen Einschränkungen und dem bestimmten Maß an freiwerdendem unterbewußtem Wissen besteht eine präzise Entsprechung. Ein völlig aufgeschlossener Geist, wie man ihm in unserer Welt begegnet, überstiege bei weitem das Fassungsvermögen eines verhältnismäßig kleinen Körpers. Nicht, als ob es hier um Größe an sich ginge, doch müssen sich das Ausmaß bewußten Wissens und das dieses Ausmaß zu beherbergende physische Organ ungefähr entsprechen. Wie es sich dann gibt, bleibt viel verborgen und dem Bewußtsein entrückt. Infolgedessen muß das Bewußtsein weite Bereiche unerleuchtet lassen, um einigermaßen reibungslos funktionieren zu können.

Versuche, über die Grenzen eines normalen Bewußtseins hinauszugehen, sind bei nur gering fortgeschrittener Geistigkeit immer gefährlich. Sogenannte bewußtseinserweiternde Drogen, Hypnose und ähnliche »Abkürzungen« sind die ärgsten Fallgruben der heutigen Generation, aus der bereits eine große Zahl dank ihrer Versuche, die den geistig Unfertigen vorsorglich gezogenen Grenzen zu durchbrechen, zugrundegegangen ist. Diese Grenzen sind im Grunde für alle gedacht, freilich in viel geringerem Maße für jene großen Lehrer, die sich von Zeit zu Zeit reinkarnieren, um der Menschheit an Hand von Reformen und von neu gefaßten ewig gültigen Geboten den rechten Weg zu weisen. Doch mag selbst ein erhabener Geist nach seiner Rückkehr in erneut ungetrübter Klarheit erkennen, wie sehr seine der Welt hinterlassene Botschaft, so genau sie im wesentlichen einer höheren Wahrheit entsprochen hatte, dennoch in manchen Einzelheiten, ohne daß er es hätte verhindern können, abgeändert worden ist. Dies gilt für Jesus wie für andere große Seelen, und es ist daher dringend geboten, daß man sich gerade jenen vermeintlich über alle Zweifel erhabenen Offenbarungen gegenüber eine gewisse Flexibilität bewahrt. Für einen ergebenen Jünger und Schüler ist es also weit wichtiger, sich vom Geiste seines Lehrers durchdringen zu lassen als pedantisch an jeder Silbe seiner Aussprüche zu kleben. Jenes leichte Unbehagen, das eine große Seele beim Überblicken ihres verflossenen Lebens beschleicht, ist ein Nichts verglichen mit der Enttäuschung — und sie läßt nur selten auf sich warten —, von der sie befallen wird, wenn sie die absurden Auslegungen und Emendationen ihrer Botschaft durch ihre Nachfolger und Schüler bemerkt, von betrügerischen Zutaten, Streichungen und Entstellungen ganz zu schweigen. Die Kirche übertrifft sich in solchen Dingen immer wieder selbst, und in der Bibel, die immer noch das Fundament für manchen Gottsucher ist, wimmelt es von derartigen »Überarbeitungen«. Nicht wenige wären in ewige Verdammnis gefallen, weil sie an einer für unzählige Menschen heiligen Schrift herumgedoktert haben, richtete nicht eine weit nachsichtigere Gerechtigkeit als der Gott ihrer Bibel. Einige dieser schriftgelehrten Sünder haben inzwischen bereut und sind zu höheren Ebenen aufgestiegen, andere hingegen sind noch tiefer gesunken. Viele von ihnen sind zur Erde zurückgekehrt, um Vergehen ähnlicher Art zu sühnen.

Unter ihnen gibt es Helden und Heldinnen, die heute zu den Angreifern einer Institution gehören, die sich überlebt hat, während gleichzeitig andere tapfere und edle Seelen noch immer dieser einst mächtigen Institution zustreben und wichtige Ämter in ihr bekleiden. So merkwürdig verzweigt wirkt sich Karma bisweilen aus: hohe Seelen vertreten unterschiedliche Standpunkte; es geht ja so oft nicht um das zu erkämpfende Ziel einer Idee als um die kämpferische Bemühung selbst. Von hier aus gesehen geht es eben um die Gelegenheit, eine komplexe karmische Verschuldung abtragen zu können, und dies in einer Welt, die noch weit von ihrer eigenen Erfüllung entfernt ist. Obschon uns sehr viel daran liegt, einen Glauben wiederherzustellen, der so bald nach Jesu Leben auf Erden verdarb, beurteilen wir eben doch Handlungen als Handlungen und nicht als Vehikel zur Verwirklichung einer bestimmten Idee. Wer bereit ist, einer Idee alles aufzuopfern, den mag das seltsam berühren, aber wir sehen das von ganz anderer Warte. Hildegard und mir wäre nichts lieber, als die Macht der Kirche, schon allein um der durch die Jahrhunderte hin von ihr verursachten Leiden willen, gebrochen zu sehen. Und doch erkennen wir, wenn wir einmal von uns selbst und unserer Meinung absehen, daß selbst die Institution einer Kirche mit ihren vielerlei Erlassen und Projekten bis zu ihrer Entmachtung — o möge sie bald kommen! — in der Hand eines Karma, dem es um die Einsetzung der Gerechtigkeit geht, unentbehrlich war und noch immer unentbehrlich ist. Die Spieler auf diesem Brett sind austauschbar und die strittigen Punkte selbst, wie subjektiv oder gar objektiv wichtig sie immer sein mögen, sind von zweitrangiger Bedeutung, gemessen an einem Willen, dem es um eine allgemeine Weiterentwicklung der Menschheit geht — ob die Menschen das mit Hilfe ihrer eigenen zeit-mikroskopischen Ermittlungen herausgebracht haben oder nicht. So langsam und doch so allumfassend wirkt dieser Wille, daß er uns durch das Bild eines gigantischen Uhrwerks vielleicht etwas anschaulicher wird: mag nun dieses oder jenes Rädchen schadhaft sein oder gar fehlen, die Zeiger rücken weiter und geben uns trotzdem die genaue Zeit an.

Doch möchten wir uns und der Nachsicht unserer Leser nicht zu viel zumuten. Denn selbst in unmittelbarer Nähe der Gottheit ist es unsere Aufgabe, der Menschheit innerhalb der Grenzen ihrer soeben

242

erwähnten Zeitmikroskopie beizustehen. So gesehen, eilen die Belange der Kirche einer dramatischen Wende entgegen. Die Fortgeschritteneren und daher Unabhängigeren unter euch werden kaum länger die Herrschaft einer Institution dulden, deren Träger ihre vor langer Zeit widerrechtlich angeeignete Macht keineswegs aufzugeben gewillt sind, und dies aus Motiven, die von äußerstem Zynismus bis zur höchsten Religiosität reichen.

Wir möchten in den Glauben unschuldiger Menschen nicht störend eingreifen. Wohl aber möchten wir denen beistehen, deren geistiges Leben in eine Sackgasse oder auf ein totes Gleis geraten ist und die einer Kirche nicht mehr angehören wollen, deren Dogmen sich ihre eigene innere Unversehrtheit widersetzt. Für uns hier ist es schwierig, Gewaltsamkeit irgendwelcher Art zu billigen, weil Gewaltsamkeit geistigem Wachstum hinderlich ist. Und doch ist es nicht leicht, hier genau zu scheiden. Gäbe es einen Fortschritt ohne Gewaltsamkeit? Diese Beschleunigung der Ereignisse, ohne die kaum je ein Menschen und Ideen einbegreifender Umsturz stattfindet, gehört in einer noch primitiven Welt wie der euren zum Wesen des wechselnden geschichtlichen Fortgangs.Wir billigen es, wie gesagt, nicht, aber so verhalten sich nun einmal Geschöpfe, die uns, mit nur wenigen Ausnahmen, vorkommen wie euch die Menschen der Steinzeit. Wir finden uns damit ab und verzeihen, wie eine nachsichtige Mutter ihrem eben noch viel zu jungen Kinde seine Unarten verzeiht. Wir sind also gegen alle Gewaltsamkeit, denn sie fruchtet der einzelnen Seele nichts. Wer dennoch meint, er müsse gewalttätig sein, ist eben wieder ein Werkzeug eines Karma und läßt sich zu zerstörischen Handlungen mißbrauchen. Solche Handlungen darf man ruhig »böse« nennen, weil sie ausnahmslos von schwarzen Kräften angestiftet und gefördert werden. Zugleich aber dienen sie dazu, jenen bereits erwähnten Ausgleich herzustellen (wir sprachen von der Wirksamkeit objektiv rechtmäßiger, bösartiger Gedanken und deren Konsequenzen für ihre Urheber). Nicht anders ist es mit der Kirche, deren verwerfliches Wirken eben auch ein Teil eines

243

allumfassenden auf absolute Gerechtigkeit zielenden Planes ist. Wenn wir also Gewaltsamkeit nicht unter allen Umständen verurteilen, so sollten sich doch Menschen, die dem großen reinen — auch »Gott« genannten — Licht zustreben, möglichst aller direkten oder indirekten zerstörerischen Akte enthalten. Zerstörung wird ohnehin immer stattfinden; es gibt zu viele, die zu solchen Gelegenheiten allzu gerne zur Hand sind. Mut ist billig, obschon man das Wort »Mut« vielleicht für noblere Anlässe reservieren sollte und stattdessen wohl besser Frustration, Wut und Haß sagte. Manche. von euch haben sich auch einreden lassen, sie müßten persönlich bei der Vernichtung des in der Tat zu Beseitigenden dabei sein. Denkt an das, was wir oben sagten und glaubt nicht, wer zuerst an sein eigenes Seelenheil denkt, sei ein Egoist und ein feiger Daheimbleiber; wer soll denn anderen den rechten Weg weisen, wenn nicht der seelisch Fortgeschrittene? Ein solcher brauchst du übrigens noch nicht einmal zu sein, um dich aller Gewaltsamkeit zu entschlagen — du mußt nur schon unterwegs oder doch dazu bestimmt sein, den Weg zu seelischer Erleuchtung einzuschlagen.

Dies also ist unser Rat, wenn du einen Ausweg aus dem großen moralischen Dilemma der heutigen Zeit suchst: als erstes werde dir über deine Einstellung einem Höheren Wesen gegenüber völlig klar und lösche dabei alles aus, was in dieser Beziehung auf bloße Tradition oder autoritären Befehl zurückgeht. Wir empfehlen dir, dich an den großen Tagesfragen unter folgenden Gesichtspunkten zu beteiligen: eure Welt steckt noch in ihren Anfängen. Sie ist primitiv, gebärdet sich ungeschlacht, sie ist unreif und lernfaul. Ihr habt also einen sehr langen Weg vor euch. Eure technischen Leistungen waren in — heute dem Gedächtnis der Menschheit wieder entfallenen — Epochen bereits überholt. Ihr seid lediglich im Begriff, sie zurückzugewinnen und seid unmäßig stolz auf sie. Wir hier erinnern uns ungleich fortgeschrittener Zivilisationen, fortgeschrittener besonders im Hinblick auf die Wissenschaft vom höchsten Wissen. Ihr werdet nicht ausgelöscht, wohl aber werdet ihr

dezimiert* werden. Ihr seid aber schon in früheren Zeiten dezimiert
worden und habt es überlebt. Und wer umkam, kehrte zurück, um
wiederum zu leben und zu sterben. Es liegt wahrhaft kein Grund
vor, entmutigt zu sein, ebensowenig aber besteht Grund zu übermä-
ßiger Zuversicht. In eurem gegenwärtigen Stadium (wir nannten es
»primitiv«) könnt und sollt ihr Verbesserungen erwarten, freilich immer innerhalb der euch ob eures kürzlichen Neubeginns auferlegten
Beschränkungen. »Kürzlich« sagen wir, weil wir durch das andere Ende des Zeitrohrs schauen. Zu euren »großen Problemen« können wir
euch nichts sagen, denn sie erscheinen uns gering, weil wir ja bereits
wissen, daß ihr euch wie immer durchfechten werdet, um wiederum
neuen »großen Problemen« gegenüberzustehen. Deshalb seid ihr ja
auch, wo ihr seid, sozusagen in der Schule, womöglich sogar in der
Reformschule. Zu eurem Trost können wir euch nur sagen: jeder von
euch ist inkarniert, um schneller und auf eine andere Weise voranzu-
kommen als hier. Jeder von euch hat ein anderes Karma und dementsprechend andere Probleme und Aufgaben. Manche davon sind
kollektiver Natur, andere rein persönlich. Wo ihr jetzt seid, das ist
nicht eure wahre Heimat. Ihr habt eine bestimmte Sendung, die ihr
erfüllt oder verfehlt. Das liegt ganz an euch. Begreift bitte das Wesen eurer Heimat, in die ihr immer wieder zurückkehrt: sie ist nicht
Ort, sondern Zustand. All das sollte euch von den Ketten befreien,
dank derer ihr von einer Welt nicht loskommt, deren »Wirklichkeit«
euren Aufenthalt auf ihr nicht überdauert und deren Probleme
Kindergarten-Probleme sind, ernst zu nehmen freilich, weil ihr ja in
diesem Kindergarten lebt — immerhin aber nur Kindergarten-
Probleme.

---

* Wenige Tage später erkundigte ich mich, was mit »dezimiert werden« denn gemeint sei; ich wollte meine Leser nicht unnötig beunruhigen. Nach einer kleinen Pause hieß es: »Ihr werdet auf weit weniger dramatische Art dezimiert werden als durch
die Atombombe. Der Grund hierzu ist bereits gelegt: Ein Teil eurer Bevölkerung hat
durch den Gebrauch von angeblich harmlosen halluzinogenen Rauschgiften kommende Generationen erbmäßig so beeinträchtigt, daß im Laufe der Zeit verminderte
Fruchtbarkeit der Wirkung von mehr als einer der von euch so gefürchteten Kernwaf-
fen gleichkommen wird« [E.H.].

Wir möchten euch gerne helfen und wir können es auch, wenn ihr anzunehmen bereit seid, was wir euch an indirekter Hilfe zukommen lassen können. Direkte Antworten auf eure Fragen würden gleichermaßen die Steine des Anstoßes wie die des Aufbaus aus eurem Wege räumen — ihr braucht sie aber beide. Wir können euch nur ermöglichen, eure Probleme innerhalb erleuchteterer Perspektiven als sie euch sonst verfügbar sind, zu erwägen; im einzelnen lösen aber dürfen wir sie euch nicht.

Wir möchten diese Botschaft mit einem Hinweis auf eine euch innerhalb eurer Inkarnation mögliche Befreiung schließen: die Befreiung von den Theorien und Dogmen, die euch von allen Seiten einengen; von der Froschperspektive eurer Anschauungen; von der Hörigkeit alles Verlangens, das euch nur tiefer in das verstrickt, was euch die Sicht ohnehin schon verstellt. Doch rufen wir nur die ganz wenigen dazu bereiten Menschen zur Askese auf — aber wieviele sind das schon? Was wir euch aber mitgeben möchten, ist ein gleichsam vorweggenommener Blick auf eine sehr große Wirklichkeit, eine größere, als sich die meisten von euch träumen lassen. Wir wollen euch Mut machen, eure Schritte dorthin zu lenken, wo ungeahnte Seligkeiten auf euch warten.

K. O. SCHMIDT

NEUE LEBENSSCHULE

12. Auflage 63.—65. Tausend

Wie wichtig neben der beruflichen Ausbildung und Fortbildung die Arbeit an der eigenen inneren Entwicklung ist, erfährt praktisch jeder jeden Tag am eigenen Leibe, im Umgang mit Kollegen am Arbeitsplatz und bei der Bewältigung häuslicher Probleme. Selbstbeherrschung, Menschenkenntnis und geistige Überlegenheit sind im Leben genauso unerläßlich wie eine solide Berufsausbildung. — Sie erreichen damit nicht nur im Lebenskampf mehr, sondern gewinnen eine innere Sicherheit und Zufriedenheit, die auch schwere Rückschläge überwinden hilft.

Mit der NEUEN LEBENSSCHULE bekommen Sie ein Werk in die Hand, das in seinem inneren Aufbau und seiner Gliederung den heutigen Bedürfnissen nach Weiterbildung aus eigener Kraft entspricht. — In 52 Wochenlektionen wird der »Lebens-Schüler« in allen praktischen Lebensfragen unterwiesen, deren Beherrschung und Meisterung ihm eine dauerhafte Grundlage verschaffen, auf der die materielle und geistige Vervollkommnung aufgebaut werden kann. —

Die einzige Voraussetzung, die der »Lebensschüler« mitbringen muß, ist die, daß er den ernsthaften Willen hat, an sich zu arbeiten.

Das Werk eignet sich für ernsthaft Strebende aller Altersgruppen ebenso wie für die Angehörigen aller Berufsgruppen. Ganz besonders zu empfehlen ist es jedoch all denjenigen, die tagtäglich im engsten Kontakt mit einer Vielzahl von Menschen stehen und diesen Vorbild, Helfer und Berater sein wollen. — Das eigene gute Beispiel, die eigene erfolgreiche Leistung, die eigene charakterliche Festigkeit und geistige Überlegenheit werden mehr als Worte überzeugen und Sie im Leben an den Platz stellen, der Ihren menschlichen Qualitäten, Ihrem Fleiß und Ihrem Können entspricht. — Die Grundlagen dazu können Sie mit der NEUEN LEBENSSCHULE erarbeiten.

Wie umfangreich das Arbeitsprogramm ist, wird aus den am Schluß des ersten Bandes stehenden Inhaltsangaben ersichtlich.

Band I 1.—26. Woche, 412 S., Leinen DM 28,—
Band II 27.—52. Woche, 384 S., Leinen DM 32,—
Ergänzungsband 384 S., Leinen DM 32,50
broschierte Ausgabe je Band DM 16,—
Alle Bände Format 14,2 x 21,2 cm, Fadenheftung

DER LEUCHTER
OTTO REICHL VERLAG D-5401 St. GOAR
Gesamtverzeichnis des Verlages auf Anfrage